MÍDIA, VIOLÊNCIA E ALTERIDADE
PERSPECTIVAS E DEBATES

Editora Appris Ltda.
1.ª Edição - Copyright© 2024 das autoras
Direitos de Edição Reservados à Editora Appris Ltda.

Nenhuma parte desta obra poderá ser utilizada indevidamente, sem estar de acordo com a Lei nº 9.610/98. Se incorreções forem encontradas, serão de exclusiva responsabilidade de seus organizadores. Foi realizado o Depósito Legal na Fundação Biblioteca Nacional, de acordo com as Leis nos 10.994, de 14/12/2004, e 12.192, de 14/01/2010.

Catalogação na Fonte
Elaborado por: Dayanne Leal Souza
Bibliotecária CRB 9/2162

M629m 2024	Mídia, violência e alteridade: perspectivas e debates / Ana Elisa Antunes Viviani e Maria Ogécia Drigo (orgs.). – 1. ed. – Curitiba: Appris, 2024. 225 p. : il. ; 23 cm. (Coleção Ciências da Comunicação).
	Vários autores. Inclui referências. ISBN 978-65-250-6010-1
	1. Comunicação. 2. Inteligência artificial. 3. Mídia social. I. Viviani, Ana Elisa Antunes. II. Drigo, Maria Ogécia. III. Título. IV. Série.
	CDD – 302.234

Livro de acordo com a normalização técnica da ABNT

Appris editora

Editora e Livraria Appris Ltda.
Av. Manoel Ribas, 2265 – Mercês
Curitiba/PR – CEP: 80810-002
Tel. (41) 3156 - 4731
www.editoraappris.com.br

Printed in Brazil
Impresso no Brasil

Ana Elisa Antunes Viviani
Maria Ogécia Drigo
(org.)

MÍDIA, VIOLÊNCIA E ALTERIDADE
PERSPECTIVAS E DEBATES

Appris
editora

Curitiba, PR
2024

FICHA TÉCNICA

EDITORIAL
Augusto Coelho
Sara C. de Andrade Coelho

COMITÊ EDITORIAL
Ana El Achkar (UNIVERSO/RJ)
Andréa Barbosa Gouveia (UFPR)
Conrado Moreira Mendes (PUC-MG)
Eliete Correia dos Santos (UEPB)
Fabiano Santos (UERJ/IESP)
Francinete Fernandes de Sousa (UEPB)
Francisco Carlos Duarte (PUCPR)
Francisco de Assis (Fiam-Faam, SP, Brasil)
Jacques de Lima Ferreira (UP)
Juliana Reichert Assunção Tonelli (UEL)
Maria Aparecida Barbosa (USP)
Maria Helena Zamora (PUC-Rio)
Maria Margarida de Andrade (Umack)
Marilda Aparecida Behrens (PUCPR)
Marli Caetano
Roque Ismael da Costa Güllich (UFFS)
Toni Reis (UFPR)
Valdomiro de Oliveira (UFPR)
Valério Brusamolin (IFPR)

SUPERVISOR DA PRODUÇÃO
Renata Cristina Lopes Miccelli

PRODUÇÃO EDITORIAL
Adrielli de Almeida

REVISÃO
Bruna Fernanda Martins

DIAGRAMAÇÃO
Andrezza Libel

CAPA
Lívia Weyl

REVISÃO DE PROVA
Sabrina Costa

COMITÊ CIENTÍFICO DA COLEÇÃO CIÊNCIAS DA COMUNICAÇÃO

DIREÇÃO CIENTÍFICA
Francisco de Assis (Fiam-Faam-SP-Brasil)

CONSULTORES

Ana Carolina Rocha Pessôa Temer
(UFG-GO-Brasil)

Antonio Hohlfeldt
(PUCRS-RS-Brasil)

Carlos Alberto Messeder Pereira
(UFRJ-RJ-Brasil)

Cicilia M. Krohling Peruzzo
(Umesp-SP-Brasil)

Janine Marques Passini Lucht
(ESPM-RS-Brasil)

Jorge A. González
(CEIICH-Unam-México)

Jorge Kanehide Ijuim
(Ufsc-SC-Brasil)

José Marques de Melo
(*In Memoriam*)

Juçara Brittes
(Ufop-MG-Brasil)

Isabel Ferin Cunha
(UC-Portugal)

Márcio Fernandes
(Unicentro-PR-Brasil)

Maria Aparecida Baccega
(ESPM-SP-Brasil)

Maria Ataíde Malcher
(UFPA-PA-Brasil)

Maria Berenice Machado
(UFRGS-RS-Brasil)

Maria das Graças Targino
(UFPI-PI-Brasil)

Maria Elisabete Antonioli
(ESPM-SP-Brasil)

Marialva Carlos Barbosa
(UFRJ-RJ-Brasil)

Osvando J. de Morais
(Unesp-SP-Brasil)

Pierre Leroux
(Iscea-UCO-França)

Rosa Maria Dalla Costa
(UFPR-PR-Brasil)

Sandra Reimão
(USP-SP-Brasil)

Sérgio Mattos
(UFRB-BA-Brasil)

Thomas Tufte
(RUC-Dinamarca)

Zélia Leal Adghirni
(UnB-DF-Brasil)

SUMÁRIO

INTRODUÇÃO 7

PURAS MENTIRAS PURAS: VIOLENCIA MEDIÁTICA PARA UNA COMUNICACIÓN NO COMUNICATIVA 13
Rodrigo Browne Sartori

PODE A INTELIGÊNCIA ARTIFICIAL REESCREVER O PASSADO? UMA ANÁLISE DO COMERCIAL DE COMEMORAÇÃO DOS 70 ANOS DA VOLKSWAGEN NO BRASIL 25
Gabriela Borges

O DIVERSO COMO *COMMODITY*: O GERENCIAMENTO DAS RELAÇÕES RACIAIS PELA MÍDIA HEGEMÔNICA 53
Dennis de Oliveira

VIOLÊNCIA DISCURSIVA DAS BRANQUITUDES: REPRESENTAÇÕES DE MULHERES NEGRAS NA *REVISTA GLAMOUR* 73
Amanda Moura
Fernanda Carrera

UM OUTRO OLHAR: APONTAMENTOS SOBRE A REPRESENTAÇÃO DOS POVOS INDÍGENAS NA MÍDIA 99
Andrielle Cristina Moura Mendes Guilherme
Juciano de Sousa Lacerda

SEGURANÇA, MÍDIA E DEMOCRACIA: DA REDEMOCRATIZAÇÃO AO GOVERNO BOLSONARO 123
Pedro Barreto Pereira

AS ESTRATÉGIAS SENSÍVEIS DAS REDES DE MÃES DE VÍTIMAS DA VIOLÊNCIA ESTATAL 149
Viviane Oliveira
João Paulo Malerba

A VIOLÊNCIA CONTRA A MULHER EM MATO GROSSO DO SUL: ANÁLISE DAS VOZES LEGITIMADAS NO JORNALISMO REGIONAL.......169
Ana Karla Flores Gimenes
Marcos Paulo da Silva

REVISITANDO A LITERATURA SOBRE A (TRANS)FORMAÇÃO DA RECEPÇÃO NO CENÁRIO DIGITAL: INTERATOR OU SEGUIDOR?...195
Pietro Giuliboni Nemr Coelho
Marcia Perencin Tondato

SOBRE OS AUTORES..221

INTRODUÇÃO

Este livro é uma iniciativa vinculada à pesquisa Mídia, Violência e Alteridade, desenvolvida por Ana Elisa A. Viviani e supervisionada pela Prof.ª Maria Ogécia Drigo, com apoio financeiro da Coordenação de Aperfeiçoamento de Pessoal de Nível Superior – Brasil (Capes)[1], no âmbito do programa de Pós-Graduação em Comunicação e Cultura, na Universidade de Sorocaba (Uniso). Trata-se de uma investigação que analisa como propagandas sociais produzidas por instâncias públicas e privadas, nacionais e estrangeiras, podem contribuir para reforçar ou reduzir as diferentes formas de violência doméstica cometidas contra mulheres.

A fim de ampliar o debate, convidamos alguns pesquisadores, cujas investigações se ancoram em um dos pilares da tríade, ou na tríade toda, a contribuírem para a presente iniciativa. Assim, o leitor encontrará capítulos que focam questões de representatividade, outros que focam a questão da segurança pública e seus desdobramentos e outros que problematizam com mais destaque questões relacionadas à alteridade.

Os dois primeiros capítulos são o resultado da investigação feita pelos pesquisadores Rodrigo Browne e Gabriela Borges, que, a convite das organizadoras deste livro, conferenciaram no 1.º Simpósio Mídia, Violência e Alteridade[2], ocorrido no dia 20 de outubro de 2023. Como destaca Rodrigo Browne, a conexão entre os três eixos temáticos é tão eloquente que grande parte da violência que observamos em nosso dia a dia é produzida pela mídia. Em seu capítulo intitulado "Puras Mentiras Puras: violencia mediática para una comunicación no comunicativa", o autor nos traz diferentes referências literárias, cênicas, linguísticas, entre outras, para problematizar a questão da alteridade no conflito entre colonizadores e colonizados. Assim ocorre na peça "Tú amarás", da companhia chilena "Bonobo Teatro"[3], que é um exercício para se pensar o processo de colonização em que as populações indígenas são desumanizadas. Propõe, então, uma fissura no binarismo entre identidade e alteridade a fim de construir um pensamento intermédio. Para isso, o autor nos traz a obra *Nós*, de Yevguine Zamiátin, que conta a história de uma sociedade totalitária regida pela matemática e que planeja

---

[1] Código de Financiamento 88887.691393/2022-00.

[2] Uniso – Universidade de Sorocaba.

[3] Tú Amarás | bonoboteatro.

subjugar outros planetas. Por fim, aborda a estratégia sobreinformativa que figuras de viés autoritário, como Donald Trump e Javier Milei, utilizam para subverter verdades incômodas; ou, em referência ao título de seu capítulo, para superpopularem a rede com imagens não reais.

Por sua vez, Gabriela Borges, no capítulo "Pode a Inteligência Artificial reescrever o passado?", problematiza a campanha publicitária da Volkswagen que causou muita repercussão no Brasil ao utilizar a técnica de *Deep Fake* para reviver uma das maiores cantoras do país, Elis Regina, interpretando a icônica canção "Como nossos pais", de Belchior. Para além da discussão da bem-sucedida iniciativa do comercial de passar uma ideia positiva da marca com seus veículos, a autora mostra como houve uma cuidadosa supressão dos trechos da música que contêm crítica social a fim de reconstruir uma narrativa saudosista e feliz justamente no momento mais grave da ditadura, marcado pela perseguição, tortura e morte de jovens e de críticos ao regime. É exposta, então, essa gigantesca questão ética trazida pelo comercial, que conta uma história não ancorada nos fatos históricos. Nesse sentido, portanto, a autora reforça a urgência da promoção do campo das literacias midiáticas a fim de que espectadores, usuários e interagentes desenvolvam capacidade crítica para compreender complexidades tais como essa apresentada pelo comercial.

Os capítulos seguintes poderiam ser organizados em blocos, mas não como enclausuramentos epistemológicos, o que poderia empobrecer a reflexão do leitor, mas como atalhos temáticos. Essa abordagem visa facilitar aos estudiosos encontrar mais facilmente os objetos que desejam aprofundar. Nesse contexto, os próximos três capítulos estão interligados pela problematização das representatividades na mídia. "O diverso como *commodity*: o gerenciamento das relações raciais pela mídia hegemônica", de Dennis de Oliveira, e "Violência discursiva das branquitudes: representações de mulheres negras na *Revista Glamour*", de Amanda Moura e Fernanda Carrera, tratam da representação de pessoas negras na mídia jornalística e de moda e beleza. Adicionalmente, o capítulo "Um outro olhar: apontamentos sobre a representação dos povos indígenas na mídia", de Andrielle Cristina Moura Mendes Guilherme e Juciano de Sousa Lacerda, trata de questões relativas à comunicação sob o olhar dos povos indígenas.

Em sua pesquisa, Dennis de Oliveira investiga o modo como a mídia hegemônica aborda os fenômenos raciais envolvendo as populações brancas e negras do país, relembrando alguns marcos das lutas antirracistas, desde a década de 1970 até as mais recentes, como a institucionalização da política de cotas nas universidades e concursos públicos, a Lei n.º 10.639, de 2003, que torna obrigatório o ensino da história e cultura afro-brasileira, e a Lei n.º 12.288, de 2010, relativa ao Estatuto da Igualdade Racial. O autor destaca que mesmo com tais avanços permanecem os dispositivos de exclusão da população negra, sejam eles físicos, por meio da violência que se manifesta cotidianamente mediante a ação das forças de segurança, ou mentais, por meio de falas racistas e preconceituosas de indivíduos de diversos níveis sociais. É nesse contexto que emergem os conceitos de racismo estrutural e racismo institucional. Assim, a luta antirracista passa a atuar no sentido de garantir representatividade negra e/ou "letramento racial" em diversas instituições, entre elas, nos meios de comunicação. Porém, por não ser possível dissociar a lógica mercadológica de tais meios, determinados conceitos e ideias, como os termos "empoderamento" e "potência", por exemplo, são incorporados no discurso da diversidade e da pluralidade apenas com o intuito meramente mercantil e legitimador das empresas jornalísticas e dos veículos de comunicação no que tange a esse tema.

Conectado a essa questão, o capítulo de autoria de Amanda Moura e Fernanda Carrera trata da representação de mulheres negras nas capas da *Revista Glamour* dentro de uma perspectiva interseccional. A questão que norteia a investigação é: "Em um país essencialmente racista e sexista, o que tem motivado a *Revista Glamour* a colocar na capa de suas publicações mulheres negras?" Assim, aliando os estudos relativos às questões raciais e o feminismo negro à análise do discurso e de intericonicidade, as autoras notam que, embora a presença de mulheres negras nas capas das publicações possa ser interpretada como algo positivo, tendo em vista a sua quase completa ausência ao longo da história da revista, ao mesmo tempo é possível perceber que suas imagens são apresentadas de modo estereotipado, reforçando estigmas, como o da hiperssexualização, o que denota uma violência simbólica implícita. Assim como Dennis de Oliveira, que revela a lógica capitalista-mercadológica que norteia os direcionamentos dos veículos de comunicação hegemônicos, o mesmo vale para a própria *Revista Glamour*, pertencente ao Grupo Globo. Assim, a presença negra nessa publicação serve apenas como "estandarte político" para que possa passar a imagem de inclusiva e diversa.

Por fim, no último capítulo desse bloco, "Um outro olhar: apontamentos sobre a representação dos povos indígenas na mídia", os autores Andrielle Cristina Moura Mendes Guilherme e Juciano de Sousa Lacerda procuram, por meio de uma abordagem metodológica chamada de "Catografia", "desinvisibilizar" e "de(s)colonizar" narrativas e imagens de grupos minorizados que vêm sendo oprimidos e marginalizados desde o processo de colonização e que continuam a ser escanteados pelas estruturas de poder e apresentados estereotipadamente pela grande mídia. O que os autores exemplificam ricamente ao longo do texto é como a comunicação de matriz indígena se caracteriza pela interculturalidade e transpessoalidade, ao transpor fronteiras étnicas e entre espécies, e como essa é uma estratégia que também pode ajudar a enfrentar o racismo e a colonialidade persistente das nossas instituições e relações sociais. Trata-se de uma questão fundamental e emergencial, especialmente num momento em que as populações indígenas ganham visibilidade na mídia da pior maneira, particularmente devido à fome e à miséria que assolam os Yanomamis em decorrência do garimpo, e devido à pauta do Marco Temporal.

O próximo bloco poderia ser o que tematiza mais explicitamente a relação entre mídia, segurança pública e violência. Nele, temos os capítulos de Pedro Barreto Pereira, "Segurança, mídia e democracia: da redemocratização ao governo Bolsonaro", o capítulo "As estratégias sensíveis das redes de mães de vítimas da violência estatal", de Viviane Oliveira e João Paulo Malerba, e, por fim, o capítulo "A violência contra a mulher em Mato Grosso do Sul: análise das vozes legitimadas no jornalismo regional", de Ana Karla Flores Gimenes e Marcos Paulo da Silva.

Pedro Barreto Pereira, em sua pesquisa, procura entender por que a segurança pública passou a ganhar relevância no país nas últimas três décadas. Para isso, investiga o jornal *O Globo* e mostra como esse tema acabou se tornando o mais relevante quando se trata de Rio de Janeiro, ao mesmo tempo que traz dados que expõem a ineficácia das políticas de repressão adotadas ao comércio varejista de drogas na redução da violência. O autor revela como essa criminalização se conecta com um projeto político-econômico que resulta em altos índices de violência justamente contra a população marginalizada: jovens, negros e periféricos. Se o tema da Segurança Pública se tornou um dos principais, senão o mais importante para uma grande parte da população brasileira, ao mesmo tempo outros perderam relevância, como educação e saúde. Por fim, o trabalho do autor mostra a relação existente entre as agendas públicas e midiáticas no caso específico da Segurança Pública.

Ainda relacionado a esse tema, o trabalho "As estratégias sensíveis das redes de mães de vítimas da violência estatal", de Viviane Oliveira e

João Paulo Malerba, aborda o modo como grupos de mães de vítimas da violência das forças de segurança no estado do Rio de Janeiro se organizam a fim de reivindicar direitos básicos, entre eles o direito ao luto, e como usam a própria mídia como forma de reivindicação para essa questão, entre outras. A pesquisa dos autores também expõe como o drama dessas mães, predominantemente negras, pobres e de baixa escolaridade, não desperta a solidariedade em uma parte da sociedade que, acomodada com seus privilégios de classe, não entende o outro como igual a si e, portanto, o trata como indesejado ou eliminável. Segundo os autores, as mães das vítimas sabem que a mídia hegemônica tem um lado que não é o delas, mas que mesmo assim compreendem "que é preciso disputar a narrativa no tribunal midiático" e que é necessário visibilizar o sofrimento e comover a opinião pública para a promoção da justiça.

A investigação empreendida por Ana Karla Flores Gimenes e Marcos Paulo da Silva apresentada no capítulo "A violência contra a mulher em Mato Grosso do Sul: análise das vozes legitimadas no jornalismo regional", por sua vez, aborda o modo como o periódico *Correio do Estado*, do Mato Grosso do Sul, noticiou os casos de violência contra a mulher nos anos de 2020 e 2021, ou seja, no contexto da pandemia, e como isso se relaciona com as dinâmicas de poder implícitas na construção de notícias do jornal e na perpetuação de estereótipos relativos à mulher. Os autores revelam como a escolha das fontes por parte do periódico e a relação com os jornalistas são influenciadas por diversos fatores, como poder, confiabilidade e interesse mútuo. O jornal, ao privilegiar fontes secundárias, especialmente as oficiais, em detrimento de relatos de vítimas e de sobreviventes, demonstra ter uma visão enviesada e estereotipada do tema, pouco contribuindo para dar voz a diferentes perspectivas na cobertura jornalística.

O último capítulo do livro de certa forma retoma uma questão trazida por Gabriela Borges, que é o papel do público ou interagente nas redes. Assim, em "Revisitando a literatura sobre a (trans)formação da recepção no cenário digital: interator ou seguidor?", os autores Pietro Giuliboni Nemr Coelho e Marcia Perecin Tondato discutem a transformação da relação do usuário com os conteúdos digitais desde os primórdios da internet até hoje. Assim, segundo eles, a Web 2.0 cria a possibilidade para que esse usuário deixe de ser apenas um consumidor de conteúdos para se tornar também um produtor. Isso tem diversas implicações, principalmente quando personagens fictícios de séries de televisão, como "Os Simpsons" e "Uma família da pesada", acabam se tornando, dentro de uma estratégia de marketing, personagens ativos nas redes que interagem com os usuários/interatores. Trata-se, portanto, de uma outra forma de se problematizar a alteridade, tendo em vista novos modos de percepção, sensibilidades e escritas.

- - - - - - -

Esperamos que os trabalhos que constituem esta antologia ofereçam ao leitor e ao pesquisador uma espécie de mapa para orientar a utilização das diversas referências teóricas e conceituais aqui apresentadas. Convidamos, assim, todos a continuarem refletindo e trabalhando sobre questões tão fundamentais que nos instigam cotidianamente.

As organizadoras

PURAS MENTIRAS PURAS: VIOLENCIA MEDIÁTICA PARA UNA COMUNICACIÓN NO COMUNICATIVA

Rodrigo Browne Sartori

I.

Al comenzar, pareciera de mucho interés recalcar las tres palabras clave que convocaron al presente Simposio, sobre todo al hablar de Medios, de Violencia y de Alteridad. Debido a que realmente la conexión entre estos tres conceptos es tan elocuente, es tan evidente, que, hoy en día, parte importante de la violencia que circula en nuestras sociedades, en nuestras vidas cotidianas, es violencia producida por los medios.

Violencia mediatizada, violencia que puede incorporar algunas herramientas de la dictadura, por ejemplo, entendiendo que las dictaduras no son iguales en todos los países y en todos los contextos. Más adelante, nos referiremos un tanto más a las dictaduras, como la chilena que cumplió 50 años en 2023, es decir, el golpe de estado fue hace 50 años, al igual que el de Uruguay, en 1973.

El otro concepto de esta triada es el de alteridad, porque, probablemente, a la alteridad es a quien con más fuerza se le desafía actualmente. En particular desde el punto de vista de la discriminación a partir del estereotipo -violento si queremos- que reproduce o produce -dependiendo de cuan *fake* sea o no- los medios de comunicación. Una alteridad como ausencia de la experiencia de otredad. Una especie de invisibilización, de desaparición en el anonimato -por explicarlo de alguna manera. A lo largo de este texto, profundizaremos al respecto.

La idea de "puras mentiras puras", como parte del título de este artículo se desprende de los estudios que fueron publicadas en el libro del mismo nombre y que busca resaltar la idea de violencia mediática inspirado en el concepto que trabajó, la primera década de este siglo, el italiano Mario Perniola[4] y que se refiere al fenómeno de la "comunicación no comunicativa". Lo que quiere decir este juego de palabras es hasta qué punto, realmente,

---

[4] PERNIOLA, Mario. *Milagros y traumas de la comunicación*. Buenos Aires: Amorrortu, 2010.

estamos comunicando al decir que comunicamos, o cuál es la diferencia entre informar y comunicar, si lo vemos desde la perspectiva de los trabajos de Dominique Wolton[5] y los planteamos como último concepto de esta triada que es el de Medios.

A modo de paréntesis, en este momento es importante, al hablar de las ciencias sociales, la comunicación, e incluso la cultura, hacerlo desde una perspectiva que se pueda abordar a partir de distintas y múltiples disciplinas. Si se quiere, desde una mirada interdisciplinaria, en su lógica más basal, y transdisciplinaria si nos ponemos, guardando sus diferencias, más ambiciosos y exigentes.

Por ello, en este contexto, el hacer comunicación, en su relación con la cultura -en el entendido que queremos comprender de la mejor manera posible el complejo mundo en el que vivimos- es desde la recurrencia de la comunicación como campo y de la circulación de muchas disciplinas para poder capturar, hacer una pequeña fotografía de lo que está sucediendo. Así lo vemos cuando, nos detenemos a hablar, como en este ámbito, de la recurrencia y nomenclatura de los conceptos Medios, Violencia y Alteridad.

Para fundamentar todo lo anterior, quisiera concentrarme en un ejemplo proveniente de las artes escénicas muy propia de los ámbitos comunicacionales. Este ejemplo, de hecho, es parte de los contenidos que he presentado en algunas pesquisas y que me interesa porque es del mundo del teatro y refleja muy bien el repertorio de lo que estamos desarrollando. El centro que nos ocupa en este caso es el de la exacerbación de imágenes para la estabilización de prejuicios y mitomanías. Es así como esta referencia parte con la obra de teatro de una compañía chilena que se llama "Bonobo Teatro" y que montó -hace no mucho tiempo- una obra titulada "Tú Amarás"[6]. En este montaje se ironiza con la dicotomía identidad / alteridad, al asumir -como ya se mencionó- esta alteridad ausente, que siempre queda fuera, frente a una muy potente y presente identidad y a su relación con la violencia. En el fondo, lo que pretende desplegar esta obra se trata de: en una junta de médicos, de especialistas en salud, surge el inconveniente de que se presenta un sector, o una representación, de personas que no pertenecen al planeta Tierra, teniendo los médicos que relacionarse con esos extraterrestres. Vale decir, a la identidad representada por y en una

---

[5] WOLTON, Dominique. *Informar no es comunicar*. Contra la ideología tecnológica. Barcelona: Gedisa, 2010.

[6] MANZI, Pedro. *Tú amarás*. Bonobo Teatro, 2018. Disponível em: https://www.bonoboteatro.cl/tuamaras

fuerza profesional importante de nuestra sociedad, como es la medicina, le toca, en un simposio, enfrentarse a una alteridad, que es, sarcásticamente, extraterrestres y que -en la dramaturgia- se les llama "Amenites".

Curiosamente esta mirada que es completamente irónica -hasta ridícula si queremos- nos instala muy bien en la lógica de quiénes son los que están ganando y quiénes son los que están perdiendo. Fácilmente, logramos descifrar, quiénes son los que vienen de afuera y quiénes son los que se están en el territorio, en la Tierra. En pocas palabras, lo que se ha discutido desde antaño al referirnos a la colonización, al conflicto entre colonizados y colonizadores. Momento donde la alteridad "india" se enfrenta a la identidad de quien conquistó, entendiendo que este acto -así lo dice Todorov[7] en uno de sus libros sobre el descubrimiento de América- repercutió tanto en la historia de la humanidad que, desde fenómenos como ese, comenzamos a pensar y construir nuestra identidad en relación con la diferencia que produce la alteridad, las imágenes que se producen y producimos sobre la alteridad. Como cuando, sin ir más lejos, Eduardo Viveiros de Castro[8], plantea la tesis que sostiene que la antropología exotista y primitivista de nacimiento, no puede ser otra cosa que un teatro perverso en el que el otro, la alteridad, siempre es representada o inventada de acuerdo con los intereses de Occidente. Y le llama, sin consentimiento, los sórdidos intereses de Occidente.

La lectura occidental responde a una razón europea que impone un discurso sobre el otro. Lo que sucede con el extraterrestre que se entiende como otro, como alteridad, porque existen diferentes condiciones que sólo permiten la instalación de estereotipos que conducen a la violencia, a la diferencia y a dinámicas de hiperidentidad, de hiperidentificación y donde los *medias* cumplen una labor fundamental para su súper reproducción, viralización y multiplicación. Curioso punto porque la exacerbación de la identidad nos lleva, de alguna manera, a considerarnos el centro del mundo en el cual y por el cual estamos construyendo las imágenes de esa identidad.

A modo de ejemplo, hace algún tiempo hicimos una investigación sobre medios de comunicación en prensa. Tratamos de descubrir en esa prensa tradicional -la prensa de nuestros países que pertenece al grupo de diarios "América", como, por ejemplo, "O Globo" de Brasil, "El Mercurio" de Chile y "El Comercio" de Perú: 12 diarios de distintos países de América Latina que tienen una marca conservadora y tradicional en su forma

---

[7] TODOROV, Tzvetan. *La conquista de América*. El problema del Otro. México: Siglo XXI, 1982.

[8] VIVEIROS DE CASTRO, Eduardo. *Metafísicas canibais*. São Paulo: Cosac Naify, 2015.

de enfrentar el acontecimiento que luego se transforma en noticia. En este estudio -que hicimos en relación a los medios de comunicación entre Chile y Perú- lo que más se destacó, por delante de su mirada ideológica y política, era la identidad de cada país, es decir, cuando había un conflicto entre un país y otro siempre se priorizaba al Estado-nación. En ese caso, analizamos el conflicto limítrofe que tuvo Chile con Perú y que llegó a la Corte de la Haya, en Países Bajos, siempre, más allá de la ideología propia del país o del medio. Siempre se instalaba la identidad por sobre otra cosa.[9]

Otro caso fue cuando analizamos, ese tipo de situaciones, en partidos de fútbol para clasificatorias de un mundial. La ironía, la construcción del estereotipo de esa alteridad frente a la identidad por ambos países es y era impresionante, permitiendo llegar a resultados contundentes que marcaban el nacionalismo y el chauvinismo por sobre todo otro valor de cada representación mediática.

Empero, volviendo a la obra de teatro y más allá de estos últimos ejemplos, este grupo de médicos se ponen a reflexionar sobre el odio, el amor y la violencia hacia el otro, luego que se instalan y asientan con la aparición de este grupo desconocido de extraterrestres denominados "Amenites". Los salvadores de la vida, los médicos, en sus discusiones llegan al punto de comenzar a marginarse, a discriminarse entre sí, sin reconocer la humanidad en otros que no son iguales y que han sido parte de la historia humana, al deshumanizar e ignorar, no sólo a sí mismos, sino que también a quienes vienen de afuera. Punto de trascendencia en esta obra que -si la extrapolamos a nuestras realidades- podríamos decir que es una historia trabajada en "perspectiva en abismo".

Este último concepto es de un intelectual paulista-andaluz, Eduardo Peñuela Cañizal[10], que utilizó la noción de "perspectiva en abismo" para referirse a una lectura -en nuestro caso- de la historia mirada desde otra perspectiva, fuera de la forma de ver o de leer el mundo tradicional. Entonces, si vinculamos esto a lo que, como se acaba de mencionar, llamamos "indios", ahora, en la ficción del teatro, podrían pasar a ser los extraterrestres. Una lectura contemporánea de lo que fue, viéndolo en "perspectiva en abismo", el ejercicio de colonización que sucedió cuando Cristóbal Colón proyectó la noción de caníbal[11] -posteriormente reescrita como "Calibán"

---

[9] BROWNE, Rodrigo; INZUNZA, Alex. Hacia un periodismo intercultural desoccidenalizado. Medios de comunicación y construcción de identidades. *Chasqui*, n. 133, p. 229-245, 2016.

[10] PEÑUELA CAÑIZAL, Eduardo. *El oscuro encanto de los textos visuales*. Dos ensayos sobre imágenes oníricas. Sevilla: ArCiBel, 2010.

[11] BROWNE, Rodrigo. *No al canibalismo*. Anatomía del poder euroccidental. Temuco: Ediciones UFRO, 2013.

por Shakespeare en varios de sus trabajos y, en principio, en "La Tempestad" (1611). Concepto que, finalmente, se transformó en referente crucial para pensar América Latina o, por lo menos, la América Latina hispana. Noción de "Calibán" como aborigen sin lengua, un personaje a lo "Macunaima" para hacer, tal vez, un parangón con la realidad de Brasil. "Macunaima", personaje que -sin más- termina casi como un extraterrestre, siendo el representante de lo no civilizado, de lo deshumanizado, como en este juego de un *extraterrestre-indio*.

II.

Más allá de los clásicos binarismos entre identidad y alteridad a la cual nos referimos anteriormente, se quiere entender la alteridad como ausencia y tratando de observar esta perspectiva desde una mirada intermedia, buscamos, como fin, romper, quebrar, de hacer una grieta entre la identidad y la alteridad e instalarnos en una especie de pensamiento intermedio, de pensamiento del *entre* que socave al uno y al otro. En ruptura con la estructura bipolar del pensamiento binario, teóricos como Armand Mattelart y André Vitalis[12], extrapolan estas tensiones y la ubican bajo una concepción que llaman: "una condición postorwelliana". Condición que supera a Orwell, que va más allá de lo que Orwell trató de decir o representar en su ya clásica novela *1984* (1948), y que, eventualmente, superó la noción del *Big Brother*, del Gran Hermano. No obstante, estos autores lo actualizan y hablan de una suerte de *big brothers* digitales, de unos *big brothers* en materias de inteligencia artificial, como avatares o metaversos. Grandes hermanos que, de una u otra forma, son parte de estos extraterrestres "Amenites" que vienen a interrumpir nuestras vidas ordenadas, alineadas, muy bien ornamentadas. Por ello, en esta instancia, no se puede dejar de recuperar -pre y postorwellianamente- a las más clásicas de las literaturas soviéticas. También, por supuesto, a la literatura clásica en la línea de *1984* o de *Fahrenheit 451* (1953). Se trata de la mirada crítica que sustenta Evgueni Zamiatin en principio contra el régimen de la URSS -y luego al mundo entero- al publicar una novela llamada -en español- *Nosotros*[13] que escribió en ruso en 1920, a principios del siglo pasado, y que se editó en inglés en 1924. Producto de esta novela, Zamiatin fue exiliado de su país y, por ello, la obra luego se publicó en inglés y francés y logró mayor trascendencia. Dicho trabajo fue quien inauguró -aunque se

---

[12]   MATTELART, Armand; VITALIS, André. *De Orwell al cibercontrol*. Barcelona: Gedisa, 2015.

[13]   ZAMIÁTIN, Evgueni. *Nosotros*. Madrid: Akall, 2008.

reconozca poco- el subgénero literario de la ciencia ficción distópica y fue precedente directo e inspirador de publicaciones posteriores mucho más populares, como las que ya mencionamos: *Brave New World* (1932), *1984*, *Fahrenheit 451* o, la fuente literaria de *Blade Runner* (1982): *Do Androids Dream of Electric Sheep?* (1968), entre otros.

Lo interesante es que en *Nosotros* – tal vez y a diferencia de las otras obras que acabamos de mencionar- la matemática es el centro de la sociedad, la matemática es el dispositivo que permite que el planeta funcione. Se piensa, se hace y se actúa matemáticamente. Es el epicentro que mueve a la sociedad en la cual se presenta, o presenta Zamiatin la novela *Nosotros*.

Por ejemplo, esta matemática, que tiene bastante familiaridad con el mundo de los algoritmos tan en boga en nuestros tiempos. Números que se presentan como signo de poder que permite tener "numerados", ordenados y disciplinados a los pobladores que se encuentran bajo ese régimen, preciso y perfectamente científico. Se le llama, en el libro, el régimen de "la libertad del estado único". Tanto es así que sus personajes no tienen nombres propios, es decir, su identificación es un número que se asemeja al aspecto de cada uno de ellos: I-330 es una mujer fina, guapa y curvilínea, O-90 tiene formas redondeadas y se asemeja a una circunferencia, es circular -incluso de carácter. S-4711 es un personaje indescifrable, de ojos brillosos, enigmático y encorvado como una serpiente. El protagonista de la novela, que siempre tiene que existir y que siempre termina siendo disidente, es D-503. Matemático, en un principio, a fin con el sistema controlado por el *Big Brother* de esta zaga, llamado "El Benefactor" y constructor de su gran ambición que es proyectar una nave espacial. Una nave que se llama el INTEGRAL y con la cual esta sociedad que ya tiene conquistado el planeta Tierra, logrará -casi como una carabela de Colón- conquistar, nada más y nada menos, que el resto del universo. Logrará llegar, ironías mediante, a conquistar el "nuevo mundo" de los "Amenites". Con el INTEGRAL se logrará la tarea de conquistar el universo. Así, por ejemplo, lo apunta en una anotación de su diario el protagonista disidente. D-503 en la primera página de su diario, copia del único periódico estatal del planeta lo siguiente: "Dentro de ciento veinte días termina la construcción del INTEGRAL. Se acerca la gran e histórica hora en que el primer INTEGRAL se alzará al espacio sideral. Hace mil años, vuestros heroicos antepasados conquistaron para el poder del Estado Único todo el globo terráqueo"[14].

---

[14] ZAMIATIN, 2008, p. 33.

La tarea es someter a los seres que habitan otros planetas y que, según lo indicado en el texto, se encuentran en estado de salvaje libertad, fuera de la tradición matemática, tal vez, tal cual como se pensó, en su apogeo, la colonización a través de la cruz y la espada. Extraterrestres salvajes en estado de libertad, indios salvajes en estado de libertad que se deben, en este caso, neo-colonizar.

III.

Atendiendo, por completo, a lo indicado anteriormente, el problema es que en Occidente o, más bien, que Occidente ha pretendido escribir una historia que es la que a ella le conviene contar y es, en definitiva, la que Occidente quiere difundir comunicacionalmente. Se trata de una historia lineal que no se ha ocupado de los deslizamientos, movimientos y mutaciones de las alteridades. Así, por ejemplo, quedaron fuera todos los posibles ritmos, lecturas, interpretaciones de Oriente. Sin ir más lejos, es cosa de pensar lo que se pasa en la Franja de Gaza, el conflicto palestino-israelí a partir de la lectura de Occidente. Hay que hacer grandes esfuerzos para conocer la historia que se construye desde la alteridad de ese mismo conflicto. Aquí parece oportuno, recuperar el siempre pertinente pensamiento de Edward Said[15], palestino de origen, que claramente sentenció: atención que lo que Occidente llama como Oriente no es necesariamente Oriente, es "Orientalismo" porque es lo que Occidente decide y define como lo que es Oriente. Por tanto, Occidente construye una historia sobre Oriente que se la cuenta a sí misma y que tiene tanto poder, como construcción, que hasta parte importante de Oriente termina pensando y definiéndose como lo hizo Occidente.

Retornando al hilo conductor de nuestra propuesta, en este contexto de medios, alteridades y violencia, con Mario Perniola podemos encontrar que el punto basal que da inicio a estos nuevos procesos comunicativos, a este exceso de información, a esta forma de ver el mundo de una manera determinada, se puede cifrar en el ataque del 11 de septiembre de 2001 a las Torres Gemelas. Lo asegura porque, sencillamente, el quid del asunto ya no es político, sino que es comunicacional. Un ejemplo que sacamos nosotros, a la luz de Perniola[16], puede ser Donald Trump a través de sus mecanismos comunicacionales, políticos; más comunicacionales que políticos, a los que

---

[15] SAID, Edward. *Orientalismo*. Barcelona: Random Haouse Mondadori, 2002.

[16] *Ibidem.*

recurre para llegar al poder. Como también el presidente Javier Milei, en Argentina, que con una motosierra troza las verdades y las transforma en falsedades, utilizando estrategias excesivamente sobreinformativas para tratar de llegar al poder.

En este mismo ámbito, Byung Chul Han[17], el intelectual surcoreano- -alemán, le llama a esta cuestión de crisis contemporánea el "régimen de la información" y la entiende como una suerte de dominio donde la información y su procesamiento a través de algoritmos e inteligencia artificial definen y delinean los términos sociales, económicos y políticos. En su época y en un periodo de violencia y alteraciones más físicas que virtuales, vinculamos, junto al pensamiento de Michel Foucault[18], que todo esto se observaba como un régimen disciplinario, como una "sociedad disciplinaria", donde se explotan cuerpos y energías encapsuladas en límites presenciales, con el ejemplo clásico de las cárceles e intramuros. Sin embargo, ahora el poder está en el acceso a la información que se ocupa para una "vigilancia psicopolítica".

> [...] la digitalización del mundo en que vivimos avanza inexorable, somete nuestra percepción, nuestra relación con el mundo y nuestra convivencia a un cambio radical... nos sentimos aturdidos por el frenesí comunicativo e informativo, el tsunami de información desata fuerzas destructivas, entre tanto se ha apoderado también de la esfera política y está provocando distorsiones y trastornos masivos en el proceso democrático, la democracia está degenerando en infocracia.[19].

Esto es lo que denomina Perniola[20] una "no comunicación comunicativa" que es, simplemente, esta paradoja de las "puras mentiras puras" frente a lo infravalorado de lo presencial y a la sobremediatización del aparato tecnológico y tecnologizado.

IV.

En este último apartado, quisiéramos retomar la idea de Chul Han[21] de "infocracia". La democracia no es estática, transmuta, se transforma y puede devenir en "infocracia". Puede comenzar siendo una democracia que traiciona a la propia noción de democracia. Hacemos referencia a una suerte

---

[17] CHUL HAN, Byung. *Infocracia*. La digitalización y la crisis de la democracia. Barcelona: Taurus, 2022.

[18] FOUCAULT, Michel. *Vigiar y castigar*. Nacimiento de la prisión. Madrid: Siglo XXI, 1975.

[19] CHUL HAN, *op. cit.*, p. 10.

[20] *Ibidem*.

[21] *Ibidem*.

de democracia real - en el entendido de la herencia de las dictaduras a las que mencionamos al principio de este texto. Las democracias que conocemos de América Latina y del Cono Sur no son precisamente democracias. Son unas especies de democracias que se traicionan a sí mismo por ser herederas de las dictaduras. Una democracia, una suerte de democracia en postdictadura, una especie de dictadura de la imagen del algoritmo. Por eso es importante no perder de vista los 50 años del golpe de estado, no sólo en Chile, sino que también en Uruguay y por qué no en Argentina que fue en 1976.

A estas alturas y antes del fin, pareciera significativo reseñar un ejercicio que nos hace transitar también de esta democracia simulada a la "infocracia". Esta democracia pasando por dictadura y llegando a una "infocracia" que, al mismo tiempo, es una ultra presencia de las imágenes. A principios de la década del 70' Armand Mattelart y Ariel Dorfman publican, en Chile, un libro muy reconocido en el campo de las comunicaciones llamado *Para Leer al Pato Donald*[22]. Estos autores, de una manera muy sencilla, con una metodología muy clásica, lo que hacen es analizar las viñetas de Disney, particularmente las del Pato Donald, y ven cómo esas caricaturas pueden influir, como pueden intervenir, como pueden manipular las cabezas de los niños de las generaciones de América Latina de ese momento. Trabajo que se hace en plena Unidad Popular, que se publica bajo el alero de una de las editoriales universitarias vinculadas al gobierno de Salvador Allende, al período pre-golpe de estado.

Por tanto, en este contexto de los 50 años del golpe de estado, o de los golpes de estado y en una lógica de democracia real, pareciera importante retomar, para finalizar, otro ejemplo del teatro, de las artes escénicas. El ejemplo de esta última parte coincide vitalmente con la triada que nos convoca. A saber:

1. Medios y mediaciones escénicas,

2. Violencia, con asesinato incluido, manipulación y mentiras y

3. Alteridad como esa de las víctimas desaparecidas, exilios y marginaciones bajo el poder presencial y virtual del Estado en alianza con el mercado.

En línea con lo expuesto en la primera parte de esta comunicación - cuando se habló de la obra de teatro sobre los "Amenites"- este nuevo caso trata de una compañía chilena que presentó en 1984, en plena dictadura, a

---

[22] DORFMAN, Ariel; MATTELART, Armand. *Para leer al Pato Donald*. Comunicación de masas y colonialismo. Valparaíso: Ediciones Universitarias de Valparaíso, 1973.

partir de la novela de Mario Benedetti, el montaje denominado "Primavera con una esquina rota". Esta novela trata sobre la dictadura y el exilio en Uruguay. Lo incondicional de esta relación entre Chile y Uruguay no es sólo el texto de Benedetti y la compañía de teatro que la adapta - llamada ICTUS[23] - sino que el cruento momento que post golpes de estado, sucedió mientras se exhibía la obra en plena represión chilena. En el intermedio de una de las presentaciones, uno de los actores principales de la misma, Roberto Parada, se entera del asesinato de su hijo. La dictadura, en el marco del "Caso Degollados" - caso muy significativo en referencia al atentado de los derechos humanos por parte de Pinochet - mata a su hijo y el actor se entera en el intermedio de la obra. En ese instante, todos los presentes en el teatro, incluso los otros actores, proponen suspender su continuación, producto de lo sucedido. A pesar de ello, el actor Roberto Parada decide continuar con la función, haciendo un enroque fundamental entre ficción y realidad, contando la historia de un exiliado con su hijo encarcelado y viviendo al mismo tiempo el asesinato de su hijo por las mismas razones.

Momento que ayuda a hilvanar de una manera profunda lo horrendo de la situación y que sentencia la imposibilidad del olvido como eje central del recordar. Las dictaduras más duras y las postdictaduras en su continuidad nos llevan a la sobrepoblación de imágenes no reales, de "puras mentiras puras".

Recuperando algunas palabras de Marilena Chaui[24],

> O surgimento dos novos meios eletrônicos e, particularmente, das chamadas redes sociais, deu aos indivíduos um lugar que, em decorrência da estrutura autoritária de nossa sociedade, não fortaleceu a democratização da informação (embora a torne possível) e sim tem levado à tendência de substituir o espaço público da opinião pelo espaço privado, no caso, pela difusão em público de gostos, preferências, aversões, desaforos, calúnias e difamações.

De esta forma, se torna en un aparataje sin valor alguno y que es parte de un engaño permanente y patente como lo podemos ver en las ya clásicas imágenes, proyecciones, acciones desde el Pato Donald, hechas por Dorfman y Mattelart, hasta míster Donald Trump como se puede apreciar en la experiencia en América.

---

[23] TEATRO ICTUS. Disponível em: https://teatroictus.cl/.

[24] CHAUÍ, Marilena. *Sobre a violência*. 1ª ed. Belo Horizonte: Autêntica Editora, 2017, p. 34.

Acciones que distorsionan las cosas hasta el punto de hacerlas irreales, fuera de la realidad de la sociedad, donde la imagen disuelve el acontecimiento prevaleciendo sobre ella y haciéndose parte del discurso de autoridad.

Referências

BROWNE, Rodrigo. *Puras mentiras puras*. Comunicaciones en crisis. Buenos Aires: Universidad Nacional de La Plata editorial, 2023.

BROWNE, Rodrigo. *No al canibalismo*. Anatomía del poder euroccidental. Temuco: Ediciones UFRO, 2013.

BROWNE, Rodrigo; INZUNZA, Alex. "Hacia un periodismo intercultural desoccidentalizado. Medios de comunicación y construcción de identidades". *Chasqui*, n. 133, p. 229-245, 2016.

CHAUÍ, Marilena. *Sobre a violência*. 1ª ed. Belo Horizonte: Autêntica Editora, 2017.

CHUL HAN, Byung. *Infocracia*. La digitalización y la crisis de la democracia. Barcelona: Taurus, 2022.

DORFMAN, Ariel; MATTELART, Armand. Para leer al Pato Donald. *Comunicación de masas y colonialismo*. Valparaíso: Ediciones Universitarias de Valparaíso, 1973.

FOUCAULT, Michel. *Vigilar y castigar*. Nacimiento de la prisión. Madrid: Siglo XXI, 1975.

MANZI, Pedro. *Tú amarás*. Bonobo Teatro, 2018. Disponível em: https://www. bonoboteatro.cl/tuamaras

MATTELART, Armand; VITALIS, André. *De Orwell al cibercontrol*. Barcelona: Gedisa, 2015.

PEÑUELA CAÑIZAL, Eduardo. *El oscuro encanto de los textos visuales*. Dos ensayos sobre imágenes oníricas. Sevilla: ArCiBel, 2010.

PERNIOLA, Mario. *Milagros y traumas de la comunicación*. Buenos Aires: Amorrortu, 2010.

SAID, Edward. *Orientalismo*. Barcelona: Random House Mondadori, 2002.

TEATRO ICTUS. Disponível em: https://teatroictus.cl/.

TODOROV, Tzvetan. *La conquista de América*. El problema del Otro. México: Siglo XXI, 1982.

VIVEIROS DE CASTRO, Eduardo. *Metafísicas canibais*. São Paulo: Cosac Naify, 2015.

WOLTON, Dominique. *Informar no es comunicar*. Contra la ideología tecnológica. Barcelona: Gedisa, 2010.

ZAMIATIN, Evgueni. *Nosotros*. Madrid: Akal, 2008.

PODE A INTELIGÊNCIA ARTIFICIAL REESCREVER O PASSADO? UMA ANÁLISE DO COMERCIAL DE COMEMORAÇÃO DOS 70 ANOS DA VOLKSWAGEN NO BRASIL

Gabriela Borges

Este capítulo apresenta uma provocação – Pode a Inteligência Artificial reescrever o passado? – para discutir as nuances do controverso comercial de comemoração dos 70 anos da Volkswagen no Brasil. Em termos da criação audiovisual, procura refletir sobre a apropriação da arte e a banalização da ditadura pela publicidade; o uso da Inteligência Artificial na transcriação de Elis Regina pela indústria do entretenimento e a importância da promoção das literacias das marcas e em mídia-arte digital na contemporaneidade. Para compreender a experiência estética compartilhada pelo público, foram examinados os contextos conversacionais encontrados na análise da repercussão do anúncio nas redes sociais digitais X (antigo Twitter), Youtube, Instagram e Facebook no dia em que foi lançado, 4 de julho de 2023.

Arte e Entretenimento

O vídeo publicitário de comemoração dos 70 anos da Volkswagen no Brasil produzido pela agência de publicidade AlmapBBDO resgata a história da marca no país apresentando uma narrativa nostálgica, por meio da canção "Como nossos pais"[25], composta por Belchior e consagrada na voz da cantora Elis Regina no álbum "Alucinação", de 1976.

Com uma mensagem que procura relacionar os carros da marca aos momentos de convívio familiar e à confraternização entre amigos, o espectador é levado a relembrar de carros como Fuscas, Kombis, Brasílias e Karmann-Ghias. A criação de uma ambiência nostálgica se adequa perfeitamente à canção, uma vez que a narrativa é construída por meio da letra da música que fornece o mote para as imagens que, de certa forma, a ilustram.

---

[25] BELCHIOR. *Como nossos pais*. Intérprete: Elis Regina. Rio de Janeiro: Philips, 1976. LP (37:35).

Enquanto uma peça publicitária, que tem o intuito de persuadir e fazer passar uma ideia positiva sobre a marca, o vídeo é bastante efetivo. Comove, entretém e associa a marca aos bons momentos da vida, ou seja, tudo o que se espera de uma boa publicidade.

A canção "Como nossos pais" versa sobre o retrato de uma geração, que se digladia com o passado, querendo ultrapassá-lo, mas que ao mesmo tempo sente-se impotente por não conseguir fazê-lo. Esteve presente na memória coletiva brasileira desde então, sendo parte de um repertório de canções que funcionaram como hinos de resistência à ditadura civil-militar.

A letra tem várias camadas de significação e também de interpretação, as quais poderiam ser desveladas pormenorizadamente. Porém, o que nos interessa neste estudo é mostrar como a imagem e o som produziram significados outros que geram interpretações que não estavam nem na letra nem na música, mas que foram produzidos justamente na composição e na edição das imagens do anúncio publicitário.

A violência permeia a canção, pois refere-se a um dos períodos mais duros da ditadura civil-militar em que muitos jovens estavam sendo torturados e mortos, porém o comercial evidencia apenas algumas estrofes da letra, que servem ao *storytelling*, suprimindo outras em que a crítica social era mais evidente. Ou ainda podemos sugerir que opta por apenas ressignificar o sentido da letra, aproximando-a de uma nostalgia relacionada à felicidade.

Na seguinte estrofe, podemos observar a imagem da cantora Maria Rita, filha de Elis Regina, dirigindo uma Kombi elétrica e outras cenas envolvendo outros carros da marca que remetem justamente a uma volta ao passado, aos anos 1970:

> [...] Não quero lhe falar meu grande amor
> Das coisas que aprendi nos discos
> Quero lhe contar como eu vivi,
> E tudo que aconteceu comigo,
> Viver é melhor que sonhar,
> Eu sei que o amor é uma coisa boa
> Mas também sei que qualquer canto
> É menor do que a vida
> De qualquer pessoa[26]

---

[26] BELCHIOR, 1976.

A narrativa começa a estabelecer com o espectador uma relação nostálgica, pois sugere que a Maria Rita contará para a mãe as coisas boas que aconteceram na vida dela, uma vez que não quer contar tudo o que aprendeu nos discos, mas como viveu, pois "viver é melhor que sonhar", o que remete ao desejo da filha de ter vivido a sua vida com a mãe, que faleceu aos 36 anos de idade, quando Maria Rita tinha apenas quatro anos. A relação é metafórica e o espectador pode fazer diferentes ilações, mas desde o início o comercial estabelece essa relação entre a marca, a canção e a vida das duas cantoras.

É de se destacar que a primeira vez que aparece a imagem transcriada[27] por Inteligência Artificial (IA) da Elis Regina dirigindo uma Kombi antiga tem-se na música a seguinte estrofe: "[...] você me pergunta pela minha paixão, digo que estou encantada com uma nova invenção [...]"[28].

Ou seja, que invenção é essa? Aqui temos um duplo sentido, a invenção a que a letra se refere e a invenção da transcriação da cantora por meio da Inteligência Artificial a que acabamos de assistir. A música refere-se a um certo desgosto vivido pelos jovens em relação à impossibilidade de renovar a sociedade conservadora e repressora em que estavam inseridos. Porém, o eu-lírico afirma que o novo sempre vem, o que está relacionado à imagem em IA da cantora. Tem-se a seguinte estrofe[29]:

> É você que ama o passado
> E que não vê
> Que o novo sempre vem

Referindo-se ao novo que sempre vem estão as duas cantoras, cada uma em sua Kombi, juntando o passado e o presente de forma poética, por meio da aproximação dos dois carros e do encontro entre mãe e filha. Nesse momento elas se comunicam e temos o ponto alto do envolvimento entre elas, bem como do espectador com a narrativa.

A seguir temos a seguinte estrofe, que é acompanhada por várias cenas felizes entre amigos e familiares que enfatizam a presença dos carros da Volkswagen em momentos como férias, casamentos e viagens que fazem parte da memória afetiva de qualquer pessoa:

---

[27] Adotamos o termo transcriação no sentido em que é dado por Haroldo de Campos (*apud* PLAZA, Julio. *Intersemiótica*. São Paulo: Perspectiva, 1987. p. 28), em que o próprio signo na sua materialidade é traduzido e não apenas o seu significado. Na transcriação o signo pode ser recriado ou transcriado tanto em uma língua quanto num outro sistema de signos.

[28] BELCHIOR, *op. cit.*

[29] *Ibidem*, grifo nosso.

Minha dor é perceber
Que apesar de termos
Feito tudo o que fizemos
Ainda somos os mesmos
E vivemos
Ainda somos os mesmos
E vivemos
Como os nossos pais[30]

Na canção essa estrofe é nostálgica, mas também amarga, porque evidencia uma espécie de falhanço de uma geração, que continua a viver como os pais, apesar de ter sonhado com uma vida melhor e com um país livre. Porém, no comercial, a interpretação sugerida pelas cenas felizes que remetem à família e aos amigos dissolve esse sentido amargo do falhanço.

A seguir a seguinte estrofe encerra o anúncio[31]:

Você pode até dizer
Que eu 'tô por fora
Ou então que eu 'tô inventando

Mas é você que ama o passado
E que não vê
É você que ama o passado
E que não vê
Que o novo sempre vem

Nas imagens, temos o encontro entre os dois carros vistos por uma tomada aérea, a cena de amigos, familiares, um bebê e o diálogo entre elas a dizer que "é você que ama o passado e que não vê", seguido por imagens de carros elétricos, que remetem ao novo que sempre vem. Ao final, uma tomada das duas Kombis emparelhadas e o lettering "o novo veio de novo" seguido do slogan "Volkswagen 70 anos. Sucesso que passa de geração em geração". O "novo veio de novo" se adequa perfeitamente à premissa do conceito desenvolvido pelo anúncio, de que a Kombi volta modernizada, pois se torna um carro 100% elétrico; se interrelaciona com a imagem da Elis, que retorna em imagem de síntese e sugere que a Volkswagen perdura na sociedade brasileira, levando o sucesso de geração em geração.

Porém, dessa estrofe foi suprimida a primeira parte, conforme se lê a seguir, que se refere ao desencanto dos jovens com os seus ídolos que se venderam ao vil metal (dinheiro), como irá referir a seguir, e foi usada apenas a parte que introduz a ideia de que o passado precisa de ser ultrapassado.

---

[30] *Ibidem.*

[31] *Ibidem.*

> Nossos ídolos ainda são os mesmos
> E as aparências
> Não enganam não
> Você diz que depois deles
> Não apareceu mais ninguém[32]

Uma das principais críticas que foi feita ao anúncio refere-se à apropriação de um hino de resistência por uma marca de automóveis que apoiou o regime durante a ditadura brasileira. De fato, as estrofes que se referem à crítica social que estava sendo feita por Belchior e pela própria Elis Regina são suprimidas, ou seja, há uma edição da letra para ressaltar apenas as partes que são úteis para a narrativa publicitária. Conforme pode ser observado na estrofe[33] que vem a seguir:

> Por isso, cuidado meu bem
> Há perigo na esquina
> Eles venceram
> E o sinal está fechado pra nós
> Que somos jovens
>
> Já faz tempo eu vi você na rua
> Cabelo ao vento
> Gente jovem reunida
> Na parede da memória
> Essa lembrança
> É o quadro que dói mais

O perigo na esquina refere-se às forças da repressão do regime autoritário que o país vivia e sob o qual os jovens estavam sendo vigiados, pois não podiam mais se encontrar em grupos e estavam sendo torturados e mortos nos porões da ditadura, sem o conhecimento da maior parte da sociedade civil. Essa canção alude à violência simbólica, e física, a que os jovens estavam sujeitos, e de forma um tanto desesperançada afirma que a liberdade já faz parte da memória e que, apesar de os ídolos ainda serem os mesmos, continuam a viver como os seus pais, ou seja, não conseguiram modernizar nem o país, nem a sua própria vida.

Na entrevista ao professor Pasquale no programa "Nossa Língua Portuguesa", transmitido pela TV Escola na década de 1990, Belchior afirma que:

---

[32] BELCHIOR, 1976.

[33] *Ibidem*, grifos nossos.

> *Essa música surgiu da vontade, explícita e direta, de fazer uma canção ácida, um pouco amarga, reflexiva, sobre essa condição sempre mutante do jovem na era da comunicação e o comprometimento político que essa mudança acarreta. Como essa mudança ocorre com muita frequência, eu quis fazer uma canção que ultrapassasse a mera narrativa do conflito de gerações, e que fosse também pessoal. Que falasse do conflito de gerações, sim, mas naquilo em que ele comprometia a alma do jovem urbano, provinciano e metropolitano[34]...*

Sobre a estrofe "[...] ainda somos os mesmos e vivemos como os nossos pais [...]", o autor declara o seguinte:

> *Eu me identifico com aquele drama, com aquele conflito e também com o contraste que eventualmente o autor poderia elidir, mas que nesse caso não faz [...] Essa constatação, essa verificação, parece uma coisa assentada na música, como se a gente dissesse sem que passasse para o espectador a pena, a dor que vem dessa constatação. Daí o comprometimento do autor, simplesmente observamos que isso acontece, mas não concordamos com isso, não gostaríamos que assim fosse [...][35].*

Nesse momento podemos realçar que a publicidade, como um dos instrumentos da sociedade de consumo capitalista contemporânea, se apropria apenas daquilo que lhe interessa, e ao final conta e reconta uma história a partir de seus interesses específicos. Isto é, a proposta aqui foi de se apropriar de uma canção que é símbolo da ditadura e do desencanto de uma geração para associar a uma marca, que se instaurou no país no período da ditadura e que se modernizou, colocando à venda a mesma Kombi, mas agora fabricada por meio da tecnologia desenvolvida para os carros elétricos. Sendo assim, as estrofes em que se encontra a real crítica à ditadura e à violência vivida naquele momento não fazem parte da história contada pela Volkswagen.

Outro aspecto explorado pela crítica ao comercial está relacionado com a relação industrial existente entre a Volkswagen Brasil e a ditadura civil-militar no Brasil (1964-1985). Tanto em termos financeiros quanto laborais a Volkswagen agiu estrategicamente e beneficiou-se, de certo modo, durante esse período; ao mesmo tempo que se omitiu em relação às

---

[34] COMO NOSSOS PAIS: o que Belchior quis dizer em música eternizada por Elis. UOL, 2023. Disponível em: https://www.uol.com.br/splash/noticias/2023/07/07/como-nossos-pais-belchior-explica-significado-da-musica.htm. Acesso em: 24 nov. 2023.

[35] *Ibidem.*

violações de Direitos Humanos e à restrição dos direitos dos trabalhadores. Segundo Kopper[36], representantes de diversos órgãos da Volkswagen do Brasil não hesitavam em elogiar o governo militar e os presidentes da empresa não faziam qualquer tipo de comentário sobre a ditadura militar no Brasil até o final dos anos 70, seja em discursos públicos ou mesmo em entrevistas para a mídia alemã.

Em contrapartida, com o aumento da repressão legalizada contra a oposição política da ditadura nos órgãos de segurança nacional, a Operação Bandeirante (Oban) – coordenada pela Forças Armadas Brasileiras, a Polícia Estadual e a Polícia Federal – contou com o apoio dos membros da Federação das Indústrias do Estado de São Paulo (Fiesp) para o financiamento de equipamento técnico. Kopper[37] afirma que

> [...] desde a sua constituição, a OBAN utilizou veículos da VW do Brasil e da Ford para levar oficiais e suas equipes às operações e os detidos ao centro de interrogatório na Rua Tomas Carvalhal 1030, uma área residencial tradicional de São Paulo. Muitos detidos eram torturados durante os interrogatórios[38].

A apropriação da arte pelo capitalismo tem sido discutida por diferentes autores. Conforme argumentam Lipovetsky e Serroy[39], no que definem como era transestética do capitalismo, referindo-se à sociedade de consumo contemporânea, as produções publicitárias contemporâneas se voltam para as emoções na intenção de criar vínculos afetivos com os consumidores e, por meio da criatividade, associam criação, entretenimento, arte e comunicação[40].

---

[36] KOPPER, Christopher. *A VW do Brasil durante a Ditadura Militar Brasileira 1964 – 1985*. Uma abordagem histórica. Bielefeld, 30 de outubro de 2017. Universidade de Bielefeld. Faculdade de História, Filosofia e Teologia, 2017, p. 28-30. Kopper foi responsável pelo estudo sobre o papel da Volkswagen do Brasil na ditadura brasileira depois que a Comissão da Verdade acusou a empresa de colaborar com a polícia política e discriminar os militantes sindicais. Em 2016 a Dr.ª Christine Hohmann-Dennhardt do setor de Integridade e Direito da diretoria da empresa solicitou que fosse realizada uma ampla investigação, cujos resultados podem ser consultados neste estudo.

[37] *Ibidem*, p. 46.

[38] Uma das vítimas da operação Oban foi a estudante Dilma Rousseff, que na época tinha 23 anos e passou 22 dias na prisão entre janeiro e fevereiro de 1970. Ela viria a ser a primeira mulher eleita presidente da República do Brasil, tendo governado de 2011 a 2016, quando sofreu um *impeachment*.

[39] LIPOVETSKY, Gilles; SERROY, Jean. *A estetização do mundo*: viver na era do capitalismo artista. São Paulo: Companhia das Letras, 2015.

[40] *Ibidem*, p. 184.

> Os sistemas de produção, de distribuição e de consumo
> são impregnados, penetrados, remodelados por operações
> de natureza fundamentalmente estética. O estilo, a beleza,
> a mobilização dos gostos e das sensibilidades se impõem
> cada dia mais como imperativos estratégicos das marcas:
> é um modo de produção estético que define o capitalismo
> de hiperconsumo[41].

As estratégias estéticas desenvolvidas pelos setores de marketing das empresas capturam, por meio de narrativas repletas de sedução, afeto e sensibilidade, que intensificam a esfera do sonho e do imaginário, a atenção do consumidor e aumentam o faturamento das marcas. Nesse regime, a arte é inserida no campo industrial, comercial e na vida comum[42].

Nesse sentido, o *storytelling* (contação de histórias) vem sendo adotado pelas marcas como uma estratégia para disfarçar o tom persuasivo dos anúncios, uma vez que gera o envolvimento emocional e afetivo e uma forte identificação com aquilo que é contado, inserindo a marca como parte do cotidiano e das experiências dos consumidores. Resultando assim na intensificação da persuasão. Por meio da criatividade e do uso de elementos estéticos a fim de mobilizar a sedução, a afeição, a experiência, a imaginação, a emoção, a diversão, o sentimento e o prazer, a publicidade procura oferecer um momento de vivência ainda não experimentado pelos consumidores.

É justamente isso que é experienciado pelos consumidores da peça publicitária da Volkswagen 70 anos, envolvem-se com a história contada, ativam a memória afetiva e se emocionam com o passado contado e recontado, também, por meio da Inteligência Artificial e da nostalgia imaginada.

A Publicidade e a Inteligência Artificial

A segunda crítica feita pela opinião pública em relação ao comercial da Volkswagen, além da apropriação da música, foi a própria imagem de Elis Regina transcriada por meio da Inteligência Artificial, que permitiu o encontro no âmbito da narrativa entre a cantora e a sua filha, Maria Rita. Elis Regina faleceu em 1982, quando Maria Rita tinha quatro anos, e, por meio da transcriação proporcionada por esse anúncio publicitário, as duas se reencontram 40 anos depois.

---

[41] *Ibidem*, p. 9-10.

[42] *Ibidem*.

A transcriação da imagem da cantora foi realizada com recurso à tecnologia conhecida por *deepfake*, que se trata de uma imagem, produzida algoritmicamente por meio do processamento de milhares de imagens reais armazenadas num banco de dados, que aprende os movimentos do rosto de uma pessoa, incluindo a geometria, os movimentos labiais e as modulações da voz, ao ponto de imagens reais não se distinguirem de imagens falsas. Não se trata de colagem, edição ou dublagem, são imagens de síntese criadas a partir de outras imagens.

Segundo Beiguelman[43], a tecnologia de Inteligência Artificial usa técnicas de *deep learning* e recursos de transferência de estilo, denominados *Generative Adversary Networks (GANs)*, que envolvem:

> 1) Coleta de dados (dezenas de milhares de imagens e vídeos de alta qualidade do rosto da pessoa que será "substituída" no vídeo); 2) Treinamento da rede (o momento em que os dados coletados conformam a rede generativa propriamente dita, a partir de duas partes principais: o gerador e o discriminador. O gerador é responsável por criar as imagens falsas, enquanto o discriminador tenta distinguir entre as imagens reais e falsas; 3) Aprendizado: durante o treinamento da GAN, um tipo de rede chamado de neural (suposta analogia com o cérebro humano), em que o gerador tenta criar imagens falsas que sejam tão convincentes que o discriminador não consiga mais distingui-las das imagens reais.

A recriação de celebridades mortas já se tornou prática um tanto comum na indústria cultural, e tem permitido que a imagem de atores famosos seja recriada e até mesmo inserida em filmes, como foi o caso dos atores Paul Walker, no filme *Velozes e Furiosos VII* (2015), e Peter Cushing, em *Rogue One: Uma História Star Wars* (2016). Essa prática também tem sido polêmica e alguns atores a proibiram, como, por exemplo, Robin Williams, que impediu o uso de sua imagem por um período de 25 anos. Por outro lado, o ator Bruce Williams autorizou tal prática. Recentemente foi possível extrair, também por meio de Inteligência Artificial, a voz de John Lennon do áudio original de uma canção inédita do grupo britânico The Beatles. Ou seja, temos uma canção inédita cantada por alguém que já faleceu há mais de 40 anos. "Now and Then" foi composta

---

[43] BEIGUELMAN, Gisele. O deepfake de Elis Regina e as fantasmagorias das IAs. *Revista Zum,* 2023. Disponível em: https://revistazum.com.br/colunistas/elis-regina-ias/. Acesso em: 27 nov. 2023.

e gravada em demo por John Lennon pouco antes de sua morte, em 1980, e recebeu um arranjo de Paul McCartney, George Harrison e Ringo Starr nos anos 90, durante o projeto "Anthology", tendo sido lançada em 2 de novembro de 2023.

As questões éticas e relacionadas aos direitos de autor se colocam nessa discussão. No caso da publicidade da Volkswagen, dada a repercussão nacional, o Conar (Conselho Nacional de Autorregulamentação Publicitária), três dias após a veiculação do anúncio, abriu a Representação n.º 134/23 contra a campanha devido às queixas de consumidores. Os três pontos avaliados foram os seguintes:

> 1) o uso ético da IA para reproduzir a imagem de pessoa falecida; 2) se herdeiros podem autorizar o uso da imagem de pessoa falecida para utilização em peça publicitária criada por meio de IA, com a geração de cenas ficcionais das quais jamais participou em vida; 3) o fato da peça publicitária não alertar os espectadores do uso da IA para criação da cena, com o potencial de causar confusão em parte do público sobre o que é virtual e o que é real, em especial àqueles que não conhecem a cantora Elis Regina e podem ter sido levados a acreditar tratar-se de pessoa real, que ainda está viva[44].

O caso foi julgado improcedente nos dois primeiros pontos e em relação ao terceiro ponto os conselheiros levaram em consideração as recomendações de boas práticas sobre a matéria, mas também a falta de regulamentação específica, concluindo pelo arquivamento da denúncia.

No que diz respeito à família da Elis Regina, seu filho mais velho, João Marcello Bôscoli, afirmou que aprovaram o resultado. "Foi tudo feito com carinho e respeito. Emocionou profundamente a Maria Rita e me emocionou também"[45]. A cantora recebeu um grande apoio nas redes sociais, como pode ser observado no agradecimento que fez e que conta com 525,8 mil visualizações em seu perfil no X (antigo Twitter).

---

[44] SCHLOTTFELDT, Shana. O que Elis Regina, Maria Rita e Belchior têm a ver com a regulação da IA? *Conjur,* 2023. Disponível em: https://www.conjur.com.br/2023-ago-29/fabrica-leis-elis-regina-maria-rita-belchior-
-ver-regulacao-ia/. Acesso em: 27 nov. 2023.

[45] CAPUANO, Amanda; MIYASHIRO, Kelly. Os bastidores do espantoso comercial que reviveu Elis Regina. *Veja,* 2023. Disponível em: https://veja.abril.com.br/cultura/comercial-que-reune-elis-e-filha-atesta-forca-da-
-inteligencia-artificial. Acesso em: 24 nov. 2023.

Imagem 1 – Tweet de Maria Rita

Fonte: X (2023)

    A controvérsia em relação ao uso da Inteligência Artificial para transcriar a imagem de Elis Regina, conforme apontamos, tem muitas nuances entre o interesse comercial, o interesse familiar e os contornos éticos e legais. Um dos aspectos que particularmente nos interessa neste debate é justamente a possibilidade que a Inteligência Artificial traz de reescrever o passado. Nesse caso foi feito por meio de uma poética publicitária que transcria Elis Regina e encanta os consumidores da marca de automóveis. Porém, esse mesmo recurso pode ser usado para contar e recontar a história sem ter como referentes os fatos históricos.

    No início do século, Dubois[46] já chamava a atenção para o fato de que a imagem de síntese cria mundos ficcionais e imaginários a partir do código binário, sem referente na realidade. Com o desenvolvimento da tecnologia da Inteligência Artificial essa possibilidade foi exponenciada porque fatos históricos podem ser recriados pela máquina e recontados de outro modo, a partir de interesses específicos. Nesse sentido é que argumentamos sobre a urgência de se promover o campo de estudo das literacias, justamente para fornecer elementos para que os sujeitos possam compreender as especificidades tecnológicas, mercadológicas, midiáticas e artísticas, entre outras, que estão presentes nesse debate.

---

[46] DUBOIS, Philippe. *Cinema, Video, Godard*. São Paulo: Cosac Naify, 2004.

A qualidade audiovisual e as literacias

Nos nossos estudos[47] temos discutido a questão da qualidade audiovisual a partir de uma perspectiva crítico-analítica, procurando definir parâmetros que norteiam o entendimento de uma dada criação audiovisual; em sua inter-relação com a circulação de conteúdos nas redes sociais no que diz respeito às estratégias de transmidiação e aos comentários (conversação em rede); e com a experiência estética compartilhada, que está, em certa medida, também relacionada com a literacia midiática e digital e, neste estudo de caso, literacia das marcas e em mídia-arte digital.

A qualidade audiovisual está assim relacionada com o potencial que uma criação audiovisual tem de ampliar o horizonte de um determinado público, apresentar pontos de vista diversos, subverter os mecanismos de representação de estereótipos e clichês, estimular o debate de ideias e fomentar o pensamento crítico, entre outros[48].

No que diz respeito à publicidade, entendemos o seu potencial para criar mundos possíveis[49] que são cativantes, possuem apelo afetivo, sensibilizam emocionalmente, mas também procuram convencer e transmitem mensagens que expressam uma determinada visão de mundo relativa à marca a que se refere.

Os mundos possíveis são criações da imaginação, hipóteses criadas pelo leitor ou espectador que tratam de antecipar a continuação da história e, à medida que o relato avança, algumas se verificam e outras são descartadas. É um processo individual de construção cognitiva. No entanto, conforme salienta Mungioli[50] em entrevista realizada com Carlos Scolari, atualmente presenciamos um fenômeno novo, em que esse processo se dá de forma coletiva, uma vez que os espectadores discutem efusivamente aquilo que acabaram de ver nas redes sociais digitais.

---

[47] BORGES, Gabriela *et al. A qualidade e a competência midiática na ficção seriada contemporânea no Brasil e em Portugal.* Coimbra: Gracio Editor, 2022; BORGES, Gabriela; SIGILIANO, Daiana. Qualidade Audiovisual e Competência Midiática: proposta teórico-metodológica de análise de séries ficcionais. Encontro Anual da Compós, XXX, São Paulo, 2021. *Anais [...]* 30° Encontro Anual da Compós, p. 1-26. Disponível em: https://bit. ly/3Bb8OsL. Acesso em: 27 nov. 2023; BORGES, Gabriela; SIGILIANO, Daiana. Produção colaborativa de fãs no Twitter: análise da série brasileira As Five. *In:* BLANCO PÉREZ, M. (ed.). *El progreso de la comunicación en la era de los prosumidores.* Madrid: Dykinson, 2021. p. 665-714.

[48] BORGES, Gabriela. *Qualidade na TV pública portuguesa.* Análise dos programas do canal 2. Juiz de Fora: Editora da UFJF, 2014.

[49] ECO, Umberto. *Lector in fabula.* São Paulo: Perspectiva, 1986.

[50] MUNGIOLI, Maria Cristina. A construção de mundos possíveis se tornou um processo coletivo. *MATRIZes,* [S. l.], v. 4, n. 2, p. 127-136, 2011. Disponível em: https://www.revistas.usp.br/matrizes/article/view/38296. Acesso em: 27 nov. 2023.

Na contemporaneidade, a relação que se estabelece entre o espectador e a criação audiovisual potencializa a fruição estética, pois esta ultrapassa a experiência individual e pode ser compartilhada no ambiente digital. Ao pensar nas transformações da arte na segunda metade do século XX, Argan[51] argumenta que

> Numa sociedade de cultura de massa, o pensamento e a memória da arte também poderão ser, se estiver salvaguardada a liberdade dos indivíduos, os impulsos criativos que, provindo das profundezas da história, haverão de gerar uma experiência individual recapituladora, porém não destruidora, da experiência coletiva.

A experiência estética compartilhada a partir do anúncio da Volkswagen pode ser discutida a partir das literacias das marcas e em mídia-arte digital. O conceito de *brand literacy* (literacia das marcas) refere-se à capacidade do consumidor de compreender os signos de uma cultura de marca e os sistemas de significados em constante operação e que são produzidos culturalmente ao longo da vida da marca[52]. Ao estar relacionada com a cultura de marca, ou seja, toda a construção simbólica que uma marca constrói numa determinada sociedade, a *brand literacy* faz parte de um processo de aprendizagem, no sentido em que tanto as estratégias de marketing quanto o próprio consumo, enquanto processo social coletivo, constroem o entendimento do conceito.

O conceito de literacia em mídia-arte digital está relacionado com aquilo que é pressuposto na literacia midiática, como a capacidade de acessar, analisar e avaliar um conteúdo de mídia-arte, mas também de criar artefatos e criações artísticas por meio da tecnologia digital. Ou seja, neste caso de estudo em específico, o entendimento desse conceito é articulado para compreender as diversas camadas de significação e de interpretação de uma peça publicitária que se encontra no limiar entre a produção midiática e a arte digital. Nesse sentido, quanto mais se aprofunda esse entendimento, mais as literacias estão em operação.

A nostalgia proposta pelo anúncio associa o passado a um tempo vivido em que os carros da marca Volkswagen fizeram parte da experiência de vida dos brasileiros. Porém, por outro lado, também explora uma certa nostalgia imaginada[53] levando o espectador mais jovem a esquecer a noção do tempo e a sentir nostalgia de situações que nunca viveu.

---

[51] ARGAN, Giulio Carlo. *Arte Moderna*. Do iluminismo aos movimentos contemporâneos. São Paulo: Cia. das Letras, 1996. p. 593.

[52] BENGTSSON, Anders; FIRAT, Fuat. Brand Literacy: Consumers' SenseMaking of Brand Management. *In:* PECHMANN, C.; PRICE, L. *Advances in Consumer Research*. Duluth: Association for Consumer Research, 2006. p. 375 - 380. Disponível em: https://www.acrwebsite.org/volumes/12359. Acesso em: 27 nov. 2023.

[53] APPADURAI, Arjun. *Modernity at Large*. Minneapolis: University of Minnesota Press, 1996.

Essa pode ser vista como uma questão crítica em termos dos estudos sobre literacia, porque aqueles que não viveram aquele momento, que não conhecem a história, também experienciam um momento nostálgico, mas talvez não tenham a compreensão sobre as relações entre a marca e a ditadura brasileira, nem sobre a crítica que a canção "Como nossos pais" faz sobre aquele momento histórico. Ou seja, se deleitam com a imaginação do mundo possível sugerido pelo anúncio, mas não possuem informação necessária para entender as diversas camadas de significação do anúncio. Por outro lado, pode-se argumentar que o anúncio, a partir da experiência estética compartilhada que impulsiona, promove a aprendizagem sobre elementos relacionados com a arte, de Elis Regina e Belchior, dois artistas já falecidos, e também sobre a história do Brasil e o envolvimento das grandes empresas da indústria automobilística com a ditadura civil-militar.

Um dado interessante nesta discussão é que essa viagem nostálgica proporcionada pela transcrição da Elis Regina na criação publicitária impulsionou uma ampla procura por seus discos e canções, tendo gerado três milhões de audições em 24 horas no Spotify[54]. Além disso, o anúncio também ampliou, no contexto brasileiro, a discussão ética e estética sobre o uso da Inteligência Artificial para a criação de humanos já falecidos em produtos audiovisuais.

A publicidade, quando se aproxima da arte, tem esse poder de arrebatamento, promovendo uma experiência estética permeada por um certo encantamento, que mobiliza e surpreende. Esse é um dos paradoxos da relação entre a arte e a indústria do entretenimento, que a literacia em mídia-arte digital aborda e procura discutir.

A fim de entender a experiência estética compartilhada nas redes sociais digitais foi monitorada a repercussão do anúncio da Volkswagen no X (antigo Twitter), no YouTube, no Instagram e no Facebook no dia do seu lançamento, 4 de julho de 2023. Os dados foram coletados e codificados por Sigiliano[55] e analisados conforme metodologia de análise de redes sociais que tem sido desenvolvida no âmbito dos estudos do Observatório da Qualidade no Audiovisual[56].

---

[54] CAPUANO; MIYASHIRO, 2023.

[55] Os dados foram coletados por Daiana Sigiliano, especialista em estudos de redes sociais e doutoranda do Programa de Pós-Graduação em Comunicação da Universidade Federal de Juiz de Fora, conforme protocolo definido nos estudos do Observatório da Qualidade no Audiovisual (https://observatoriodoaudiovisual.com.br/).

[56] BORGES, Gabriela; SIGILIANO, Daiana. Qualidade Audiovisual e Competência Midiática: proposta teórico-metodológica de análise de séries ficcionais. Encontro Anual da Compós, XXX, São Paulo, 2021. *Anais [...]* 30.º Encontro Anual da Compós, p. 1-26. Disponível em: https://bit.ly/3Bb8OsL. Acesso em: 27 nov. 2023.

No X (antigo Twitter) os dados encontrados foram os seguintes: 1.767 Replays, 1.095 RTs, 7.771 curtidas e 725 mil visualizações. Ao contrário das outras redes sociais, no X (antigo Twitter) foi identificado um volume considerável de comentários criticando o comercial. As contas com mais engajamento foram da primeira-dama Janja, que logo retweetou o comercial, e da cantora Maria Rita. O perfil de Janja teve 1.324 Replays, 4.446 RTs, 32 mil curtidas e 2,7 milhões visualizações, enquanto o de Maria Rita teve 689 Replays, 462 RTs, 19,7 mil curtidas e 525,9 mil visualizações.

Em relação aos métodos usados na análise de dados, o protocolo de abordagem[57] se estrutura a partir de três etapas: 1) parâmetros de filtragem; 2) monitoramento e extração e 3) codificação e visualização. Os parâmetros de filtragem foram definidos com base em uma análise exploratória de reportagens sobre o comercial e das ações de divulgação da marca. Nesse sentido, foram delimitados os seguintes termos: Elis Regina, Inteligência Artificial, AI, filha, mãe, Maria Rita, Volkswagen, *deepfake*, 70 anos, Kombi, Como nossos pais, Belchior, publicidade, comercial, #VW70 #oNovoVeioDeNovo, #VWBrasil, #vwBrasil70. Posteriormente, com o registro de desenvolvedor do X (antigo Twitter) acessamos a API Search e extraímos os dados com a linguagem de programação Python, também utilizamos módulos tais como NLTK, Jupyter, Twint e SpaCy e as bibliotecas Pandas e Nest_asyncio para auxiliar na filtragem, visualização e exportação dos metadados. Em decorrência do volume e da complexidade dos tweets, a codificação foi dividida em duas fases: macrocodificação e microcodificação. Inicialmente, na macrocodificação categorizamos as postagens a partir do tema central do comentário feito pelo telespectador interagente[58], já na microcodificação a categorização foi norteada pelas especificidades dessas postagens. Por fim, os contextos conversacionais, formados pela macrocodificação e microcodificação, foram sistematizados em mapas mentais.

---

[57] BORGES; SIGILIANO, 2021.

[58] O termo telespectador interagente é usado, neste trabalho, para designar o público que interage (propaga, retuíta, produz conteúdo, responde às enquetes etc.) com o conteúdo que consome/assiste.

Imagem 2 – Protocolo metodológico

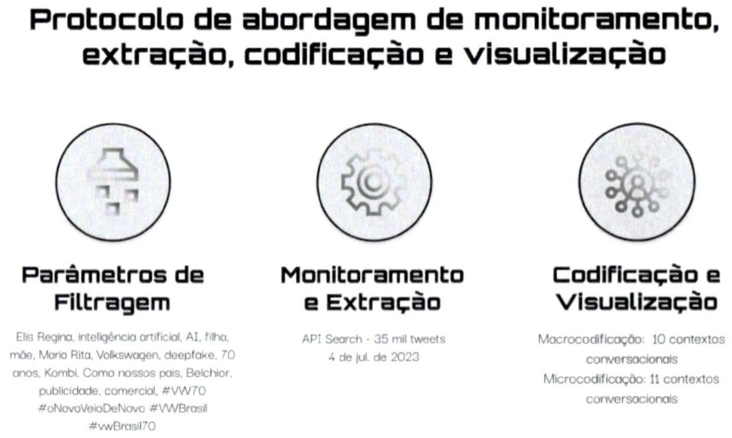

Fonte: elaborada pela autora (2023)

A fim de realizar a codificação e visualização dos dados foram encontrados os seguintes contextos conversacionais na macrocodificação e na microcodificação, conforme Imagem 3, a seguir.

Imagem 3 – Contextos conversacionais no X

Fonte: elaborada pela autora (2023)

As categorias da macrocodificação são excludentes, dessa forma o que delimita a categorização dos dados são as suas características mais latentes.

Quadro 1 – Definição dos contextos conversacionais

Contextos Conversacionais	
Macrocodificação	**Microcodificação / Descrição**
Ditadura	(Críticas) – Os telespectadores interagentes criticam o uso da imagem de Elis Regina e da música "Como Nossos Pais" na campanha publicitária de uma marca que apoiou a ditadura militar. Também criticam outras empresas que apoiaram.
	(Distanciamento histórico) – Os telespectadores interagentes afirmam que a ditadura militar já acabou há mais de 30 anos, que é hora de seguir em frente.
	(Questionamento das informações) – Os telespectadores interagentes questionam o apoio da marca durante a ditadura militar.
Relação Mãe e Filha	(Morte prematura) – Os telespectadores interagentes repercutem o significado de "encontrar" a mãe para a cantora Maria Rita.
	(Cachê) – Os telespectadores interagentes criticam Maria Rita por ter "vendido" a memória da mãe.
Memes	(Reações) – Os telespectadores interagentes exploravam recursos multimodais para enfatizar e ironizar suas reações ao comercial.
	(Correlação) – Os telespectadores interagentes correlacionam, em tom de humor, a Elis Regina gerada pela AI com as assistentes virtuais de empresas como o Magazine Luiza e a qualidade da técnica (*deepfake*) usada com os filtros e recursos das redes sociais.
Referências de outras inserções de AI	(Paul Walker) – Os telespectadores interagentes correlacionam o comercial de Elis Regina à inserção de Paul Walker em "Velozes e Furiosos 7".
	(Carrie Fisher) – Os telespectadores interagentes correlacionam o comercial de Elis Regina à inserção de Carrie Fisher em "Rogue One".
Papel da publicidade	(Lucro/Capitalismo) – Os telespectadores interagentes repercutem o comercial a partir de argumentos ligados ao lucro e/ou ao capitalismo.
	(Estratégias) – Os telespectadores interagentes repercutem as estratégias usadas no comercial.
Polarização	Os telespectadores interagentes que gostaram do comercial e os que não gostaram se atacam.

Contextos Conversacionais	
Macrocodificação	**Microcodificação / Descrição**
Emoção	Os telespectadores interagentes afirmam que ficaram muito emocionados ao assistirem o comercial.
Morbidez	Os telespectadores interagentes repercutem o aspecto mórbido do comercial.
Janja	Os telespectadores interagentes repercutem contra e a favor do tweet publicado por Janja.
Maria Rita	Os telespectadores interagentes repercutem contra e a favor do tweet publicado por Maria Rita.

Fonte: elaborado pela autora (2023)

Dos contextos conversacionais encontrados, serão analisados alguns tweets encontrados nos macrocontextos da ditadura, da relação mãe e filha, referência de outras inserções de IA, papel da publicidade, polarização e morbidez.

Em relação à ditadura, foram publicadas várias imagens da época e entrevistas com a própria Elis Regina que reforçam esse ponto de vista e a crítica social que foi feita. Nos tweets reproduzidos a seguir os telespectadores interagentes contextualizam a relação entre o comercial, a ditadura e o papel da Volkswagen nos anos de chumbo. Indagam sobre a apropriação feita pela Volkswagen, fornecendo informação sobre a relação dos artistas com a ditadura e refletindo sobre ética, capitalismo e memória. A informação fornecida proporciona um outro ponto de vista sobre o comercial e pode contribuir para a construção de um olhar mais crítico e reflexivo sobre a peça publicitária.

Imagem 4 – Contexto Conversacional Ditadura

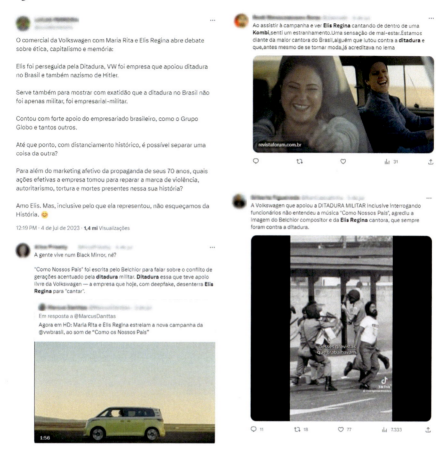

Fonte: X (2023)

No que se refere à relação entre mãe e filha, esse tweet resgata uma entrevista feita com a Maria Rita no programa "Drag Me as a Queen" do canal E![59], em que Ikaro Kadoshi pede desculpas a ela por nunca terem considerado que ela perdeu muito mais do que os fãs, pois perdeu a sua mãe. Podemos realçar também o caráter intertextual desse tweet, que resgata um programa de televisão para comentar a relação entre as duas cantoras.

---

[59] Disponível em: https://vm.tiktok.com/ZM6JTByE3/. Acesso em: 27 nov. 2023.

Imagem 5 – Contexto Conversacional Relação Mãe e Filha

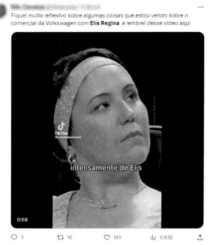

Fonte: X (2023)

O debate sobre o uso da Inteligência Artificial no audiovisual para reviver atores já falecidos, ou mesmo rejuvenescê-los, como no caso de Carrie Fisher[60], também foi comentado no X, conforme pode ser observado nos seguintes tweets:

Imagem 6 – Contexto Conversacional Inteligência Artificial

Fonte: X (2023)

---

[60] Para mais informação ver: https://www.polygon.com/2016/12/27/14092060/rogue-one-star-wars-grand-moff-tarkin-princess-leia. Acesso em: 27 nov. 2023.

No macrocontexto sobre o papel da publicidade podemos observar críticas ao comercial e aos publicitários, referindo-se ao modo como as imagens contemporâneas promovem o esvaziamento dos símbolos, mas, por outro lado, vemos o enaltecimento do comercial como digno de Leão de Ouro em Cannes e o uso do argumento de que é um produto ficcional e que, portanto, conforme comentamos anteriormente, permite a criação de mundos possíveis.

Imagem 7 – Contexto Conversacional Publicidade

Fonte: X (2023)

A polêmica gerada no X (antigo Twitter) e a polarização de opiniões sobre a relação do comercial com a ditadura podem ser vistas nos seguintes tweets:

Imagem 8 – Contexto Conversacional Polarização

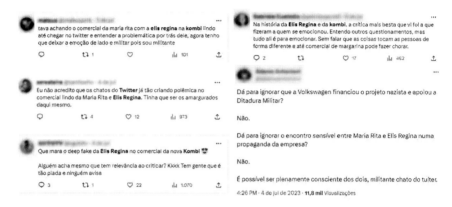

Fonte: X (2023)

No macrocontexto denominado morbidez foi possível acompanhar a opinião dos interagentes sobre o incômodo que gerou a transcriação da cantora por meio da Inteligência Artificial e a sua faceta um tanto fantasmagórica.

Imagem 9 – Contexto Conversacional Morbidez

Fonte: X (2023)

Nas outras redes sociais não houve polêmica em relação ao comercial, tendo gerado um engajamento bastante positivo para a marca, que também interagiu, respondendo e basicamente agradecendo aos comentários. No Youtube o vídeo teve 33 milhões de visualizações, sendo que a maioria dos comentários foram positivos e os interagentes elogiaram diversos aspectos do comercial, tais como a emoção que proporcionou e a qualidade estética. No Instagram teve 369 mil curtidas, a maioria dos comentários foram positivos. Os interagentes elogiaram diversos aspectos do comercial e compartilham histórias nostálgicas e afetivas. Observamos que a interação entre o perfil da Volkswagen e os interagentes se dá de forma efusiva e elogiosa.

Imagem 10 – Comentários no Instagram

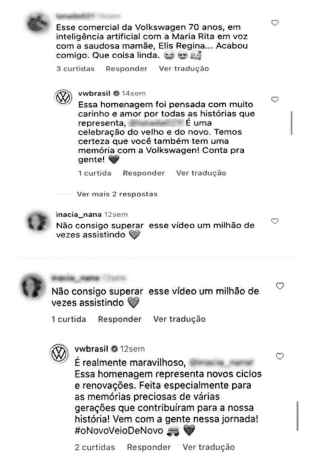

Fonte: Instagram (2023)

No Facebook tiveram 448 comentários, 1.572 compartilhamentos, 2 mil curtidas e os interagentes elogiaram a marca e compartilharam histórias nostálgicas e afetivas com os carros da marca. Também verificamos o mesmo tipo de interação por parte da Volkswagen.

Imagem 11 – Comentários Facebook

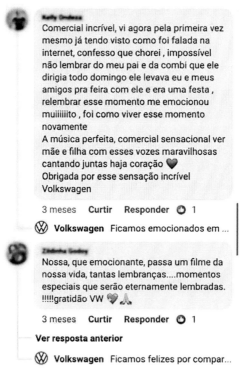

Fonte: Facebook (2023)

Os diversos contextos conversacionais que pudemos analisar no X (antigo Twitter) e os comentários no Instagram, Youtube e Facebook apontam para a diversidade de perspectivas sobre o comercial da Volkswagen encontradas no ambiente digital. Por um lado, cumpriu sua função comercial, porque foi visualizado por milhares de pessoas nas diferentes redes e teve uma ampla repercussão, seja por meio da emoção, ao ativar a memória afetiva e/ou coletiva, ou dividindo opiniões e causando controvérsia. Por outro lado, podemos discutir a sua qualidade audiovisual, uma vez que permitiu ampliar o horizonte do público ao compartilhar suas experiências estéticas nas redes e refletir sobre as nuances das relações da marca com a ditadura e do uso da Inteligência Artificial no audiovisual brasileiro, promovendo o debate de ideias e o pensamento crítico.

Outro aspecto a considerar é que essa coleta e análise de dados corroboram outros projetos desenvolvidos pelo Observatório da Qualidade no Audiovisual[61], em que os contrapontos e as diferenças de pontos de vista podem ser observados de forma mais acentuada no X (antigo Twitter) do que nas outras redes sociais, que nesse caso em específico reforçaram a estratégia de marketing adotada pela empresa, que só pôde agradecer aos comentários.

Considerações Finais

Por fim, para responder à pergunta que deu início a esta reflexão, "Pode a Inteligência Artificial reescrever o passado?", apontamos que esta pode criar mundos possíveis e nos fazer reviver o passado, e até mesmo recriar o passado, potencializando a memória afetiva, seja imaginada ou não, mas efetivamente não pode reescrever a história. E, por isso, a promoção das literacias torna-se relevante na atualidade, pois estas podem abrir a possibilidade de se entender as camadas de significado e de interpretação presentes de um dado produto cultural. Se houver literacia, a tecnologia artificial não consegue reescrever o passado a partir de interesses específicos.

No campo de estudos da publicidade, o desenvolvimento da literacia das marcas auxilia na compreensão sobre o modo como estas operam na sociedade capitalista, em que arte e entretenimento se mesclam de tal modo para gerar engajamento que os seus limites se tornam cada vez mais imbricados. Por outro lado, a experiência estética compartilhada propiciada pelos novos produtos audiovisuais nas redes sociais digitais pode promover um entendimento mais aprofundado sobre a criação e a circulação destes, bem como sobre o próprio consumo cultural. Desse modo é que o desenvolvimento da literacia em mídia-arte digital também se torna efetiva nesse processo de compreensão sobre as novas formas de expressão midiáticas e artísticas da contemporaneidade.

---

[61] SIGILIANO, Daiana; BORGES, Gabriela. Wanda Vison e os Processos Cognitivos na Produção Crítica e Criativa do Fandom Brasileiro no Twitter. *Journal of Digital Media & Interaction*, v. 5, n. 12, p. 24-37, 2022; SIGILIANO, Daiana; BORGES, Gabriela. Creative production of Brazilian telenovela fans on Twitter. *Transformative Works and Cultures*, n. 35, 2021; SIGILIANO, Daiana; BORGES, Gabriela. Creative production of Brazilian telenovela fans on Twitter. *Transformative Works and Cultures*, n. 35, 2021; BORGES; SIGILIANO, 2021; 2022.

Referências

APPADURAI, Arjun. *Modernity at Large*. Minneapolis: University of Minnesota Press, 1996.

ARGAN, Giulio Carlo. *Arte Moderna*. Do iluminismo aos movimentos contemporâneos. São Paulo: Cia. das Letras, 1996.

BEIGUELMAN, Gisele. O deepfake de Elis Regina e as fantasmagorias das IAs. *Revista Zum*, 2023. Disponível em: https://revistazum.com.br/colunistas/elis-regina-ias/. Acesso em: 27 nov. 2023.

BEIGUELMAN, Gisele. *Políticas da Imagem e Resistência na Dadosfera*. São Paulo: Ubu Editora, 2021.

BELCHIOR. *Como nossos pais*. [Intérprete]: Elis Regina. Rio de Janeiro: Philips: 1978. LP (37:35).

BENGTSSON, Anders, FIRAT, Fuat. Brand Literacy: Consumers' SenseMaking of Brand Management. *In:* PECHMANN, C.; PRICE, L. *Advances in Consumer Research*. Duluth: Association for Consumer Research, 2006. p. 375-380. Disponível em: https://www.acrwebsite.org/volumes/12359. Acesso em: 1 jun. 2023.

BORGES, Gabriela; SIGILIANO, Daiana; RAMOS, Eulalia; GARCIA, Júlia; VIEIRA, Lucas; FURTUOSO, Gustavo; SOARES, Matheus; ZANETTI, Nayara. *A qualidade e a competência midiática na ficção seriada contemporânea no Brasil e em Portugal*. Coimbra: Gracio Editor, 2022.

BORGES, Gabriela; SIGILIANO, Daiana. Qualidade Audiovisual e Competência Midiática: proposta teórico-metodológica de análise de séries ficcionais. Encontro Anual da Compós, XXX, São Paulo, 2021. *Anais [...]* 30.º Encontro Anual da Compós, p. 1-26. Disponível em: https://bit.ly/3Bb8OsL. Acesso em: 27 nov. 2023.

BORGES, Gabriela; SIGILIANO, Daiana. Produção colaborativa de fãs no Twitter: análise da série brasileira As Five. *In:* BLANCO PÉREZ, M. (ed.). *El progreso de la comunicación en la era de los prosumidores*. Madrid: Dykinson, 2021. p. 665-714.

BORGES, Gabriela *et al.* Construção de mundos ficcionais pelo fandom Limantha, de Malhação: Viva a Diferença. *In:* LOPES, M. I. V. de. (org.). *A construção de mundos na ficção televisiva brasileira*. Porto Alegre: Sulina, 2019. v. 6, p. 107-132.

BORGES, Gabriela. *Qualidade na TV pública portuguesa*. Análise dos programas do canal 2. Juiz de Fora: Editora da UFJF, 2014.

CAPUANO, Amanda; MIYASHIRO, Kelly. Os bastidores do espantoso comercial que reviveu Elis Regina. *Veja*, 2023. Disponível em: https://veja.abril.com.br/cultura/comercial-que-reune-elis-e-filha-atesta-forca-da-inteligencia-artificial. Acesso em: 24 nov. 2023.

DUBOIS, Philippe. *Cinema, Video, Godard*. São Paulo: Cosac Naify, 2004.

ECO, Umberto. *Lector in fabula*. São Paulo: Perspectiva, 1986.

"COMO NOSSOS PAIS": o que Belchior quis dizer em música eternizada por Elis. *UOL*, 2023. Disponível em: https://www.uol.com.br/splash/noticias/2023/07/07/como-nossos-pais-belchior-explica-significado-da-musica.htm. Acesso em: 24 nov. 2023.

KOPPER, Christopher. *A VW do Brasil durante a Ditadura Militar brasileira 1964-1985:* uma abordagem histórica. Bielefeld, 30 out. 2017. Universidade de Bielefeld. Faculdade de História, Filosofia e Teologia. Disponível em: https://www.academia.edu/43775262/Christopher_Kopper_A_VW_do_Brasil_durante_a_Ditadura_Militar_brasileira_1964_1985_Uma_abordagem_hist%C3%B3rica. Acesso em: 21 jan. 2024.

LIPOVETSKY, Gilles; SERROY, Jean. *A estetização do mundo:* viver na era do capitalismo artista. São Paulo: Companhia das Letras, 2015.

MUNGIOLI, Maria Cristina. A construção de mundos possíveis se tornou um processo coletivo. *MATRIZes*, [S. l.], v. 4, n. 2, p. 127-136, 2011. Disponível em: https://www.revistas.usp.br/matrizes/article/view/38296. Acesso em: 27 nov. 2023.

PLAZA, Julio. *Tradução Intersemiótica*. São Paulo: Perspectiva, 1987.

SCHLOTTFELDT, Shana. O que Elis Regina, Maria Rita e Belchior têm a ver com a regulação da IA? *Conjur*, 2023. Disponível em: https://www.conjur.com.br/2023-ago-29/fabrica-leis-elis-regina-maria-rita-belchior-ver-regulacao-ia/. Acesso em: 27 nov. 2023.

SIGILIANO, Daiana; BORGES, Gabriela. WandaVison e os Processos Cognitivos na Produção Crítica e Criativa do Fandom Brasileiro no Twitter. *Journal of Digital Media & Interaction*, v. 5, n. 12, p. 24-37, 2022.

SIGILIANO, Daiana; BORGES, Gabriela. Creative production of Brazilian telenovela fans on Twitter. *Transformative Works and Cultures*, n. 35, 2021.

O DIVERSO COMO *COMMODITY*: O GERENCIAMENTO DAS RELAÇÕES RACIAIS PELA MÍDIA HEGEMÔNICA

Dennis de Oliveira

Este capítulo apresenta uma proposta de reflexão sobre como os meios de comunicação comerciais, aqui denominados de mídia hegemônica, vêm tratando os fenômenos das relações raciais entre brancos e negros no Brasil.

A luta contra o racismo no Brasil mais recente passou por diversos momentos. O primeiro é no final da ditadura militar 1964/1985, quando em 1978 foi fundado o Movimento Unificado contra a Discriminação Racial, depois rebatizado como Movimento Negro Unificado (MNU) em um ato nas escadarias do Teatro Municipal de São Paulo. O ato foi impulsionado, entre outras coisas, por dois casos emblemáticos: um foi o assassinato de um trabalhador negro por policiais na zona leste da cidade de São Paulo e o outro foi a proibição de quatro atletas negros do time juvenil de vôlei do clube Tietê de frequentarem as dependências do próprio clube pelo qual jogavam. A importância da fundação do MNU foi a inclusão do sujeito coletivo negro no conjunto da sociedade civil que lutava pela democratização.

O segundo momento já no período da democratização foi a incidência política do movimento negro na reconstrução democrática particularmente no processo constituinte que se inicia em 1986 e termina em 1988, ano do centenário da Abolição. Duas conquistas foram obtidas nesse momento: a primeira foi a tipificação do racismo como crime inafiançável e imprescritível no texto constitucional – posteriormente regulamentado pela Lei n.º 7716/1989, conhecida como Lei Caó (pelo fato de ter sido apresentada pelo deputado federal Carlos Alberto Oliveira, o Caó, do PDT/RJ) – e o reconhecimento da titulação das terras dos remanescentes de quilombos. Foi nesse momento que foram fundadas diversas outras organizações importantes do movimento negro, como o Instituto Geledés em São Paulo, a Unegro (União de Negros pela Igualdade) em Salvador, o Núcleo de Consciência Negra da USP em 1987, entre outros. E no ano de 1989, as várias entidades do movimento negro organizam fóruns unificados de entidades negras que culminam com a realização do I Encontro Nacional de Entidades Negras, em 1991, na cidade de São Paulo.

O terceiro momento tem como marco a Marcha dos 300 anos de Zumbi dos Palmares de 1995 realizada em Brasília, quando é entregue um documento com reivindicação de políticas públicas para superação do racismo no Brasil. A executiva da Marcha é recebida pelo então presidente da República, Fernando Henrique Cardoso, que ao admitir o racismo como um problema nacional, torna-se o primeiro chefe de Estado da história do Brasil a tomar tal posição. E de 1995 a 2001, a incidência política do movimento negro junto ao governo federal intensifica-se particularmente na construção do documento que foi levado à Conferência Mundial de Combate ao Racismo realizada em 2001 em Durban, na África do Sul.

O quarto momento é a partir de 2003, já nos governos do ciclo do PT, quando são instituídas legalmente várias políticas públicas de combate ao racismo, como a Lei 10.639/03, o Estatuto da Igualdade Racial e a política de cotas nas universidades e nos concursos públicos, além de espaços governamentais específicos de gestão de políticas de ação afirmativa em nível federal, como a Secretaria Especial de Políticas de Promoção da Igualdade Racial com status de ministério.

A percepção de que esses avanços institucionais nas políticas de combate ao racismo não foram suficientes para o enfrentamento de problemas históricos da população negra brasileira, como a violência policial (que foi um dos elementos que impulsionaram a fundação do MNU em 1978), o encarceramento em massa (o Brasil tem uma das quatro maiores populações carcerárias do mundo) e as desigualdades sociais, levou à reflexão de conceitos como racismo institucional e racismo estrutural por parte de intelectuais negros.

O conceito de racismo institucional está presente em estudos sobre a dificuldade de enfrentamento das desigualdades raciais mesmo em contextos de avanços de políticas públicas, como os estudos de López[62] sobre saúde. O artigo de Ariovaldo Santos[63] apresenta uma síntese da aplicação do conceito que, segundo o autor, parte de uma tradição britânica e estadunidense cujo centro é pensar a raça como um marcador de desigualdade no acesso aos direitos de cidadania e que atua no plano inconsciente dos agentes públicos responsáveis pela aplicação dos direitos.

---

[62] LÓPEZ, Laura Cecília. O conceito de racismo institucional: aplicações no campo da saúde. *Interface: Comunicação, Saúde e Educação*, v. 16, n. 40, p. 121-134, jan. 2012. Disponível em: https://www.scielo.br/j/icse/a/hxpmJ5PB3XsWkHZNwrHv4Dv/?format=pdf&lang=pt. Acesso em: 1 jun. 2023.

[63] SOUZA, Arivaldo Santos de. Racismo institucional: para compreender o conceito. *Revista da ABPN*, v. 1, n. 3, p. 77-87, 2011. Disponível em: https://abpnrevista.org.br/site/article/view/275/255. Acesso em: 1 jun. 2023.

Essa definição conceitual explicaria então por que, a despeito da existência de políticas públicas que teoricamente contribuiriam para a redução das desigualdades raciais, o racismo permanece. A presença do ideário racial como marcador da desigualdade no acesso aos direitos de cidadania e que se manifesta inconscientemente nos agentes públicos responsáveis pela implementação dessas políticas seria a principal responsável por esse entrave. Daí então que o combate ao racismo institucional passa por uma reforma nas instituições públicas e privadas por meio da maior presença de negras e negros nesses aparatos e também por um "letramento" racial dos seus agentes.

Porém, a grande questão que se coloca é se o problema do racismo é meramente um desajuste institucional que poderia ser corrigido por meio de reformas institucionais ou se ele é produto de uma lógica de acumulação de riquezas. Aqui entra uma segunda vertente de respostas a esse dilema da insuficiência das políticas públicas conquistadas, que é o conceito de racismo estrutural.

O conceito de racismo estrutural tem sido muito disseminado nos dias atuais. No ano de 2000, durante a realização do Foro de Movimientos Sociales na cidade de Quito (Equador), evento preparatório para a Conferência de Durban de 2001, apresentamos esse conceito como uma lógica que sustenta os paradigmas de acumulação flexível do capitalismo global. O texto intitulado "Racismo estrutural: apontamentos para uma discussão conceitual" foi apresentado oralmente na abertura desse evento e disponibilizado no site da Agência Latino-Americana de Informação (Alai)[64].

Posteriormente, o conceito de racismo estrutural ressurge no debate acadêmico brasileiro com a obra de Silvio Almeida. Partindo do conceito althusseriano de processo, Almeida aponta que o racismo estrutural é uma lógica que ordena as arquiteturas institucionais e sociais transcendendo tanto a dimensão comportamental como institucional do racismo.

> A viabilidade da reprodução sistêmica de práticas racistas está na organização política, econômica e jurídica da sociedade. O racismo se expressa concretamente como desigualdade política, econômica e jurídica. [...] O que queremos enfatizar do ponto de vista teórico é que o racismo, como processo

---

[64] OLIVEIRA, Dennis. Racismo estrutural: apontamentos para uma discussão conceitual. *ALAI*, Quito, 2021. Disponível em: https://www.movimientos.org/es/dhplural/foro-racismo/show_text.php3%3Fkey%3D371. Acesso em: 1 jun. 2023.

histórico e político, cria as condições sociais para que, direta ou indiretamente, grupos racialmente identificados sejam discriminados de forma sistemática[65].

Um dos diálogos estabelecidos pela obra de Almeida é com os limites das ideias de representatividade e identitarismo como suficientes para acabar com o racismo.

Finalmente, no ano de 2021, lançamos a obra *Racismo estrutural: uma perspectiva histórico-crítica*[66], na qual desenhamos o conceito de racismo estrutural a partir das seguintes camadas teóricas:

a. a lógica do racismo como legitimador do contexto de superexploração do trabalho como matriz dos territórios de capitalismo dependente como é o caso do Brasil;

b. como pano de fundo para possibilitar essa forma de acumulação de riquezas via a superexploração do trabalho, a instituição de um arranjo institucional centrado no que os pensadores decoloniais latino-americanos chamam de matriz colonial de poder e a crítica à modernidade feita por Charles Wade Mills feita em *O Contrato Racial*[67].

De qualquer forma, o debate sobre racismo institucional impulsionou uma mudança nas instituições paradigmáticas do capitalismo. Utilizamos neste artigo o conceito de instituições paradigmáticas de Thompson[68] que as situa dentro das várias instâncias de poder, no caso, o poder político (instituição paradigmática: os partidos políticos); o poder coercitivo (instituição paradigmática: forças armadas e policiais); o poder econômico (instituição paradigmática: a empresa) e o poder simbólico (instituição paradigmática: os meios de comunicação). A agenda antirracista ao se deslocar para o combate ao racismo institucional foi incidindo no sentido de garantir representatividade negra e/ou "letramento racial" em partidos políticos, nos comandos das empresas, forças de segurança e meios de comunicação.

Neste artigo, nos deteremos nos impactos dessa agenda no campo do poder simbólico, portanto nos meios de comunicação hegemônicos. Importante apontar que as várias instâncias de poder se articulam mutuamente, assim agendas que incidem no poder simbólico impactam também no poder

---

[65] ALMEIDA, Silvio. L. de. *O que é racismo estrutural?* Belo Horizonte: Letramento, 2018. p. 39.

[66] OLIVEIRA, Dennis. *Racismo estrutural*: uma perspectiva histórico-crítica. São Paulo: Dandara, 2021.

[67] MILLS, Charles Wade. *O contrato racial*. Rio de Janeiro: Zahar, 2023.

[68] THOMPSON, John B. *Mídia e modernidade*: uma teoria social da mídia. Petrópolis: Vozes, 2002.

MÍDIA, VIOLÊNCIA E ALTERIDADE: PERSPECTIVAS E DEBATES

político e assim por diante. Além disso, há que se destacar uma hipertrofia do poder simbólico particularmente com as novas morfologias dos meios de comunicação por conta das Tecnologias de Informação e Comunicação. Entretanto, essas discussões não serão abordadas neste texto e podem ser objeto de futuros estudos.

O poder simbólico e o racismo estrutural

A opção pelo conceito de poder simbólico de Thompson[69] decorre porque consideramos que ele apresenta pistas mais instigantes para entender como uma certa presença crescente da agenda racial nos meios de comunicação de massa ocorre justamente em um momento de recrudescimento de ideias extremistas, até de cunho nazifascista no campo político, e também do aumento das desigualdades sociais e raciais no mundo.

Para Thompson, o poder simbólico é uma instância singular da arquitetura institucional da sociedade capitalista na sua forma democrático-liberal e se origina das transformações institucionais ocorridas justamente no âmbito das revoluções burguesas do século XVIII. Thompson estabelece um diálogo com Jürgen Habermas[70] a respeito do conceito de esfera pública. Isso porque a origem do poder simbólico está no surgimento do jornalismo, visto por Habermas como um impulsionador da esfera pública e, posteriormente, "colonizador mercantil" dessa mesma esfera.

Nesse debate que relaciona formação da esfera pública e jornalismo, há também o trabalho de Ciro Marcondes Filho[71] em que ele considera que a aventura do jornalismo se confunde com a aventura burguesa da modernidade, da destruição criadora que, com o passar do tempo, foi se adequando à sociedade instituída e perdendo o seu caráter inovador. Por isso o autor chama as primeiras experiências do jornalismo de "jornalismo da ilustração" por considerar justamente como filhos dessa "aventura da construção do novo". Tal reflexão vai no mesmo sentido de Habermas ao considerar essa experiência inicial de constituição da esfera pública como um momento em que uma razão esclarecedora era a articuladora do interesse público.

As críticas de Thompson a Habermas se situam em dois aspectos: primeiro porque Habermas coloca em lados antagônicos um interesse público que moldaria o arquétipo do sujeito-cidadão e, de outro, um interesse

---

[69] *Ibidem.*

[70] HABERMAS, Jürgen. *A mudança estrutural na esfera pública.* Rio de Janeiro: Tempo Brasileiro, 2003.

[71] MARCONDES FILHO, Ciro. *A saga dos cães perdidos.* São Paulo: Hacker Editores, 2000.

privado que moldaria o sujeito-dos-negócios. De fato, ao considerar que essa arquitetura institucional burguesa estabelece uma dimensão da esfera pública em que se exerce a política e outra dimensão da esfera privada, em que se desenvolvem os negócios do capitalismo, Habermas parece defender uma dissociação entre essas duas dimensões.

Porém, Thompson lembra que a própria ágora de Atenas antiga, lembrada sempre como uma experiência humana tradicional de esfera pública, era também o lugar do mercado público. Assim, os cidadãos atenienses se encontravam no espaço do mercado, das trocas comerciais. O jornalismo surge, lembra Thompson, não só como um instrumento propagador de ideias, mas também para anunciar a chegada de comerciantes nas cidades europeias.

A segunda ordem de críticas de Thompson a Habermas se situa no fato de o pensador alemão desconsiderar que essa esfera pública, que se forma nas revoluções burguesas, também tinha um caráter elitista e, da mesma forma que a ágora ateniense, excluía a maior parte da sociedade. E essa outra parte da sociedade, excluída dessa esfera pública oficial, forma outras dimensões de sociabilidade que, segundo Nancy Fraser, podem ser consideradas outras "esferas públicas"[72].

Por isso, Thompson articula as dimensões política e econômica como inerentes a essa estrutura institucional de disseminação de informações que surge e se desenvolve no capitalismo não se preocupando em pontuar um momento em que houve uma total mercantilização da atividade a ponto de ela afastar-se totalmente da sua dimensão política. Até porque a dimensão política, em última instância, tem o objetivo de criar uma ambiência com modelos de sociabilidade que possibilitem a reprodução de riquezas no sistema capitalista.

A partir disso, ele considera que os meios de comunicação se fortalecem como instituição legitimada para a disseminação de informações e agendamento dos debates públicos, tendo papel fundamental na moldagem das relações sociais que irão permear as instâncias políticas e econômicas do capitalismo. Por isso, não há como dissociar os valores, ideias e lógicas hegemonizadas no poder simbólico dos meios de comunicação das tendências políticas e econômicas do capitalismo.

O racismo estrutural é o elemento formador dos arranjos institucionais do capitalismo dependente. Isso significa que a raça é uma categoria fundamental na naturalização de hierarquias sociais, ao mesmo

---

[72] FRASER, Nancy. *Justiça interrompida*: reflexões sobre a condição pós-socialista. São Paulo: Boitempo, 2020.

tempo que normatiza um determinado padrão de sujeitos com direito à participação no comando das instituições paradigmáticas dos controles dos arranjos institucionais.

Tal reflexão é mais fácil de ser assimilada quando os modelos de estruturação dos arranjos institucionais de poder são fixos, dentro de uma unidimensionalidade comum às formas clássicas de reprodução do capital e organização do trabalho. O disciplinamento de corpos voltado a uma produção rigidamente hierarquizada possibilita enxergar as normatividades brancas e masculinas de forma mais nítida, razão pela qual a invisibilidade de corpos negros nos produtos midiáticos ter sido a principal tônica de estudos que enfocam mídia e racismo[73].

As mudanças nos paradigmas de acumulação e reprodução do capital forçaram uma mudança tanto nas perspectivas societárias como também no que Nancy Fraser[74] chama de "pano de fundo" (a dimensão societária responsável pela reprodução dos sujeitos aderentes às relações de produção).

Quais mudanças ocorrem?

Primeiro, o deslocamento de uma padronização estética imposta para uma padronização comportamental que seduz ao engajamento. Byung-Chul Han[75] chama esse processo de transfiguração da "biopolítica" (controle dos corpos por meio de um poder disciplinar) para a "psicopolítica" (autocontrole pela mente destituída de reflexão e seduzida/engajada).

Uma das consequências dessa transição é a superação de uma negatividade produto do disciplinamento para uma positividade. Foucault, o pensador que desenvolve o conceito de biopolítica, insiste no aspecto da positividade do poder. Embora ele se expresse em primeiro momento na negatividade, o seu objetivo é produtivo. Porém, essa positividade também implica em uma negação, o que se percebe, por exemplo, na ideia de grelha discursiva como Foucault[76] define a ordem do discurso.

A positividade da psicopolítica está presente, por exemplo, no uso e abuso da palavra "potência" e "empoderamento". Potência aparece como um reconhecimento de valor latente que pode se transformar em uma força

---

[73] ARAUJO, Joel Zito Almeida de. *A negação do Brasil:* o negro na telenovela brasileira. São Paulo: Editora Senac, 2019; CARRANÇA, Flávio; BORGES, Roseane da Silva (org.). *Espelho infiel:* o negro no jornalismo brasileiro. São Paulo: Imesp, 2004.

[74] FRASER, Nancy; JAEGGI, Rahel. *Capitalismo em debate:* uma conversa na teoria crítica. S. Paulo: Boitempo, 2020.

[75] HAN, Byung-Chul. *Psicopolítica* – o neoliberalismo e as novas técnicas de poder. Belo Horizonte: Ayiné, 2018.

[76] FOUCAULT, Michel. *A ordem do discurso*. São Paulo: Loyola, 1996.

cinética desde que posta em determinado percurso. O empoderamento é, então, o processo político em que se transforma esses valores latentes (e não manifestos porque estão interditados por determinadas barreiras institucionais e/ou comportamentais) em ações potenciais.

A partir daí, entra-se na segunda ordem de mudanças que é a incorporação do que é estruturante ao que é contingente. Se o percurso de mudança se individualiza no sentido de empoderar para movimentar o latente em potencial, o enfrentamento dá-se nas barreiras contingentes que eventualmente devem ser enfrentadas nesse caminho. Como a estrutura se oculta por conta de se expressar pela positividade/possibilidade, gera-se a impressão de que a estrutura é o conjunto de barreiras contingentes existentes institucionalmente. Daí que racismo estrutural, mais que um conceito, se transforma em um chavão explicativo para tudo o que ocorre como preconceito no discurso midiático, a partir de uma equivalência do contingente ao estruturante. E é no campo dos meios de comunicação de massa que essa perspectiva relativista do racismo estrutural encontra seu terreno mais fértil. Essa é a ação do poder simbólico nessa temática.

Portal UOL e a diversidade

Várias empresas jornalísticas investiram em criar estruturas internas que discutem a diversidade de gênero e de raça. Em boa parte, tais iniciativas foram produto de pressão do movimento social de negros e do movimento feminista, particularmente quanto à representatividade desses segmentos no jornalismo brasileiro. O avanço das ações afirmativas nos processos seletivos para os cursos superiores no Brasil nos primeiros anos deste terceiro milênio aumentou a presença de negras e negros entre os profissionais de jornalismo, contribuindo para essa pressão.

É fato que o machismo e o racismo ainda imperam na maior parte das redações dos órgãos jornalísticos. A pesquisa "Perfil do Jornalista Brasileiro" de 2021, sistematizada pela Universidade Federal de Santa Catarina (Ufsc), aponta que apenas 29,9% dos profissionais do jornalismo são negros (pretos e pardos) contra 67,8% de brancos. No recorte gênero, 57,8% são mulheres e 41,9% homens. Apesar dessa maioria feminina, ainda são poucas as mulheres em funções de comando de redação na maior parte dos grandes órgãos jornalísticos brasileiros.

Uma das experiências de abordar a temática da diversidade racial e de gênero nos órgãos jornalísticos foi a criação de editorias específicas para esse tema. Um exemplo é o portal "Universa", do UOL (Universo On-Line). Esse portal foi criado em maio de 2018. Quando completou um ano, a sua gerente Tatiana Schibuola comentou:

> Há um ano, o UOL criou o Universa, uma plataforma com a proposta de questionar antigos padrões existentes. Entendemos que todo assunto é assunto de mulher, mas abordá-los sob uma perspectiva feminina tem efeito transformador. Dentro dessa proposta, convidamos mulheres inspiradoras ao Universa Talks para discutir os temas mais pertinentes do momento. Falaremos de diversidade, autoestima, representatividade, direitos da mulher, carreira e negócios, alguns dos principais pilares da plataforma[77].

O evento "Universa Talks" contou com o patrocínio de Avon, Coristina e a marca de automóveis Caoa. A gerente de marketing do UOL, Mariana Domene, informa que o objetivo do evento é dar foco ao "protagonismo feminino ao lado de marcas engajadas e mulheres de grande representatividade" (grifo nosso). Percebe-se aqui como a representatividade, aliada a "marcas engajadas", sinaliza para uma incorporação de ação política (engajamento) tendo como sujeito o capital ("marcas"). O protagonismo feminino é enquadrado dentro da perspectiva do neoliberalismo progressista

O portal Universa aborda assuntos também relativos a raça, LGBTQIAP+, política, entre outros, com *tags* específicas que estão informadas na barra de menu superior do portal na opção "Transforma" – seção em que estão alocadas as mulheres que protagonizam um mundo em evolução. Fica nítido aí que as matérias relativas a outras discriminações são as que têm mulheres como personagens principais.

Na semana de 18 a 24 de fevereiro de 2023, o portal Universa publicou 47 matérias, uma média de 6,7 por dia. Dessas, 14 (quase 30%) referem-se a chamadas de trechos da entrevista feita por Tati Bernardi com a ex-atriz e ex-apresentadora do CQC, Monica Iozzi, no quadro "Desculpe alguma coisa". Os seguintes assuntos foram abordados nessa entrevista e mereceram destaque no portal:

- trauma da experiência de ter sido refém de assalto;

---

[77] UOL. Universa completa um ano e apresenta evento Universa Talks. *Universo On-Line*. Disponível em: Universa completa um ano e apresenta evento Universa Talks - Sobre UOL. Acesso em: 24 fev. 2023.

- experiência no CQC de ter entrevistado a mãe de Maluf;

- sonho erótico que teve com Angelina Jolie;

- crítica a artistas que não se posicionam politicamente;

- violência sofrida pelo ex-namorado.

O cenário do programa relembra uma sala de trabalho com uma quantidade excessiva de informação, uma estética de *bricolagem* (uma estante com vários objetos disponibilizados de forma caótica, caixas de papelão fechadas, mesa com vários objetos e um mural ao fundo com fotos coladas aleatoriamente).

Imagem 1 – Reprodução da imagem do videocast "Desculpe alguma coisa"

Fonte: Universa Uol

A estética da bricolagem é uma das marcas da estética pós-moderna ou da cultura nos tempos líquidos modernos, como define Zygmunt Bauman[78]. Porém, o objetivo deste artigo não é aprofundar uma análise estética do estúdio, mas sim demonstrar que essa bricolagem imagética está presente também na própria articulação do raciocínio da entrevistada. Ela não segue uma linearidade de assuntos organizados de acordo com uma lógica das hierarquizações típicas da narrativa jornalística.

---

[78] BAUMAN, Zygmunt. *A cultura no mundo líquido-moderno*. Rio de Janeiro: Zahar, 2013.

Pegando o tema que mais se aproximaria de um assunto da esfera pública política – artistas que não se posicionam politicamente –, a personagem vai tecendo comentários a respeito de Bolsonaro, comenta junto à entrevistadora sobre posturas de pessoas que participaram dos atos golpistas de 8 de janeiro de 2023 até chegar a uma cobrança de posicionamento político de artistas por motivos de transparência. "Eu prefiro que uma pessoa diga o que ela pensa mesmo que seja diferente do que eu penso" e compara os que não se posicionam a pessoas que se fazem de "múmias egípcias".

Em relação a um tema caro ao movimento feminista, a relação abusiva que a ex-atriz disse ter tido com um ex-namorado, ela afirmou que durante a sua juventude namorou uma pessoa que controlava as suas vestimentas e chegou a agredi-la. O debate rolou sobre as imaturidades da juventude que impactam os relacionamentos e a necessidade de se cuidar contra relações abusivas.

Em outra entrevista de Tati Bernardi, dessa vez feita com a ex-apresentadora Titi Muller, realizada no dia 18 de fevereiro de 2023, a entrevistada fala de homens que urinam sentados evitando sujar o vaso sanitário e que isso lhe dá "tesão". Ainda no campo do erotismo, agora novamente com Monica Iozzi, ela é perguntada sobre bissexualidade, que, segundo a entrevistadora, "Freud diz que todos nós temos". Iozzi fala que teve um sonho erótico com Cameron Dias e depois com Angelina Jolie (e confessou que este sonho nunca foi levado para a terapia). Mas confessou que ela é "muito hétero", assim como a entrevistadora.

Uma das reportagens destacadas no dia 24 de fevereiro tem como título "Vi líderes tóxicos e resolvi me especializar em felicidade no trabalho". Trata-se de uma entrevista com Renata Rivetti, proprietária de uma empresa especializada em "felicidade corporativa". Segundo ela, na sua carreira profissional (que ela classifica como "bem-sucedida") ela se deparou com pessoas adoecendo por conta de relações tóxicas no ambiente de trabalho. A ideia central dela é que a liderança tem papel fundamental para mudar essas realidades e, por isso, resolveu montar uma empresa de consultoria voltada para a conquista da felicidade. Algumas ideias da consultora entrevistada:

- A felicidade "pode ser treinada" (grifo nosso).
- "A maioria de nós trabalhará mais de 80 mil horas na vida. Se formos esperar para sermos felizes na aposentadoria, será que isso vai acontecer? Felicidade tem a ver com a jornada, com o dia a dia, com o aqui e o agora..." (grifo nosso).

- "Pessoas felizes se engajam" (isto é, produzem mais).

Nas matérias que enfocam a temática do racismo, destacamos o artigo de Alicia Klein em que comenta a entrevista realizada com a ministra da Igualdade Racial, Anielle Franco (quase um *making of* da entrevista feita), na qual ela aponta as várias semelhanças entre ela, Alícia (mulher branca), e a ministra Anielle (mulher negra), exceto o pertencimento racial que coloca uma série de diferenças nos percursos entre as duas – e faz isso chamando brancos e brancas para se engajarem na luta contra o racismo para que essa igualdade entre elas seja a marca (entre os traços de igualdade entre elas, a jornalista cita o fato de ambas falarem muitos palavrões, serem autênticas, mães e também terem cursado mestrado nos Estados Unidos).

Na sequência, um depoimento de Rute Pinta sobre a experiência pessoal de trançar cabelos e depois a reprodução de uma notícia da Agência Brasil sobre a sanção presidencial da lei que equipara a injúria racial ao racismo, aprovada pelo Congresso Nacional.

O conjunto de matérias com sua diversidade constrói uma conexão de singularidades que reforça essa perspectiva de transfiguração das esferas e enquadramento das agendas contraculturais.

1.º Os conflitos decorrentes de relações raciais e de gênero são enfocados a partir de experiências dos que sofrem as opressões, mas no prisma da vivência pessoal e de comportamentos;

2.º Os problemas decorrentes dos conflitos – infelicidade no trabalho, relações abusivas, barragens por conta do racismo – podem ser equacionados a partir de atitudes (aprender felicidade, conscientizar de lutar contra o racismo, maior maturidade nas relações).

Observa-se assim o que Kellner[79] chama de um enquadramento dos conflitos contraculturais dentro dos limites micrológicos históricos e culturais. O protagonismo de representações de grupos minoritários nas narrativas desse portal oscila entre uma legitimidade pela condição de celebridade midiática (o que pode a aproximar da condição de olimpianos, no conceito de Edgar Morin), mas ao mesmo tempo aproxima do público leitor com os depoimentos de vida privada/íntima deles mesmos em situações difíceis próximas ao que pessoas desses grupos minorizados

---

[79] KELLNER, Douglas. *A cultura da mídia*. Bauru: Udesc, 2001.

não alçadas à condição de "representantes" também sofrem no cotidiano. A opressão (racial ou de gênero) não é ocultada e nem minimizada, é criticada duramente, mas enquadrada sistemicamente à medida que a sua superação é dada por um modelo de comportamentos (amadurecimento, engajamento, aprender a ser feliz).

Resoluções constituídas dentro do universo da esfera privada dos negócios (uma empresa de consultoria para ensinar a ser feliz) ou da esfera íntima (amadurecer nos relacionamentos, ter "tesão" por homem que não suja o vaso ou ainda expressar publicamente um sonho erótico homossexual que nem o terapeuta soube) são as formas de enquadramento desses conflitos. A estética pós-moderna não se expressa apenas nos cenários de programas de audiovisuais ou na construção narrativa, mas na perspectiva ético-política.

Globo News, autocrítica na cobertura do caso George Floyd

Em 25 de maio de 2020, nos Estados Unidos, o policial Derek Chauvin matou George Floyd ao estrangulá-lo quando deitou o peso do seu corpo sobre seu pescoço. O fato ocorreu na cidade de Minneapolis e rapidamente repercutiu no mundo todo, gerando protestos nas ruas apesar das políticas de isolamento impostas por conta da pandemia do Coronavírus. As últimas palavras de Floyd – "não consigo respirar" – se transformaram em frase de protesto no mundo todo.

Esses protestos contra o brutal assassinato de Floyd foram amplamente cobertos pelos meios de comunicação hegemônicos brasileiros. Uma das hipóteses para que a cobertura de casos de racismo fora do Brasil seja grande é reforçar a ideia de que por aqui há uma tolerância racial, o racismo mais cruel é um fenômeno de fora.

No dia 2 de junho de 2020, no programa "GloboNews em Pauta", uma bancada formada só por jornalistas e comentaristas brancos debateu o tema do racismo na esteira do caso Floyd. Houve forte reação nas redes sociais, principalmente por parte de negras e negros, que forçou a Rede Globo a realizar uma edição do mesmo programa, no dia 3 de junho, somente com cinco profissionais negras e um negro da emissora: Maju Coutinho, Aline Midlej, Flavia Oliveira, Zileide Silva, Lilian Ribeiro e Heraldo Pereira (este no estúdio). A atitude foi vista como uma "autocrítica" da emissora principalmente pela rapidez na correção (apenas um dia). No dia 4 de junho, Iran Gusti, influenciador digital, publicou matéria no portal *Casa um* sobre o assunto destacando, além da "autocrítica" global, o fato de a emissora ter um grupo de "afinidade negra" chamado Diáspora que reúne os profissionais negros da emissora[80].

Segundo esse mesmo artigo, o programa partiu do caso George Floyd como gancho para discutir o racismo no Brasil que foi destacado por cada um dos participantes da seguinte forma:

- Lilian Ribeiro contou sua experiência como primeira aluna da turma de cotas do curso de jornalismo e a necessidade de as empresas mudarem seus critérios de seleção (que ainda se pautam por critérios raciais);

- Maju Coutinho falou dos mecanismos de atualização do sistema racista;

- Aline Midjed enfocou o potencial da identidade negra no mercado consumidor;

- Flavia Oliveira falou da ausência de negras e negros em cargos de comando;

- Zileide Silva comentou sobre a crença de que a eleição de Obama parecia ter mudado o panorama (o que não aconteceu);

- Heraldo Pereira falou da sua experiência pessoal em furar os bloqueios impostos pelo racismo.

O programa chamou a atenção e despertou a sensibilidade do público por ter uma presença exclusiva de negros e negras – portanto, foi *disruptivo* do ponto de vista da formalidade estética e isso se transformou no capital simbólico tanto para chamar audiência como ter legitimidade discursiva sobre o tema.

Essa legitimidade possibilitou que o racismo fosse debatido a partir das trajetórias dos seus participantes, pois o capital simbólico deles se constitui, nesse caso singular, por serem pessoas negras e que, portanto, enfrentaram e venceram barreiras raciais para estarem na maior emissora do Brasil.

Excetuando a fala de Maju Coutinho sobre as constantes atualizações do sistema racista e a necessidade de ficar atento a ele, as demais falas se encaixam na estrutura dos potenciais cinéticos interditados por barreiras

---

[80] GIUSTI, Iran. GloboNews escala time exclusivo de jornalistas negros e negras para falar sobre racismo. *Casa Um*, 4 de junho de 2020. Disponível em: https://www.casaum.org/globonews-escala-time-exclusivo-de-jorna-listas-negros-e-negras-para-falar-sobre-racismo/. Acesso em: 22 fev. 2023.

raciais e a necessidade de enfrentamentos para se chegar ao "empoderamento" (ou como disse a jornalista Flavia Oliveira, ter mais negras e negros em cargos de direção e comando para romper a sua "invisibilidade" que, segundo ela, é maior no Brasil que nos Estados Unidos).

Folha de S. Paulo e a relativização do racismo

No ano de 2021, o jornal *Folha de S. Paulo*, jornal impresso diário de maior tiragem do país, convidou duas personalidades negras para compor o seu Conselho Editorial, a filósofa Sueli Carneiro (já citada neste artigo) e o advogado Thiago Amparo. Segundo o próprio jornal,

> O colegiado ganha agora sua configuração mais eclética desde foi criado, em maio de 1978. Há diversidade nesse grupo de 11 pessoas em um sentido amplo: não apenas de gênero, raça e religião, mas também de pontos de vista[81].

No mês de outubro desse mesmo ano, Sueli Carneiro decide sair do Conselho. Muitos creditam essa saída dela a um artigo assinado por Leandro Narloch intitulado "Luxo e riqueza de sinhás pretas"[82], no qual trata da existência de mulheres negras que foram "sinhás" no período da escravidão e que deveriam, na opinião do articulista, serem as referências do movimento negro e não aqueles que foram escravizados.

Em janeiro de 2022, Antonio Risério, antropólogo, assina outro artigo no caderno Ilustríssima do jornal *Folha de S. Paulo* com o título de "Racismo de negros contra brancos ganha força com identitarismo"[83], em que enfoca um pretenso crescimento do "racismo de negros contra brancos". O artigo gerou inúmeros protestos, assim como o de Narloch.

Qual foi a postura do jornal ante isso?

Primeiro, deu espaço para que pessoas criticassem os artigos. Thiago Amparo, Petrônio Domingues e ainda um manifesto assinado por 186 jornalistas, muitos da própria *Folha de S. Paulo*, criticaram duramente a

---

[81] FOLHA muda conselho editorial e reforça diversidade. *Folha de S. Paulo*, São Paulo, 18 set. 2021. Disponível em: https://www1.folha.uol.com.br/folha-100-anos/2021/09/folha-muda-conselho-editorial-e-reforca-diversidade.shtml. Acesso em: 22 fev. 2023.

[82] NARLOCH, Leandro. Luxo e riqueza das "sinhás pretas" precisam inspirar o movimento negro. *Folha de S. Paulo*, São Paulo, 29 set. 2021. Disponível em: https://www1.folha.uol.com.br/amp/colunas/leandro-narloch/2021/09/luxo-e-riqueza-das-sinhas-pretas-precisam-inspirar-o-movimento-negro.shtml. Acesso em: 22 fev. 2023.

[83] RISERIO, Antônio. Racismo de negros contra brancos ganha força com identitarismo. *Folha de S. Paulo*, São Paulo. Disponível em: https://www1.folha.uol.com.br/ilustrissima/2022/01/racismo-de-negros-contra-brancos-ganha-forca-com-identitarismo.shtml. Acesso em: 22 fev. 2023.

publicação do artigo de Risério. Este, por sua vez, também recebeu apoio de outras centenas de pessoas e teve a réplica garantida em uma entrevista concedida ao *site Poder 360*, hospedado no portal UOL.

Mais adiante, o editor da *Folha de S. Paulo*, Sérgio Dávila, critica os jornalistas do jornal que assinaram o manifesto, bem como no caso do artigo de Narloch, que foi alvo de críticas do ombudsman do jornal, saiu em defesa da sua publicação. O argumento em ambos os casos é a defesa da "pluralidade".

Dávila afirma que a Folha não publica textos que fazem apologia ou relativizam o racismo porque "racismo é crime" e que o jornal tem tomado iniciativas de promoção de combate ao racismo, como a criação da editoria de Diversidade e o programa de treinamento exclusivamente para jornalistas negros e negras.

Em artigo publicado no jornal Unidade, do Sindicato dos Jornalistas Profissionais do *Estado de S. Paulo*[84], apontamos como o mantra da diversidade e pluralidade se transformou no principal capital simbólico e elemento de legitimidade do jornal *Folha de S. Paulo*. Analisando o projeto Folha que se consolidou justamente no processo de redemocratização no final dos anos 1980 no Brasil, a defesa da diversidade de ideias (como contraponto a um regime autoritário) era o caminho mais eficaz para legitimar um projeto comercial de jornalismo em uma sociedade democrática. O projeto Folha é o exemplo mais bem-sucedido de mercantilização do direito de liberdade de expressão.

Ao deslocar o debate sobre racismo dentro do espectro de pluralidade de ideias, indiretamente o veículo coloca que o discurso sobre racismo se insere no campo da liberdade de expressão. Ou, recuperando o conceito de Muniz Sodré, da retórica pré-socrática. Por isso, abrir espaço para as críticas ao artigo de Risério e a defesa também feita pela direção do jornal da publicação do texto de Leandro Narloch, colunista que trabalhou na CNN e que foi demitido por conta de comentários homofóbicos, com a abertura de espaço para textos contrapostos, posiciona o tema do racismo fora da esfera de um consenso ético nos moldes do que Kant[85] chama de imperativo categórico:

---

[84] OLIVEIRA, Dennis. Risério, racismo reverso e a Folha sendo Folha. *Jornal Unidade*, n. 414, p. 14, jan./fev./mar. 2022. Disponível em: https://unidade.org.br/riserio-racismo-reverso-e-a-folha-sendo-folha/. Acesso em: 22 fev. 2023.

[85] KANT, Immanuel. *Crítica da razão pura*. São Paulo: Abril Cultural, 1974.

1. "Age como se a máxima de tua ação devesse tornar-se, através da tua vontade, uma lei universal".

2. "Age de tal forma que uses a humanidade tanto na tua pessoa como na pessoa de qualquer outro, sempre e ao mesmo tempo, como fim e nunca como meio".

3. "Age de tal maneira que a tua vontade possa encarar a si mesma, ao mesmo tempo como um legislador universal através de máximas".

Em outras palavras, o racismo é relativizado como categoria ética e tratado na esfera dos comportamentos possíveis. A publicação de artigos de pessoas que defendem posições distintas em relação à agenda antirracista é tratada como uma postura democrática e caberia aos articulistas negras e negros demonstrarem competência retórica na defesa das suas posições.

Considerações finais

As novas configurações do capitalismo e dos arranjos institucionais da democracia liberal impactam a forma que os meios de comunicação, como instituições paradigmáticas do poder simbólico, atuam sobre agendas que crescem na contemporaneidade, entre elas a da diversidade racial, de gênero, entre outras. O poder simbólico atua no sentido de consolidar a colonização mercadológica da esfera pública não apenas por conta de o jornalismo ser uma atividade mercantil, mas porque há uma relação dialética entre as dimensões da esfera pública-política e privada-econômica.

Essa relação dialética é ainda mais tensionada no âmbito do poder simbólico porque justamente é uma instância em que a sua instituição paradigmática está entre essas duas esferas – atua como instituição ideológica, mas também é uma empresa de natureza capitalista. Nesse sentido, reúne as condições mais favoráveis para operar essa colonização deslocando agendas, como a da diversidade racial e de gênero para a perspectiva mercantil, transformando a diversidade em commodity.

Com isso, o poder simbólico contribui para um relativo distensionamento no âmbito do poder político e, em especial, no poder econômico à medida que secciona os conflitos das relações raciais e de gênero das disputas distributivas e transforma os comportamentos críticos em insumos para tanto as instituições paradigmáticas desse poder simbólico se fortalecerem economicamente (e, de tabela, sinalizarem para novas fronteiras de reprodução do capital impactando as lógicas de funcionamento das instituições paradigmáticas do poder econômico) como também legitimarem-se como espaços de representação por meio da concessão de algumas porções de visibilidade a esses grupos subalternizados. As tensões raciais são, assim, absorvidas pelas perspectivas ideológicas de mercado, processando a equiparação do estrutural ao contingente.

Referências

ARAUJO, Joel Zito Almeida de. *A negação do Brasil*: o negro na telenovela brasileira. São Paulo: Editora Senac, 2019.

BAUMAN, Zygmunt. *A cultura no mundo líquido-moderno*. Rio de Janeiro: Jorge Zahar, 2013.

CARRANÇA, Flávio; BORGES, Roseane da Silva (org.). *Espelho infiel*: o negro no jornalismo brasileiro. São Paulo: Imesp, 2004.

FOLHA muda conselho editorial e reforça diversidade. *Folha de S. Paulo*, São Paulo, 18 set. 2021. Disponível em: https://www1.folha.uol.com.br/folha-100-anos/2021/09/folha-muda-conselho-editorial-e-reforca-diversidade.shtml. Acesso em: 22 fev. 2023.

FOUCAULT, Michel. *A ordem do discurso*. São Paulo: Loyola, 1996.

FRASER, Nancy; JAEGGI, Rahel. *Capitalismo em debate:* uma conversa na teoria crítica. São Paulo: Boitempo, 2020.

FRASER, Nancy. *Justiça interrompida*: reflexões sobre a condição pós-socialista. São Paulo: Boitempo, 2020.

GIUSTI, Iran. GloboNews escala time exclusivo de jornalistas negros e negras para falar sobre racismo. *Casa Um*, 4 jun. 2020. Disponível em: https://www.casaum.org/globonews-escala-time-exclusivo-de-jornalistas-negros-e-negras-para-falar-sobre-racismo/. Acesso em: 22 fev. 2023.

HABERMAS, Jürgen. *A mudança estrutural na esfera pública*. Rio de Janeiro: Tempo Brasileiro, 2023.

HAN, Byung-Chul. *Psicopolítica* – o neoliberalismo e as novas técnicas de poder. Belo Horizonte: Ayiné, 2018.

KANT, Immanuel. *Crítica da razão pura*. São Paulo: Abril Cultural, 1974.

KELLNER, Douglas. *A cultura da mídia*. Bauru: Udesc, 2001.

LÓPEZ, Laura Cecília. O conceito de racismo institucional: aplicações no campo da saúde. *Interface:* Comunicação, Saúde e Educação, v. 16, n. 40, p. 121-134, jan. 2012. Disponível em: https://www.scielo.br/j/icse/a/hxpmJ5PB3XsWkHZNwrH-v4Dv/?format=pdf&lang=pt. Acesso em: 22 fev. 2023.

MARCONDES FILHO, Ciro. *A saga dos cães perdidos.* São Paulo: Hacker Editores, 2000.

MILLS, Charles Wade. *O contrato racial.* Rio de Janeiro: Zahar, 2023.

NARLOCH, Leandro. Luxo e riqueza das "sinhás pretas" precisam inspirar o movimento negro. *Folha de S. Paulo,* São Paulo. Disponível em: https://www1.folha. uol.com.br/amp/colunas/leandro-narloch/2021/09/luxo-e-riqueza-das-sinhas--pretas-precisam-inspirar-o-movimento-negro.shtml. Acesso em: 28 fev. 2023.

OLIVEIRA, Dennis. Risério, racismo reverso e a Folha sendo Folha. *Jornal Unidade,* n. 414, p. 14, jan./fev./mar. 2022. Disponível em: https://unidade.org.br/riserio--racismo-reverso-e-a-folha-sendo-folha/. Acesso em: 22 fev. 2023.

OLIVEIRA, Dennis. *Racismo estrutural*: uma perspectiva histórico-crítica. São Paulo: Dandara, 2021.

OLIVEIRA, Dennis. Racismo estrutural: apontamentos para uma discussão conceitual. *ALAI*, Quito, 2021. Disponível em: https://www.movimientos.org/es/dhplural/foro-racismo/show_text.php3%3Fkey%3D371. Acesso em: 22 fev. 2023.

RISERIO, Antônio. Racismo de negros contra brancos ganha força com identitarismo. *Folha de S. Paulo,* São Paulo. Disponível em: https://www1.folha.uol.com.br/ilustrissima/2022/01/racismo-de-negros-contra-brancos-ganha-forca-com--identitarismo.shtml. Acesso em: 22 fev. 2023.

SOUZA, Arivaldo Santos de. Racismo institucional: para compreender o conceito. *Revista da ABPN,* v. 1, n. 3, p. 77-87, 2011. Disponível em: https://abpnrevista.org. br/site/article/view/275/255. Acesso em: 22 fev. 2023.

THOMPSON, John. B. *Mídia e modernidade:* uma teoria social da mídia. Petrópolis: Vozes, 2002.

UOL. Universa completa um ano e apresenta evento Universa Talks. *Universo Online.* Disponível em: https://sobreuol.noticias.uol.com.br/imprensa/universa-com-pleta-um-ano-e-apresenta-evento-universa-talks.html. Acesso em: 24 fev. 2023.

VIOLÊNCIA DISCURSIVA DAS BRANQUITUDES: REPRESENTAÇÕES DE MULHERES NEGRAS NA *REVISTA GLAMOUR*

Amanda Moura
Fernanda Carrera

A partir de uma perspectiva interseccional, este capítulo pretende analisar a representação de mulheres negras nas capas da versão nacional da *Revista Glamour*, na edição bimestral de dezembro de 2019/janeiro de 2020. O objetivo é problematizar a construção discursiva desse grupo social por meio dos enunciados e imagens das capas da publicação. Vale ressaltar que este trabalho tem como base a pesquisa de Amanda Moura[86], que analisou as capas da publicação em questão de abril de 2012, quando o título chegou ao Brasil, até dezembro de 2020. A escolha por destacar neste trabalho o último ano se dá por conta dos resultados da análise, visto que esse foi o único período no qual houve mais mulheres negras do que brancas presentes na capa da *Revista Glamour*. Por isso, entendemos que é importante refletir de maneira mais aprofundada sobre a primeira edição desse ano que seguiu um rumo inédito desde a chegada da publicação ao país. Nessa capa, a protagonista foi a cantora carioca Iza, que protagonizou duas versões do material, com fotografias diferentes, porém com os mesmos enunciados verbais. É importante ressaltar que a artista é negra retinta, o que também torna a análise ainda mais oportuna, já que, a partir da pesquisa mais ampla realizada, podemos notar o padrão de priorizar corpos de mulheres negras de pele clara. Dessa forma, pretendemos analisar ambas as capas, articulando-as com resultados relacionados aos anos anteriores.

Nesse sentido, algumas questões são suscitadas: por que pela primeira vez nesse ano o título elegeu mais mulheres negras do que brancas para estrelarem o seu espaço de maior visibilidade e, consequentemente, poder simbólico? Qual contexto social e mercadológico permitiu esse feito inédito até aquele momento? Pretendemos refletir sobre essas

---

[86] MOURA, Amanda dos Santos. *Representação da mulher negra nas capas da versão brasileira da revista Glamour (2012-2020)*: Discursos, imagens e construção de sentidos. Programa de Pós-Graduação em Relações Étnico--Raciais (PPRER/Cefet-RJ), Rio de Janeiro, 2021. Disponível em: https://dippg.cefet-rj.br/pprer/attachments/article/81/164_Amanda dos Santos Moura.pdf. Acesso em: 31 ago. 2023.

questões, mesmo que entendamos que não haja respostas objetivas para elas. Porém, compreendemos que há uma urgência de emergir uma nova dinâmica midiática, na qual não seja exceção que corpos pretos estejam presentes e sejam celebrados em espaços de poder. É essencial, entretanto, ressaltarmos que a presença nesses espaços não representa por si só algo positivo e, por isso, neste artigo buscamos ir além do fator quantitativo e esmiuçamos qualitativamente como essas mulheres negras são representadas.

Compreendendo que a raça é uma construção social "discursiva, um conceito classificatório importante na produção da diferença, um significante flutuante, deslizante, que significa diferentes coisas em diferentes épocas e lugares"[87]. Tendo como pano de fundo o racismo e o sexismo que "colocam as pessoas em seu devido lugar, ou seja, nos setores menos privilegiados e mais precarizados da economia"[88], é essencial compreender como mulheres negras, em um país estruturalmente racista, são apresentadas nos meios de comunicação hegemônicos, especialmente na publicação escolhida. Entendendo a importância da representação desses corpos e de como as branquitudes[89], tomadas como lugar de poder e de violência, atuam em nossa sociedade, hierarquizando-a.

Neste texto entendemos a violência simbólica e discursiva principalmente a partir do conceito de "estereotipagem"[90]. O teórico Stuart Hall analisa que "a estereotipagem enquanto prática de produção de significados é importante para a representação da diferença racial"[91], e que "implanta uma estratégia de 'cisão', que divide o normal e aceitável do anormal e inaceitável. Em seguida exclui ou expele tudo o que não cabe, o que é diferente"[92]. O autor, ainda, analisa que a estereotipagem "é parte de uma manutenção da ordem social e simbólica"[93], e estabelece "uma conexão entre representação, diferença e poder"[94]. E, explicitando a violência presente nesse processo, Hall afirma que, "muitas vezes, pensamos no poder em termos de restrição ou

---

[87]   HALL, Stuart. Raça, o significante flutuante. Rio de Janeiro. *Revista Z Cultural*, n. 2, ano 8, 2015.

[88]   ALMEIDA, Silvio L. de. *O que é racismo estrutural?* Belo Horizonte: Letramento, 2018. p. 160.

[89]   BENTO, Maria Aparecida Silva. Branquitude e branqueamento no Brasil. *In:* CARONE, I.; BENTO, M. A. S. (org.). *Psicologia social do racismo*. Petrópolis: Vozes, 2002. p. 25-58; CARNEIRO, Aparecida Sueli. *A construção do outro como não-ser como fundamento do ser*. 2005. Tese (Doutorado) – Universidade de São Paulo, São Paulo, 2005.

[90]   HALL, Stuart. *Cultura e representação*. Rio de Janeiro: PUC-Rio; Apicuri, 2016.

[91]   *Ibidem*, p. 190.

[92]   *Ibidem*, p. 191.

[93]   *Ibidem*, p. 192.

[94]   *Ibidem*, p. 193.

coerção física direta, contudo, também falamos, por exemplo, do poder na representação, poder de marcar, atribuir e classificar", e, segundo ele, "a estereotipagem é um elemento-chave deste exercício de violência simbólica"[95].

Nesse contexto, então, a escolha pela *Glamour* se mostra pertinente, já que a revista tem seus conteúdos voltados para beleza, moda, celebridades e estilo de vida, temáticas que constituem modelos de um consumo econômico e simbólico daquilo que é valorizado em termos estéticos, a partir de padrões sociais que se ligam interseccionalmente a classe social, raça e gênero. Levando em consideração que há no contexto das mulheres negras "a gênese de um sistema de opressão articulado pelo encontro de duas ou mais estruturas discriminatórias, cujo resultado é mais complexo que a soma das suas origens de desempoderamento"[96].

Vale ressaltar que as representações positivas, especialmente das "minorias sociais"[97], não devem ser lidas como algo individual, mas, sim, como um fator essencial para formação das identidades coletivas de toda uma comunidade já que, segundo Hall, a identidade é "resultado de uma bem-sucedida articulação ou 'fixação' do sujeito ao fluxo do discurso"[98]. Partindo de um entendimento da linguagem como uma forma de produção de subjetividades, como explicita Décio Rocha[99] quando cunha o termo "linguagem-intervenção", compreendendo-a para além do poder de falar de um mundo, mas também intervindo nesse mundo, construindo e inventando realidades.

Considerando as relações de poder na produção e circulação da *Revista Glamour*, serão observadas a presença e a ausência de mulheres negras nas capas e a questão da representação[100]. Para tal, além do levantamento quantitativo, serão investigados os processos de construção das identidades dessas mulheres, a partir da análise discursiva de textos verbais e não verbais. A

---

[95] *Ibidem.*

[96] CARRERA, Fernanda. Roleta interseccional: proposta metodológica para análises em Comunicação. *Revista E-Compós*, Brasília, v. 24, jan./dez. 2021, p. 2.

[97] Tal como compreende Muniz Sodré, "o conceito de minoria é o de um lugar onde se animam os fluxos de transformação de uma identidade ou de uma relação de poder" (SODRÉ, Muniz. Por um conceito de minoria. *In*: PAIVA, R.; BARBALHO, A. (org.). *Comunicação e Cultura das Minorias*. São Paulo: Paulus, 2005. v. 1, p. 1). O autor, ainda, completa que "o negro no Brasil é mais um lugar do que o indivíduo definido pura e simplesmente pela cor da pele" (*Ibidem*).

[98] HALL, Stuart. Quem precisa de identidade? *In*: SILVA, Tomaz Tadeu (org.). *Identidade e diferença*: a perspectiva dos Estudos Culturais. Rio de Janeiro: Vozes, 2000. p. 112.

[99] ROCHA, Décio. Representação e intervenção: produção de subjetividade na linguagem. *Gragoatá*, Niterói, n. 21, p. 355-372, 2. sem. 2006.

[100] HALL, 2000; 2015; hooks, bell. *Olhares Negros*: Raça e Representação. São Paulo: Elefante, 2019.

partir do diálogo com questões raciais e de gênero propostas pelo feminismo negro[101]; e tendo como referencial teórico-metodológico a Análise do Discurso[102], com base nos conceitos de interdiscurso[103] e intericonicidade[104], que visam à compreensão sobre a relação entre a estruturação dos textos, as imagens e os lugares sociais que os tornam possíveis.

A violência social das branquitudes

Para este trabalho é, então, essencial considerarmos o contexto contemporâneo no qual debates sobre diversidade em uma acepção ampla, incluindo a racial e de gênero, estão bastante presentes na sociedade, tendo especialmente as redes sociais como um espaço de trocas, demandas e embates. E os veículos de comunicação não estão ausentes desse processo e, por isso, é crucial pensarmos sobre como a *Revista Glamour* vem se inserindo nessa dinâmica e tratando essas questões. Para, assim, analisarmos como os corpos das mulheres negras vêm sendo produzidos pela mídia, que ainda é majoritariamente comandada por pessoas brancas, e debater até que ponto eles estão sendo tratados como uma *commodity* pelo mercado, que precisa atender às novas demandas de uma parcela da sociedade, que entende que esses espaços de enunciação precisam ser ocupados por diversas vozes e corpos.

Nesse sentido, é importante definirmos que entendemos branquitudes a partir da construção de Cida Bento[105], que afirma que esse é um grupo que precisa ser compreendido a partir da projeção do branco sobre o negro, "nascida do medo e cercada de silêncio, fiel guardião dos privilégios"[106]. Há nesse processo um comprometimento da "capacidade de identificação com o próximo, criando-se, desse modo, as bases de uma intolerância generalizada contra tudo o que possa representar a diferença"[107]. A autora levanta

---

[101] *Ibidem*; CARNEIRO, Aparecida Sueli. Enegrecer o feminismo: a situação da mulher negra na América Latina a partir de uma perspectiva de gênero. *Portal Geledés*, 6 mar. 2011; COLLINS, Patricia H. Se perdeu na tradução? Feminismo negro, interseccionalidade e política emancipatória. *Revista Parágrafo*, São Paulo, v. 5, n. 1, 2017, p. 6-17; GONZÁLEZ, Lélia. Por um feminismo afro-latino-americano. *In: Caderno de formação política do Círculo Palmarino*, n. 1, Batalha de Ideias, 2011; hooks, bell. *O feminismo é para todo mundo* - Políticas arrebatadoras. Rio de Janeiro: Rosa dos Tempos, 2018; SANTOS, Neusa. *Tornar-se Negro*. Rio de Janeiro: Editora Graal, 1983.

[102] MAINGUENEAU, Dominique. *Gênese dos discursos*. São Paulo: Parábola, 2008; ROCHA, 2006.

[103] MAINGUENEAU, 2008.

[104] COURTINE, Jean-Jacques. *Decifrar o corpo*: pensar com Foucault. Petrópolis: Vozes, 2013.

[105] BENTO, Maria Aparecida Silva. Branquitude e branqueamento no Brasil. *In:* CARONE, Iray; BENTO, Maria Aparecida Silva (org.). *Psicologia social do racismo*. Petrópolis: Vozes, 2002. p. 25-58.

[106] *Ibidem*, p. 44.

[107] *Ibidem*.

a hipótese de que nas relações raciais hierarquizadas há uma configuração similar à do amor narcísico, "relacionado com a identificação, tanto quanto o ódio narcísico com a desidentificação"[108]. A autora ressalta que:

> A ameaça externa por conta da ação das ideologias sociais ganha contornos físicos e sociais que oferecem argumentos aparentemente objetivos para que o psiquismo com problemas escolha esse ou aquele grupo social como inimigo. Os alvos preferenciais de descargas pulsionais violentas são então os grupos politicamente minoritários, as etnias e as nacionalidades construídos como objetos de preconceito e discriminação[109].

Considerando esse contexto sociocultural, é essencial compreendermos que quando uma cultura é colocada como normativa em uma sociedade cria-se, assim, uma hierarquia dentre elas, negando o valor singular de cada uma das manifestações e instalando um domínio organizado com o intuito de doutrinar as culturas que são entendidas como inferiores. Fanon diz que essa é uma forma de "escravização econômica e mesmo biológica"[110], já que, como o autor afirma, "o racismo vulgar, primitivo, simplista, pretendia encontrar na biologia – uma vez que as Escrituras se provaram insuficientes – a base material da doutrina"[111]. Além disso, o autor destaca como o regime colonial destruiu os sistemas de referência do colonizado, impondo-lhes novos valores e desestruturando seus modos de vida.

Neusa Santos Souza destaca que esse negro invisibilizado socialmente se torna uma pessoa que entende que o "Ideal de Ego é branco"[112]. A autora, ainda, afirma que esse grupo subalternizado "engendra em si mesmo uma ferida narcísica, grave e dilacerante, que, como condição de cura, demanda ao negro a construção de um outro Ideal de Ego"[113]. Entretanto, para ser possível uma nova construção de si, é relevante entendermos a importância da representação de corpos racializados e do importante papel das branquitudes nessa elaboração. Nesse sentido, Nilma Lino Gomes destaca a relação dialógica que estabelecemos com o outro para construirmos quem somos e como nos enxergamos socialmente. Ela afirma que:

---

[108] *Ibidem*, p. 44.

[109] *Ibidem*, p. 45.

[110] FANON, FRANTZ. Racismo e Cultura. *In:* JONES, Manoel; FAZZIO, Gabriel Landi (ed.). *Revolução Africana:* Uma antologia do pensamento marxista. São Paulo: Autonomia Literária, 2020. p. 46.

[111] *Ibidem*, p. 47.

[112] *Ibidem*, p. 34.

[113] *Ibidem*, p. 43.

A ideia que um indivíduo faz de si mesmo, de seu "eu", é intermediada pelo reconhecimento obtido dos outros em decorrência de sua ação. Nenhuma identidade é construída no isolamento. Ao contrário, é negociada durante a vida toda por meio do diálogo, parcialmente exterior, parcialmente interior, com os outros. Tanto a identidade pessoal quanto a identidade socialmente derivada são formadas em diálogo aberto[114].

Nessa estrutura, a qual Ianni denomina de "ideologia racial do branco", o sociólogo compreende que há uma "supervalorização do branco em confronto com o negro", na qual "sempre que possível, o branco superestima-se, subestimando explícita ou implicitamente o negro"[115]. Compreendemos aqui que o autor dialoga com o proposto por Munanga, quando o antropólogo afirma que:

> [...] o racismo hoje praticado nas sociedades contemporâneas não precisa mais do conceito de raça ou da variante biológica, ele se reformula com base nos conceitos de etnia, diferença cultural ou identidade cultural, mas as vítimas de hoje são as mesmas de ontem e as raças de ontem são as etnias de hoje. O que mudou na realidade são os termos ou conceitos, mas o esquema ideológico que subentende a dominação e a exclusão ficou intato[116].

Contextualizando, então, essa ideia de formas contemporâneas de dominação, é importante pensarmos que a *Revista Glamour* é um produto midiático editado por uma empresa que faz parte do Grupo Globo, o maior conglomerado de mídia e comunicação da América Latina. Isto é, um veículo que visa a atender às demandas de uma lógica capitalista e neoliberal, e que precisa ser analisado a partir dos interesses sociais e econômicos que colaboram com os seus rumos editoriais. Essas relações de poder midiáticas podem ser relacionadas à ideia de biopoder de Michel Foucault[117]. O filósofo afirma que esse conceito foi "elemento indispensável ao desenvolvimento do capitalismo, que só pode ser garantido à custa da inserção controlada dos corpos no aparelho de produção e por meio de um

---

[114] GOMES, Nilma Lino. Alguns termos e conceitos presentes no debate sobre relações raciais no Brasil: uma breve discussão. *Educação anti-racista*: Caminhos Abertos pela lei 10.639. Brasília: Ministério da Educação. Secretaria de Educação Continuada, Alfabetização e Diversidade, 2005. p. 42.

[115] IANNI, Octávio. *Raças e classes sociais no Brasil*. 3. ed. São Paulo: Editora Brasiliense, 1987. p. 80-81.

[116] MUNANGA, Kabengele. Uma abordagem conceitual das noções de raça, racismo, identidade e etnia. *Programa de educação sobre o negro na sociedade brasileira*. Niterói: EDUFF, 2004. p. 12-13.

[117] FOUCAULT, Michel. *História da sexualidade:* a vontade de saber. Rio de Janeiro: Edições Graal, 1988.

ajustamento dos fenômenos de população aos processos econômicos"[118]. Nesse sentido, considerando os corpos racializados, o teórico Dennis de Oliveira afirma que:

> [...] a sociedade de consumo construída pela mídia permite a pequena participação dos negros e negras como objetos de consumo - sexuais ou folclóricos. Assim, a transfiguração de que fala Ianni (2003), da sociedade em mercado, não transforma o cidadão negro em consumidor negro - isto está reservado ao branco -, mas sim em objeto de consumo; este é o lugar do negro na sociedade de consumo na reconstrução social operada pela mídia[119].

Nessa dinâmica midiática, quando olhamos especificamente para as mulheres negras, podemos destacar que "a naturalização do racismo e do sexismo na mídia reproduz e cristaliza, sistematicamente, estereótipos e estigmas que prejudicam, em larga escala, a afirmação de identidade racial e o valor social desse grupo"[120]. E, segundo Antonia Quintão, essa exclusão simbólica gerada pela não representação ou pelas distorções da imagem da mulher negra nos meios de comunicação "são formas de violência tão dolorosas, cruéis e prejudiciais que poderiam ser tratadas no âmbito dos direitos humanos"[121].

Nesse contexto, é importante também trazermos para a discussão Achille Mbembe, já que o autor considera que o conceito foucaultiano de biopoder "é insuficiente para dar conta das formas contemporâneas de submissão da vida ao poder da morte"[122]. O filósofo camaronês, então, propõe a ideia de necropolítica, na qual compreende soberania como a "capacidade de definir quem importa e quem não importa, quem é 'descartável' e quem não é"[123]. E, aos que sofrem a violência de ser colocados nesse lugar social de descartáveis, o autor destaca que são oferecidas "condições de vida que lhes conferem o estatuto de 'mortos-vivos'"[124]. A sociedade brasileira com o seu racismo estrutural e institucional, por exemplo, promove um genocídio

---

[118] *Ibidem*, p. 132.

[119] OLIVEIRA, Dennis de. *Etnomídia*: a construção de uma paisagem étnica na linguagem midiática *In*: BATISTA, L. L.; LEITE, F. (org.). *O negro nos espaços publicitários brasileiros*: perspectivas contemporâneas em diálogo. Universidade de São Paulo. Escola de Comunicações e Artes. São Paulo, 2011, p. 40.

[120] CARNEIRO, Aparecida Sueli. Mulheres em movimento. *Revista Estudos Avançados*, v. 17, n. 49, p. 117-132, 2003, p. 125.

[121] *Apud* CARNEIRO, 2003, p. 125.

[122] MBEMBE, Achille. *Necropolítica*. 3. ed. São Paulo: n-1 edições, 2018. p. 71.

[123] *Ibidem*, p. 41.

[124] *Ibidem*, p. 71.

diário de pessoas negras, abatendo corpos negros, seja literalmente, mediante assassinato; ou metaforicamente, por meio de outras opressões simbólicas. Nesse sentido, Deusdará e Giorgi[125] analisam que o racismo não é apenas tolerado pelo Estado, mas produzido por ele próprio, a partir de uma lógica governamental na qual se decide quais grupos sociais são mais ou menos vulneráveis à morte prematura. Carrera também destaca o papel crucial da mídia nesses processos de violência e opressão. A autora afirma que:

> Os espaços midiatizados, assim como os ambientes interacionais e de conversação, constantemente colocados sob os holofotes das pesquisas em Comunicação, são lugares emblemáticos para o debate sobre matrizes de opressão e dinâmicas discriminatórias. Reduzidos muitas vezes a depreciações de sentido e importância, relegados a uma suposta futilidade que se atribui às atividades recreativas, estes espaços estão dominados pelas mesmas estruturas simbólicas e materiais que subjugam indivíduos marginalizados e perpetuam de forma violenta suas impossibilidades sociais. É por meio destes lugares que são postas em circulação imagens e são construídos, por conseguinte, imaginários; sendo assim, é necessário lembrar que 'longe de serem neutras ou simplesmente estéticas, as imagens têm sido uma das principais armas para reforçar e combater a opressão social' (Benjamin, 2019, p. 102-103)[126].

Nesse sentido, hooks analisa que a cultura popular contemporânea constantemente reforça opressões sociais em relação às pessoas negras, especialmente às mulheres, e promove discursos que "raramente criticam ou subvertem imagens da sexualidade da mulher negra que eram parte do aparato cultural racista do século XIX e que ainda moldam as percepções hoje"[127]. Fazendo coro a essa ideia, González afirma que, como posto em um dito popular brasileiro, a nossa sociedade divide as mulheres em "branca para casar, mulata para fornicar, negra para trabalhar"[128]. Logo, as chamadas "mulheres amefricanas"[129] têm a sua humanidade anulada e são vistas somente como corpos animalizados e hipersexualizados.

---

[125] DEUSDARÁ, Bruno; GIORGI, M. C. É coisa de preto?? É coisa de branco: um estudo discursivo do racismo na mídia brasileira. *In:* WIEDEMER, Marcos Luiz (org.). *Estudos linguísticos contemporâneos:* questões e tendências. Rio de Janeiro: Editora Autografia Edição e Comunicação, 2019. p. 35-89.

[126] CARRERA, 2001, p. 6.

[127] hooks, 2019, p. 112.

[128] GONZÁLEZ, Lélia. Por um feminismo afro-latino-americano. *Caderno de formação política do Círculo Palmarino*, n. 1, Batalha de Ideias, 2011.

[129] GONZÁLEZ, *op. cit.*

Destacamos, então, a importância dos estudos e movimentos interseccionais e o quão visionários foram os movimentos feministas negros. Segundo Patrícia Hill Collins, intelectual feminista afro-estadunidense, "as narrativas contemporâneas relativas à emergência da interseccionalidade ignoram, com frequência, a relação desta com as políticas feministas negras dos anos 1960 e 1970 nos Estados Unidos"[130]. Collins destaca que fez parte do processo de emancipação das mulheres afro-americanas a escrita de "ensaios provocativos sobre como as mulheres negras nunca ganhariam sua liberdade sem perceber sua raça, classe e gênero"[131].

bell hooks, ao falar sobre ativistas brancas na luta pelos direitos civis no contexto estadunidense, explicita a importância dessa dissidência em relação ao feminismo entendido como tradicional. A autora entende que a participação destas em alguns movimentos relacionados à luta antirracista não significa que elas "desapegaram da supremacia branca, da noção de serem superiores às mulheres negras, mais informadas, mais educadas, mais preparadas para 'liderar' o movimento"[132]. Nesse contexto, o conceito de interseccionalidade foi sistematizado pela teórica e ativista Kimberlé Crenshaw, como um meio para refletir sobre essas exclusões e, consequentemente, pensar estratégias de enfrentamento. Crenshaw afirma que:

> A associação de sistemas múltiplos de subordinação tem sido descrita de vários modos: discriminação composta, cargas múltiplas, ou como dupla ou tripla discriminação. A interseccionalidade é uma conceituação do problema que busca capturar as consequências estruturais e dinâmicas da interação entre dois ou mais eixos da subordinação. Ela trata especificamente da forma pela qual o racismo, o patriarcalismo, a opressão de classe e outros sistemas discriminatórios criam desigualdades básicas que estruturam as posições relativas de mulheres, raças, etnias, classes e outras. Além disso, a interseccionalidade trata da forma como ações e políticas específicas geram opressões que fluem ao longo de tais eixos, constituindo aspectos dinâmicos ou ativos do desempoderamento[133].

---

[130] COLLINS, 2019, p. 8.

[131] *Ibidem.*

[132] hooks, 2018, p. 69.

[133] CRENSHAW, Kimberlé. Documento para o encontro de especialistas em aspectos da discriminação racial relativos ao gênero. *Revista Estudos Feministas*, v. 10, n. 1, p. 171-188, jan. 2002, p. 177.

Trazendo o debate para o Brasil, Sueli Carneiro[134] compreende esse cenário a partir do conceito de racialidade. Segundo ela, esse é um dispositivo de poder que opera a partir de mecanismos discursivos construídos na colonização e que servem como um meio de manutenção das opressões contra os negros. A autora analisa que o feminismo negro é influenciado por algumas características típicas das sociedades latino-americanas, como a multirracialidade, o pluriculturalismo e o racismo.

> Em geral, a unidade na luta das mulheres em nossas sociedades não depende apenas da nossa capacidade de superar as desigualdades geradas pela histórica hegemonia masculina, mas exige, também, a superação de ideologias complementares desse sistema de opressão, como é o caso do racismo. O racismo estabelece a inferioridade social dos segmentos negros da população em geral e das mulheres negras em particular, operando ademais como fator de divisão na luta das mulheres pelos privilégios que se instituem para as mulheres brancas. Nessa perspectiva, a luta das mulheres negras contra a opressão de gênero e de raça vem desenhando novos contornos para a ação política feminista e anti-racista, enriquecendo tanto a discussão da questão racial, como a questão de gênero na sociedade brasileira[135].

E a luta das mulheres negras se mostra crucial, já que, segundo Lelia González[136], o movimento feminista brasileiro, sem a dissidência do feminismo negro, padece de algumas problemáticas, que se configuram como mais uma forma de violência ao ignorar as demandas específicas desse grupo socialmente subalternizado. A autora destaca que:

> [...] o viés eurocentrista do feminismo brasileiro, ao omitir a centralidade da questão de raça nas hierarquias de gênero presentes na sociedade, e ao universalizar os valores de uma cultura particular (a ocidental) para o conjunto das mulheres, sem as mediações que os processos de dominação, violência e exploração que estão na base da interação entre brancós e não-brancos, constitui-se em mais um eixo articulador do mito da democracia racial e do ideal de branqueamento. Por outro lado, também revela um distanciamento da realidade vivida pela mulher negra ao negar toda uma história feita

---

[134] CARNEIRO, 2005.

[135] CARNEIRO, 2011, s/p.

[136] GONZÁLEZ, Lélia. In: WERNECK, Jurema; MENDONÇA, Maisa; WHITE, Evelyn C. *O livro da saúde das mulheres negras:* Nossos passos vêm de longe. Rio de Janeiro: Criola/Pallas, 2000.

de resistências e de lutas, em que essa mulher tem sido protagonista graças à dinâmica de uma memória cultural ancestral – que nada tem a ver com o eurocentrismo desse tipo de feminismo[137].

Revista Glamour: violência branca na ausência e na presença de corpos negros

Nesta sessão, passamos objetivamente às análises das dimensões interdiscursivas e intericônicas de nosso corpus. Tratamos, então, sobre as representações das mulheres negras nas versões da capa da *Revista Glamour* da edição de dezembro de 2019/janeiro de 2020. Buscaremos identificar os discursos que atravessam essas capas com o objetivo de entender quais são os sentidos e representações construídos e se eles dialogam com as demandas dos movimentos feministas negros por imagens positivadas da mulher negra. Para isso, partimos do entendimento de um cenário social no qual esse grupo é atingido, segundo Carneiro, por:

> [...] uma forma específica de violência que constrange o direito à imagem ou a uma representação positiva, limita as possibilidades de encontro no mercado afetivo, inibe ou compromete o pleno exercício da sexualidade pelo peso dos estigmas seculares, cerceia o acesso ao trabalho, arrefece as aspirações e rebaixa a autoestima[138].

Considerando essas questões, inicialmente, apresentamos um levantamento quantitativo da presença de mulheres negras nas capas da revista, no período de abril de 2012 até dezembro 2020. Utilizamos como critério a identificação feita pelas autoras deste artigo com base no reconhecimento visual de características fenotípicas, reconhecidas socialmente como traços da população negra. Porém, nos casos em que houve dificuldade de identificação, adotamos também como critério a autoidentificação, tendo como base informações selecionadas a partir de pesquisas em textos midiáticos diversos. Considerando o período de cerca de oito anos, que trazemos no quadro a seguir (Quadro 1), foram publicadas 113 capas da revista *Glamour*. Em alguns meses houve mais de uma versão de capa, com diferentes pessoas. Nesse período, estiveram presentes, no total, 19 mulheres negras, enquanto as brancas ou não negras totalizaram 114. O único ano no qual a presença de mulheres negras foi superior ao de brancas ou não negras

---

[137] GONZÁLEZ, 2000, p. 57.

[138] CARNEIRO, 2003, p. 122.

foi em 2020 (5 mulheres negras e 4 mulheres brancas ou não negras) e, por isso, optamos por analisar as capas desse período. Nos anos de 2014 e 2013 nenhuma mulher negra foi capa da revista analisada. O que evidencia, segundo Beatriz Nascimento, que, apesar de vivermos em uma sociedade plurirracial, ainda há o privilegiamento de:

> [...] padrões estéticos femininos como ideal de um maior grau de embranquecimento, (desde a mulher mestiça até a branca), seu trânsito afetivo é extremamente limitado. Há poucas chances para ela numa sociedade em que a atração sexual está impregnada de modelos raciais, sendo ela representante da etnia mais submetida[139].

Quadro 1 – Total de modelos negras e não negras que protagonizaram as capas da *Glamour* entre 2012 e 2020

Ano	Modelos autodeclaradas negras	Outras modelos
2012	2 (Taís Araújo e Camila Pitanga)	7
2013	0	16
2014	0	14
2015	2 (Sheron Menezzes e Camila Pitanga)	13
2016	1 (Taís Araújo)	15
2017	1 (Rayza Nicácio)	18
2018	3 (Karol Conká, Mc Soffia e Taís Araújo)	13
2019	5 (Débora Nascimento, Luiza Brasil, Pathy Dejesus, Ludmilla e Mc Soffia)	14
2020	5 (Iza, Erika Januza, Camilla de Lucas, Patrícia Ramos e Agnes Nunes)	4
Total	19	114

Fonte: elaborado pelas autoras com base no levantamento feito nas capas publicadas

A capa que analisaremos excepcionalmente contemplou dois meses, dezembro de 2019 e janeiro de 2020 (na tabela incluímos no ano de 2020), e trouxe como protagonista a cantora Iza. Porém, antes de nos atermos às reflexões sobre esse material, é importante contextualizar os caminhos que foram traçados pela publicação no ano anterior, em 2019.

---

[139] NASCIMENTO, Beatriz. A mulher negra e o amor. Jornal *Maioria Falante*, fev./mar., p. 3, 1990.

No mídia kit desse ano da *Revista Glamour*, que dita os rumos mercadológicos do ano seguinte, é perceptível o objetivo de transmitir uma linha editorial alinhada com as mudanças sociais que testemunhamos nos últimos anos. "A forma de consumir informação mudou e nós fomos juntos, inovando e mantendo a missão de ser um chacoalhão de atitude no mercado", enunciado presente no material que sintetiza essa proposta de renovação. Seguindo essa aparente tendência, a publicação daquele ano teve o número mais expressivo de mulheres negras presentes em suas capas: foram cinco mulheres negras e 14 brancas. E esse cenário de suposta transformação culmina no ano de 2020 quando, ineditamente, há um número maior de mulheres negras do que brancas nas capas da publicação.

Porém, é importante contextualizar esse período, já que em março de 2020 a pandemia do novo Coronavírus chegou ao Brasil e ocasionou uma necessidade de isolamento social, o que afetou a dinâmica de vida e trabalho de grande parte da população, inclusive, a produção da publicação. Por essa razão, foi um ano com menos edições do título, já que a publicação não manteve a sua periodicidade mensal; apenas uma edição foi produzida para os meses de maio e junho, assim como ocorreu nos meses de julho e agosto. Além disso, na edição de maio/junho excepcionalmente não houve uma personagem humana na capa, o que nunca havia ocorrido desde a chegada da revista *Glamour* no Brasil, em 2012. Para essa edição bimestral, foram apresentadas três versões diferentes de capas, cada uma com uma diferente ilustração, feita por três diferentes artistas plásticas mulheres. As três capas trazem a mesma chamada: "Reflexões sobre o futuro e o desejo de um amanhã feliz", em alusão ao momento de desesperança vivido em meio a uma pandemia. Uma das artistas convidadas foi a artista visual negra Thais Silva, responsável pela página no Instagram @blackcollage_, na qual traz colagens em que usa fotografias históricas, que buscam resgatar as suas ancestralidades negra e indígena, já que é descendente dos Goitacá, tribo da região do Espírito Santo. Thais tem como inspiração, ainda, o afrofuturismo, movimento que relaciona a cultura africana com a ciência e a tecnologia, tendência que pode ser notada em sua colagem para a capa da *Glamour* (Figura 1). Dessa forma, a edição é coerente com o que podemos chamar de nova fase da publicação, trazendo, além da questão racial, diálogos com questões relacionadas ao feminismo e à política nas imagens das outras duas capas.

Figura 1 – Na edição de maio/junho de 2020, a ilustradora negra Thais Silva foi convidada para produzir essa colagem para a capa, e teve como inspiração o afrofuturismo

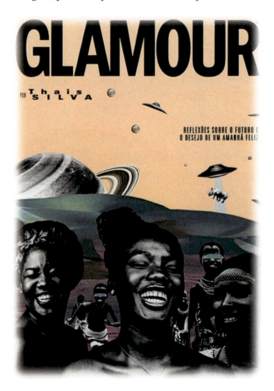

Fonte: site *Revista Glamour*

Iza: escolhas discursivas da *Glamour* para a representação do corpo retinto

Tratando diretamente da presença da cantora Iza na publicação, destacamos que a artista estrelou duas versões de capas, com imagens diferentes, porém com os mesmos enunciados verbais. Entendemos que alguns fatores merecem destaque, como a escolha por uma negra retinta, visto que, conforme pesquisa realizada por nós[140], havia uma tendência de corpos negros ausentes ou uma escolha por mulheres negras de pele clara e com traços fenotípicos que as aproximam de uma beleza eurocêntrica para protagonizar as capas anteriores, como as atrizes Taís Araújo, Camila Pitanga e Débora Nascimento.

---

[140] MOURA, 2021.

Figura 2 – Capas com a cantora Iza na *Glamour* para dezembro de 2019/janeiro de 2020

Fonte: *Revista Glamour*

A capa com a cantora carioca evidencia um desvio à tendência que testemunhamos em nossa sociedade, nos mais diversos âmbitos, inclusive o midiático, de que "a intensidade do preconceito varia em proporção direta aos traços negróides"[141]. Nesse sentido, é importante trazermos o conceito de "colorismo" que, segundo Alessandra Devulsky,

> [...] é o braço articulado, o braço tecnológico do racismo e, assim como o racismo, tem nuances na forma como se desenvolve, de acordo com a sociedade, a cultura a qual adere, na qual é construído. Então, o colorismo é, basicamente, um conceito, uma categoria, uma prática, mas sobretudo é uma ideologia na qual hierarquizamos as pessoas negras de acordo com o fenótipo que têm: aproximado ou distanciado da africanidade, próximo ou distante da europeidade[142].

Outro fator que merece destaque nessa capa é Iza ser a única estrela da publicação no mês em questão, visto que uma outra questão recorrente na *Revista Glamour* é o coprotagonismo negro. Isto é, capas nas quais

---

[141] NOGUEIRA, Oracy. Preconceito Racial de Marca e Preconceito Racial de Origem. *Tempo Social*, Revista de sociologia da USP, v. 19, n. 1, 2006, p. 296.

[142] MARTIN, Roberto. O colorismo é o braço articulado do racismo. *Carta Capital*, 24 mar. 2021.

mulheres negras dividem espaço com outras mulheres brancas, como na edição de abril de 2017 com a influencer digital Rayza Nicácio, na qual ela esteve na capa junto a outras cinco mulheres, todas brancas. Há ainda edições do mesmo mês com diferentes versões, nas quais as outras protagonistas são mulheres brancas ou não negras, como aconteceu em abril de 2016, com a atriz Taís Araújo, que também contou com a atriz Grazi Massafera e as influenciadoras digitais Kéfera e Camila Coelho, todas brancas. Vale ressaltar que em oito capas com mulheres negras essa situação se repetiu, de um total de 19 mulheres negras presentes no período analisado, enquanto as 114 mulheres brancas presentes, em geral, reinaram absolutas em suas capas ou representavam uma maioria numérica quando estavam em grupo. Isso explicita como as branquitudes operam no imaginário social, relegando os corpos pretos a espaços de menor destaque, enquanto os brancos estão majoritariamente sendo hipervisibilizados de forma positivada, configurando, assim, "uma violência invisível que contrai saldos negativos para a subjetividade das mulheres negras"[143]. Nesse mesmo sentido, as autoras Bernardes e Corrêa destacam que essa configuração explicita que esses corpos não se enquadram no privilégio branco, que permite que certas pessoas possam ser entendidas como indivíduos e não como expoentes ou exemplos de determinados grupos sociais, especialmente racial[144]. Elas afirmam que:

> Um bom exemplo empírico dessa organização do espaço delimitado para pessoas negras na mídia massiva são as fotos em grupo que estampam campanhas publicitárias e capas de revista. Em um levantamento simples, feito a partir das capas das principais revistas femininas do país, observamos a aparição e disposição de pessoas negras em capas estampadas com fotos em grupo (mais de três pessoas)[145].

O visual escolhido para a artista no ensaio, em ambas as versões, é uma lace ondulada e comprida, diferente do cabelo crespo que a atriz ostenta em outras ocasiões, e que em uma sociedade estruturalmente racista, como a brasileira, possui um significado além de simples escolhas estéticas. Por essa razão, a opção por estampar uma mulher negra

---

[143] CARNEIRO, 2003, p. 122.

[144] BERNARDES, Mayra; CORRÊA, Laura Guimarães. Quem tem um não tem nenhum: solidão e sub-representação de pessoas negras na mídia brasileira. In: CORRÊA, Laura Guimarães. *Vozes negras em Comunicação*: Mídia, Racismos e Violência. Belo Horizonte: Autêntica, 2019. p. 209.

[145] *Ibidem*, p. 207.

em uma capa de revista com cabelos associados a um padrão de beleza branco dialoga com a ideia estereotipada, conforme o conceito supracitado de Hall[146], de que para ser belo é preciso se distanciar da negritude. Nesse mesmo sentido, Nilma Lino Gomes analisa como essa violência simbólica reforça a ideia de que há um cabelo aceitável socialmente e, consequentemente, um outro, sendo colocado quase sempre como feio, como "ruim". Ela analisa que:

> O cabelo do negro, visto como "ruim", é expressão do racismo e da desigualdade racial que recai sobre esse sujeito. Ver o cabelo do negro como "ruim" e do branco como "bom" expressa um conflito. Por isso, mudar o cabelo pode significar a tentativa do negro de sair do lugar da inferioridade ou a introjeção deste[147].

Em ambas as fotografias, Iza está em meio à natureza e com roupas claras, o que lhe confere um certo ar místico e sensual. Especialmente por alguns fatores presentes na imagem à esquerda, como a caracterização da cantora com cabelos dispostos nos ombros, olhar sereno e em contato com a água, que dialogam pela intericonicidade com a imagem comumente associada à Iemanjá, orixá feminino oriundo das religiões afro-brasileiras Candomblé e Umbanda. A feminilidade "divina" parece se reafirmar com a estampa de seu vestido, que, localizado na direção do ventre da cantora, se assemelha ao sistema reprodutor feminino, especialmente os ovários. Essa construção imagética parece também dialogar com a idealização, permeada por estereótipos colonialistas, descrita por Gilberto Freyre, dos portugueses em relação às mouras[148]. Freyre afirma que:

> O longo contato com os sarracenos deixara idealizada entre os portugueses a figura da moura-encantada, tipo delicioso de mulher morena e de olhos pretos, envolta em misticismo sexual – sempre de encarnado, sempre penteando os cabelos ou banhando-se nas águas das fontes mal-assombradas[149].

---

[146] HALL, 2016.

[147] GOMES, Nilma Lino. *Sem perder a raiz*: corpo e cabelo como símbolo da identidade negra. 3. ed. Belo Horizonte: Autêntica Editora, 2019. (Coleção Cultura Negra e Identidades).

[148] "Mouros eram os povos que habitavam a Península Ibérica durante o período entre o século VIII ao século XV. O nome mouro é uma invenção cristã e servia para se referir às pessoas de pele escura e de religião muçulmana" (BRAGA, 2021).

[149] FREYRE, Gilberto. *Casa Grande e Senzala:* formação da família brasileira sob o regime da economia patriarcal. 48. ed. Recife: Fundação Gilberto Freyre, Global Editora, 2003. p. 71.

Figura 3 – Imagem de Iemanjá, divindade africana cultuada pelas religiões afro-brasileiras

Fonte: site *Jornal O Globo*

Partindo aos enunciados verbais, a fala da artista destacada na capa é: "Sempre olhei o racismo como ignorância. Quando você faz esse exercício, fica mais paciente e até aprende a educar". O depoimento assume um discurso que associa o racismo à ignorância, reduzindo-o a uma questão de responsabilidade individual. E incumbe ao negro o papel de educador "paciente" de pessoas racistas, ao invés de evidenciar a necessidade de que os brancos assumam o seu papel na luta antirracista, questionando os seus privilégios e buscando assumir novas atitudes perante uma sociedade que estruturalmente oprime corpos pretos. Vale ressaltar que há diversas vozes e falas da própria cantora que poderiam ser destacadas nesse espaço simbólico de poder e a publicação deixa claro com quais discurso dialoga quando escolhe jogar luz àqueles que reforçam ideias já enraizadas na nossa sociedade em relação ao papel social das pessoas pretas e das brancas.

É importante, ainda, ressaltar que nas capas nas quais estão presentes mulheres negras é recorrente a abordagem de questões raciais. Exemplos disso são duas capas de 2019, em setembro, com a cantora Ludmilla; e a outra em outubro, com MC Soffia. Na primeira, a chamada principal é: "Sou negra, funkeira e bissexual. Olha quantos gigantes eu preciso vencer com uma única arma, que é a minha voz"; e na seguinte: "Tudo o que faço é militância, até quando não falo de racismo". Obviamente, tratar de temas como raça e racismo é um componente importante para nos defrontarmos com o problema e, talvez, no futuro atingirmos uma sociedade com mais equidade e diversidade. Entretanto, pessoas negras podem e desejam falar sobre os mais diversos assuntos, incluindo as suas carreiras bem-sucedidas, como a construída por Iza, Ludmilla e MC Soffia. Porém, quando são relegadas somente a abordar questões relacionadas à raça, subentende-se que somente isso importa sobre elas e, ainda, que o racismo somente afeta e é responsabilidade das pessoas negras, como o enunciado da cantora Iza evidencia, já que nas capas com pessoas brancas esse tema não é abordado. Além disso, reforça a ideia de que elas estão ali apenas para serem estandartes públicos de uma nova postura da publicação, agora supostamente inclusiva e diversa.

Vale salientar mais uma chamada presente na capa aqui analisada, "Impostora, eu? Descubra como a autossabotagem afeta a sua vida", que dialoga com discursos meritocráticos correntes na sociedade neoliberal. E que ecoam frases de efeito, como: basta você querer e correr atrás dos seus objetivos para alcançar o sucesso ou, até mesmo, se você não foi bem-sucedido é por autossabotagem, não por responsabilidade de uma sociedade machista e racista, por exemplo. É importante explicar que a matéria em questão trata da chamada "síndrome de impostor", muitas vezes grafada como "síndrome da impostora", já que atinge comumente mulheres, e diz respeito a "uma crença interior de que você não é bom o suficiente, ou não pertence"[150]. A problemática, que, em muitos casos, demanda uma ajuda profissional, foi reduzida a um fator meramente íntimo, mesmo em diálogo com uma mulher negra presente naquela capa, grupo que rotineiramente se torna vítima desse mal, visto a subalternização social que sofre.

Por fim, consideramos importante abordar a frase presente no alto da capa em questão, "Beleza quente", que dialoga e reforça estigmas que historicamente hipersexualizam a mulher negra, que inclusive estão presentes em capas anteriores da mesma publicação. Collins enfatiza que a sexualidade de corpos pretos é sistematicamente vista "como não natural, suja, doente e pecaminosa"[151]. A autora afirma, ainda, que "os negros vivenciam um racismo sexualizado altamente visível, no qual a visibilidade dos corpos negros reinscreve a hipervisibilidade dos supostos desvios sexuais de homens negros e mulheres negros"[152].

---

[150] BRASIL, BBC News. Síndrome de Impostor: O que é e como você pode lidar com ela. *BBC News*, 28 dez. 2018.

[151] COLLINS, Patricia H. *Pensamento Feminista Negro*. São Paulo. Boitempo, 2019. p. 226.

[152] *Ibidem*, p. 227.

Considerações finais

É inegável que as mudanças sociais, especialmente relacionadas à diversidade em variados âmbitos, vêm moldando o mercado e refletem em marcas, como a *Revista Glamour*, analisada neste artigo. Portanto, as reflexões que propomos neste artigo não tiveram por objetivo criticar essa influência, mas, sim, pensar até que ponto ela tem um papel de reforçar ou refutar as violências discursivas que historicamente a mídia promove em relação aos corpos pretos e, principalmente, os das mulheres. Não temos aqui a pretensão de chegar a conclusões, porque não acreditamos que isso seja possível, diante de um cenário tão complexo, como o fomentado pelo racismo e sua sofisticada estrutura. Entretanto, entendemos que é sim crucial que esse sistema tão sólido seja desmantelado, e, para isso, as transformações precisam ir além de estarmos presentes em certos lugares de poder.

Quando a publicação em questão aparentemente promove uma guinada a se abrir para novos corpos, ela precisa entender com quais discurso dialoga e, na análise aqui proposta, entendemos que o título ainda não compreendeu o seu papel, representando as branquitudes, de assumir os males que provocaram e que ainda provocam socialmente aos corpos que subalternizam e a necessidade de mudanças, que vão além de permitir a presença de corpos negros em suas capas. Precisamos ver corpos pretos e outros que são marginalizados sistematicamente ocupando lugares de poder nos bastidores para talvez assim vermos mulheres negras não serem colocadas como responsáveis por educar pessoas brancas, como objetos sexualizados ou como responsáveis de maneira solitária pelo seu próprio sucesso.

Entendemos a importância de ser aliado em causas importantes, como a luta antirracista, porém se aliar é também abrir mão de privilégios. E fica claro que há uma lacuna nessa questão quando tratamos da *Revista Glamour*, quando olhamos, por exemplo, para os membros em 2020 da produção da publicação. É possível identificar que das 15 pessoas ali presentes, 14 mulheres e um homem, apenas quatro são negras. E os cargos de maior destaque hierárquico, editor-executivo e diretor de conteúdo, são ocupados por pessoas brancas. Trazendo esses números para 2023, o cenário não é muito diferente, a equipe é formada por 12 pessoas, sendo 11 delas mulheres. Focando no fator racial, há cinco profissionais negras, mas vale destacar que os dois principais cargos do grupo, diretor de conteúdo e editor executivo, são ocupados por pessoas brancas, respectivamente:

Renata Garcia, uma mulher branca; e Guga Santos, um homem branco. Esse cenário nos remete ao pensamento de bell hooks sobre o contexto midiático atual, que afirma que:

> Imagens de raça e representação se tornaram uma obsessão contemporânea. O tratamento da negritude como uma commodity criou um contexto social onde a apropriação da imagem negra por pessoas não negras não encontra limites. Se muitas das pessoas não negras que produzem imagens ou narrativas críticas a respeito da negritude e das pessoas negras não questionarem suas perspectivas, elas podem simplesmente recriar a perspectiva imperialista — o olhar que procura dominar, subjugar e colonizar[153].

Logo, entendemos que é urgente que pessoas pretas ocupem o papel de produção de si e que pessoas brancas entendam a necessidade de mudar os seus olhares. Até então, as mudanças, apesar de terem fatores positivos, reproduzem opressões e reforçam o olhar colonialista tão enraizado na nossa sociedade. A mudança é crucial, mas precisamos entender que não basta esses corpos estarem presentes, se todo o imaginário sobre eles sofreu uma transformação tão discreta.

Referências

ALMEIDA, Silvio L. de. *O que é racismo estrutural?* Belo Horizonte: Letramento, 2018.

BENTO, Maria Aparecida Silva. Branquitude e branqueamento no Brasil. *In:* CARONE, Iray; BENTO, Maria Aparecida Silva (org.). *Psicologia social do racismo.* Petrópolis: Vozes, 2002. p. 25-58.

BERNARDES, Mayra; CORRÊA, Laura Guimarães. Quem tem um não tem nenhum: solidão e sub-representação de pessoas negras na mídia brasileira. *In:* CORRÊA, Laura Guimarães. *Vozes negras em Comunicação:* Mídia, Racismos e Violência. Belo Horizonte: Autêntica, 2019.

BRAGA, Rafael. Mouros, quem eram? Origem e presença na Europa. *Conhecimento científico,* 23. abr. 2021. Disponível em: https://conhecimentocientifico.r7.com/mouros/. Acesso em: 4 set. 2023.

BRASIL, BBC News. Síndrome de Impostor: O que é e como você pode lidar com ela. *BBC News,* 28 dez. 2018. Disponível em: https://www.bbc.com/portuguese/curiosidades-46705305. Acesso em: 10 jun. 2021.

---

[153] hooks, 2019, p. 35-36.

CARNEIRO, Aparecida Sueli. Mulheres em movimento. *Revista Estudos Avançados*, v. 17, n. 49, p. 117-132, 2003. Disponível em: https://www.scielo.br/j/ea/a/Zs869RQTMGGDj586JD7nr6k/. Acesso em: 4 set. 2023.

CARNEIRO, Aparecida Sueli. *A construção do outro como não-ser como fundamento do ser*. 2005. Tese (Doutorado) – Faculdade de Educação – Universidade de São Paulo, São Paulo, 2005.

CARNEIRO, Aparecida Sueli. Enegrecer o feminismo: a situação da mulher negra na América Latina a partir de uma perspectiva de gênero. *Portal Geledés*, 6 mar. 2011. Disponível em: https://www.geledes.org.br/enegrecer-o-feminismo-situacao-da-mulher-negra-na-america-latina-partir-de-uma-perspectiva-de-genero/. Acesso em: 31 ago. 2023.

CARRERA, Fernanda. Roleta interseccional: proposta metodológica para análises em Comunicação. *Revista E-Compós*, Brasília, v. 24, jan./dez. 2021, p. 1-22. Disponível em: https://www.e-compos.org.br/e-compos/article/view/2198/2025. Acesso em: 1 jun. 2023.

COLLINS, Patricia H. Se perdeu na tradução? Feminismo negro, interseccionalidade e política emancipatória. *Revista Parágrafo*, São Paulo, v. 5, n. 1, 2017, p. 6-17. Disponível em: https://revistaseletronicas.fiamfaam.br/index.php/recicofi/article/view/559/506. Acesso em: 1 jun. 2023.

COLLINS, Patricia H. *Pensamento Feminista Negro*. São Paulo. Boitempo, 2019.

COURTINE, Jean-Jacques. *Decifrar o corpo*: pensar com Foucault. Petrópolis: Vozes, 2013.

CRENSHAW, Kimberlé. Documento para o encontro de especialistas em aspectos da discriminação racial relativos ao gênero. *Revista Estudos Feministas*, v. 10, n. 1, p. 171-188, jan. 2002. Disponível em: https://www.scielo.br/j/ref/a/mbTpP4S-FXPnJZ397j8fSBQQ/?lang=pt. Acesso em: 31 ago. 2023.

DEUSDARÁ, Bruno; GIORGI, M. C. É coisa de preto? É coisa de branco: um estudo discursivo do racismo na mídia brasileira. *In:* WIEDEMER, Marcos Luiz (org.). *Estudos linguísticos contemporâneos*: questões e tendências. Rio de Janeiro: Editora Autografia Edição e Comunicação, 2019. p. 35-89.

FANON, Frantz. Racismo e Cultura. *In:* JONES, Manoel; FAZZIO, Gabriel Landi (ed.). *Revolução Africana*: Uma antologia do pensamento marxista. São Paulo: Autonomia Literária, 2020.

FOUCAULT, Michel. *História da sexualidade:* a vontade de saber. Rio de Janeiro: Edições Graal, 1988.

FREYRE, Gilberto. *Casa Grande e Senzala:* formação da família brasileira sob o regime da economia patriarcal. 48. ed. Recife: Fundação Gilberto Freyre, Global Editora, 2003.

GLAMOUR, Revista. Expediente. *Revista GLAMOUR.* Disponível em: https://glamour.globo.com/expediente/. Acesso em: 31 ago. 2023.

GLAMOUR, Revista. Iza brilha na sua primeira capa para a Glamour: "Estou vivendo um momento íntimo de libertação". *Revista GLAMOUR.* Disponível em: https://glamour.globo.com/lifestyle/capas/noticia/2019/12/iza-brilha-na-sua--primeira-capa-para-glamour-estou-vivendo-um-momento-intimo-de-libertacao.ghtml. Acesso em: 31 ago. 2023.

GLAMOUR, Revista. Thais Silva: um futuro de protagonismo negro na capa da Glamour criada pela jovem artista. *Revista GLAMOUR.* Disponível em: https://glamour.globo.com/lifestyle/noticia/2020/05/thais-silva-conheca-trajetoria-de--uma-das-ilustradoras-da-glamour-bra.ghtml. Acesso em: 31 ago. 2023.

GOMES, Nilma Lino. Alguns termos e conceitos presentes no debate sobre relações raciais no Brasil: uma breve discussão. *Educação anti-racista*: Caminhos Abertos pela lei 10.639. Brasília: Ministério da Educação. Secretaria de Educação Continuada, Alfabetização e Diversidade, 2005.

GOMES, Nilma Lino. *Sem perder a raiz*: corpo e cabelo como símbolo da identidade negra. 3. ed. Belo Horizonte: Autêntica Editora, 2019. (Coleção Cultura Negra e Identidades).

GONZÁLEZ, Lélia. *In:* WERNECK, Jurema; MENDONÇA, Maisa; WHITE, Evelyn C. *O livro da saúde das mulheres negras:* Nossos passos vêm de longe. Rio de Janeiro: Criola/Pallas, 2000.

GONZÁLEZ, Lélia. Por um feminismo afro-latino-americano. *Caderno de formação política do Círculo Palmarino*, n. 1, Batalha de Ideias, 2011. Disponível em: https://edisciplinas.usp.br/pluginfile.php/271077/mod_resource/content/1/Por%20um%20feminismo%20Afro-latino-americano.pdf. Acesso em: 31 ago. 2023.

HALL, Stuart. Quem precisa de identidade? *In:* SILVA, Tomaz Tadeu (org.). *Identidade e diferença:* a perspectiva dos Estudos Culturais. Rio de Janeiro: Vozes, 2000.

HALL, Stuart. Raça, o significante flutuante. *Revista Z Cultural*, Rio de Janeiro, n. 2, ano 8, 2015. Disponível em: http://revistazcultural.pacc.ufrj.br/raca-o-significante-flutuante%ef%80%aa/. Acesso em: 1 jun. 2023.

HALL, Stuart. *Cultura e representação.* Rio de Janeiro: PUC-Rio, Apicuri, 2016.

hooks, bell. *O feminismo é para todo mundo* – Políticas arrebatadoras. Rio de Janeiro: Rosa dos Tempos, 2018.

hooks, bell. *Olhares Negros*: Raça e Representação. São Paulo: Elefante, 2019.

IANNI, Octávio. *Raças e classes sociais no Brasil.* 3. ed. São Paulo: Editora Brasiliense, 1987.

MAINGUENEAU, Dominique. *Gênese dos discursos.* São Paulo: Parábola, 2008.

MARTIN, Roberto. O colorismo é o braço articulado do racismo. *Carta Capital*, 24 mar. 2021. Disponível em: https://www.cartacapital.com.br/entrevistas/o-colorismo-e-o-braco-articulado-do-racismo/. Acesso em: 8 jun. 2021.

MÍDIA KIT. Glamour 2019. Disponível em: https://irp-cdn.multiscreensite.com/43f3dabf/files/uploaded/GL_MIDIAKIT_2019.pdf. Acesso em: 31 ago. 2023.

MOURA, Amanda dos Santos. *Representação da mulher negra nas capas da versão brasileira da revista Glamour (2012-2020)*: Discursos, imagens e construção de sentidos. Programa de Pós-graduação em Relações Étnico-Raciais (PPRER/Cefet-RJ), Rio de Janeiro, 2021. Disponível em: https://dippg.cefet-rj.br/pprer/attachments/article/81/164_Amanda dos Santos Moura.pdf. Acesso em: 31 ago. 2023.

MBEMBE, Achille. *Necropolítica.* 3. ed. São Paulo: n-1 edições, 2018.

MUNANGA, Kabengele. Uma abordagem conceitual das noções de raça, racismo, identidade e etnia. *Programa de educação sobre o negro na sociedade brasileira.* Niterói: EDUFF, 2004.

NASCIMENTO, Beatriz. A mulher negra e o amor. *Jornal Maioria Falante*, p. 3, fev./mar. 1990.

NOGUEIRA, Oracy. Preconceito Racial de Marca e Preconceito Racial de Origem. *Tempo Social*, Revista de sociologia da USP, v. 19, n. 1, p. 287-308, 2006.

O GLOBO, Jornal. Iemanjá: oito curiosidades sobre a história da rainha do mar. *O Globo.* Disponível em: https://oglobo.globo.com/ela/gente/cultura-em-gente/

iemanja-oito-curiosidades-sobre-historia-da-rainha-do-mar-24222250. Acesso em: 31 ago. 2023.

OLIVEIRA, Dennis de. *Etnomídia:* a construção de uma paisagem étnica na linguagem midiática *In:* BATISTA, L. L.; LEITE, F. (org.). *O negro nos espaços publicitários brasileiros*: perspectivas contemporâneas em diálogo. Universidade de São Paulo. Escola de Comunicações e Artes. São Paulo, 2011, p. 25-40.

ROCHA, Décio. Representação e intervenção: produção de subjetividade na linguagem. *Gragoatá*, Niterói, n. 21, p. 355-372, 2. sem. 2006.

SANTOS, Neusa. *Tornar-se Negro*. Rio de Janeiro: Editora Graal, 1983.

SODRÉ, Muniz. Por um conceito de minoria. *In:* PAIVA, R.; BARBALHO, A. (org.). *Comunicação e Cultura das Minorias*. São Paulo: Paulus, 2005. v. 1.

UM OUTRO OLHAR: APONTAMENTOS SOBRE A REPRESENTAÇÃO DOS POVOS INDÍGENAS NA MÍDIA

Andrielle Cristina Moura Mendes Guilherme
Juciano de Sousa Lacerda

Comunicação é um conceito amplo e o universo que o termo indígena abarca também é vasto. No Brasil, existem mais de 305 povos indígenas falantes de 274 línguas, sem considerar os isolados, conforme o último censo do Instituto Brasileiro de Geografia e Estatística (IBGE) divulgado em 2010. De modo que não é possível falar em comunicação indígena no singular, e sim em formas de comunicação indígenas.

Para alguns pensadores oriundos dos povos originários e demais comunidades tradicionais, o verbo comunicar é utilizado como sinônimo de semear. "Quando penso em comunicação, a palavra semear é a primeira que me vem à cabeça. Digo isto a propósito do pensamento de uma anciã que admiro muito: a sábia Ana da Luz Fortes do Nascimento (indígena Kaingang)" (Graúna, em informação verbal)[154].

Comunicadora social, jornalista, pesquisadora, escritora, professora e poeta indígena, Graça Graúna [Povo Potiguara] é uma das principais referências em literatura e direitos humanos da América Latina. Semear a palavra, multiplicar a semente, compartilhar os saberes que herdamos dos ancestrais, foi e é a imagem que "também consigo intuir do campo da comunicação. Do ponto de vista indígena, penso que a comunicação é de certa forma multiplicar o cereal plantado; é compartilhar os saberes" (Graúna, em informação verbal)[155]. A mesma metáfora é acionada por Aline Rochedo Pachamama [Povo Puri].

> *Você faz uma semeadura, né? [...] O que eu faço parece muito quando estou com um dente de leão nas mãos e dou um sopro assim, né? Isso que eu faço com ele lembra o momento em que eu estou postando alguma coisa [...] Eu acho que eu sou uma*

---

[154] Entrevista concedida à autora Andrielle Cristina Moura Mendes Guilherme para elaboração da pesquisa *Comunicadoras indígenas e a de(s)colonização das imagens*. 2022. Tese (Doutorado em Estudos da Mídia) – Universidade Federal do Rio Grande do Norte, Natal, 2022.

[155] *Ibidem.*

semeadura. Eu sou uma semeadura. Uma abelhinha jataí. Se as pessoas vão olhar para mim e dizer se eu sou comunicadora, se eu sou ativista, se eu sou uma pessoa de movimento? Eu prefiro ser uma abelhinha Jataí, aprendendo sempre com elas; uma árvore, um pássaro, que canta e transmite o seu recado (Pachamama, em informação verbal)[156].

Para Márcia Kambeba [Povos Omágua e Kambeba], comunicação é *Kumiça Jenó* (falar e ouvir, na língua do povo Kambeba). "Porque é isso, né? Comunicação é isso, você fala, o outro ouve; o outro fala, você ouve. Então, é falar e ouvir. Se eu pudesse resumir comunicação em uma palavra indígena, eu usaria *Kumiça Jenó*", afirma Kambeba (em informação verbal)[157], pois "não há diálogo sem audição", concorda Pachamama[158].

Os sentidos acerca do que é comunicação para os comunicadores indígenas foram coletados nas obras, nos escritos e entrevistas com as três autoras – Graça Graúna, Márcia Kambeba e Aline Rochedo Pachamama – por meio da *Catografia*[159], uma abordagem metodológica que visa desinvisibilizar as narrativas de qualquer grupo historicamente discriminado que vise à sua autodeterminação mediante a apropriação da mídia com vistas à de(s)colonização das imagens; grupos que foram excluídos e empurrados pela colonialidade do poder para o lugar do outrem de nós.

Inspirada nos modos de vida e práticas sociais de coletores e catadores negros e indígenas, ribeirinhos e quilombolas, a Catografia visa mapear como indivíduos oriundos de grupos sociais escravizados durante a colonização se apropriam das mídias como uma forma de responder às violações decorrentes do racismo estrutural na sociedade.

Quando aplicada à imagem, essa abordagem metodológica contribui para identificar como povos que foram destituídos de humanidade durante a colonização e transformados em mercadoria de olhares durante a escravização politizam o olhar para enfrentar as imagens de controle utilizadas até hoje para determinar o lugar dos sujeitos racializados na sociedade.

Por meio da Catografia, identificou-se que a tentativa de estabelecer um diálogo interétnico é uma constante nas obras de autores/comunicadores indígenas. Porém, há autores originários e tradicionais que vão além

---

[156] Entrevista concedida à autora Andrielle Guilherme, 2022.

[157] *Ibidem.*

[158] PACHAMAMA, Aline Rochedo. *Pachamama:* a poesia é a alma de quem escreve. Rio de Janeiro: Pachamama, 2015. p. 86.

[159] Abordagem metodológica sistematizada pela autora Andrielle Cristina Moura Mendes Guilherme, *Ibidem*, 2022.

do diálogo interétnico. O intelectual quilombola Antônio Bispo dos Santos, por exemplo, inicia a obra *A terra dá, a terra quer* com uma frase: "semear palavras"[160], confluindo com o pensamento expresso por Graúna de que comunicar é semear.

Santos, diferentemente de Graúna, não se detém numa explicação. Apenas recorda que "os mais velhos me orientaram a ouvir os cantos dos pássaros e os chiados da mata"[161] e que:

> Os pássaros nos avisavam se ia chover, se ia ter sol ou se o céu ficaria nublado. Informado por eles, ainda antes de me levantar, eu já tinha a noção de como seria o dia [...] No caminho da roça, os pássaros continuavam com as suas cantigas, comemorando a fartura que haviam encontrado ao colher os frutos das árvores. Eles também nos contavam sobre outras vidas que passavam por perto naquele momento, fosse por uma questão de segurança e proteção ou apenas anunciando que o ambiente estava sendo ampliado com mais presenças[162].

Esse diálogo multiespécie que borra a fronteira entre humanos e não humanos, característico dos modos de vida de quem permanece agarrado à terra – para recuperar uma metáfora do escritor indígena Ailton Krenak no livro *Ideias para adiar o fim do mundo*[163] –, virou tema da pesquisa de doutoramento da comunicadora indígena Tereza Raquel Arraes Alves Rocha [Povo Kariri].

Segundo Rocha, existem pessoas que têm a habilidade de traduzir "o conhecimento da terra, o conhecimento que vem de outros seres como os que chamamos 'de mais que humanos', os encantados; o conhecimento do buritizeiro; o conhecimento do umbuzeiro"[164].

Para observar o diálogo multiespécie a partir de uma mirada originária, Rocha utiliza as lentes da relação sensível também utilizadas por Krenak [Povo Krenak] e Tuxá [Povo Tuxá].

> No meu caso, eu falo da relação sensível do meu povo com a Caatinga, onde o protagonista é o bioma e os entes que estão ao redor [...] O que é que o bioma fala? O que o clima, as

---

[160] SANTOS, Antônio Bispo dos. *A terra dá, a terra quer*. São Paulo: Ubu Editora/PISEAGRAMA, 2023. p. 1.

[161] *Ibidem*.

[162] *Ibidem*.

[163] KRENAK, Ailton. *Ideias para adiar o fim do mundo*. São Paulo: Companhia das Letras, 2019.

[164] Fala de Tereza Raquel Arraes Alves Rocha [Povo Kariri] durante a mesa temática "Semeando ideias, confluindo saberes: a pesquisa interseccional como prática emancipatória", no I Congresso Internacional de Políticas Públicas, Territorialidade e Diferenças realizado pelo UNÉ Laboratório de estudos.

energias desse clima me dizem? [...] A Caatinga é uma floresta que, quando chega um determinado momento, ela se guarda, ela tem esse conhecimento; ela solta, ela larga as folhas e ela se recolhe. Para o neoliberalismo, isso é a morte. Como é que pausa? Como é que não produz? Como é que algo resolve dizer 'agora eu vou me recolher'? (No neoliberalismo), não pode (se) recolher[165].

Essa relação sensível se contrapõe à relação imposta pela racionalidade colonial, como observa Rocha, pois:

Quando essas pessoas chegam aqui [...], elas chegam a partir de um sistema-mundo de violência que organiza o mundo a partir de uma esfera onde há humanos, há outros menos que humanos e há os bárbaros, que, no caso, somos nós [...] esse sistema-mundo é um exterminador de alteridades; não só as alteridades humanas, mas todo tipo de alteridade[166].

Segundo a pensadora indígena, seres multiespécie podem "dialogar" ou pelo menos trocar sinalizações e informações – se nos atermos ao conceito de comunicação de Ciro Marcondes Filho[167]. Para ele, a comunicação vai além de onde a sinalização e a informação chegam, pois enquanto a sinalização e a informação adicionam dados aos que já temos, mantendo uma mesma orientação, a comunicação muda essa orientação.

Quando mudamos de opinião a partir da interação com outras pessoas, "já não estamos falando de informação, de adição, de ampliação de repertório, mas de quebra, de substituição, de transformação. (Estamos falando) de comunicação"[168].

Pachamama, entretanto, embaralha as noções, quando se apresenta não como comunicadora, mas como uma abelha jataí, sinalizando que as abelhas não apenas trocam sinalizações e informações; elas comunicam e nos ensinam outros modos de comunicar.

Esse embaralhamento entre humano e não humano fica perceptível na obra de Julie Dorrico, 2019 [Povo Macuxi], quando ela menciona as gentes-árvore, gentes-peixe, gentes-barranco. Uma percepção compartilhada

---

[165] ROCHA, Tereza Raquel Arraes Alves. *Simpósio:* Semeando ideias, confluindo saberes: a pesquisa intersecional como prática emancipatória. UNÉ - LABORATÓRIO DE ESTUDOS. YouTube, 6 out. 2023.

[166] *Ibidem.*

[167] MARCONDES FILHO, Ciro. *O rosto e a máquina:* o fenômeno da comunicação visto dos ângulos humano, medial e tecnológico. São Paulo: Paulus, 2013.

[168] *Ibidem,* p. 27.

com o povo Ticuna, para o qual o rio tem espírito, a terra tem espírito, as árvores têm espírito, no dizer de Jussara Gomes Gruber: "a samaumeira tem espírito. A chuchuacha tem espírito. O cedro tem espírito. O açacu tem espírito. A ucuuba tem espírito. A seringueira tem espírito. A maçaranduba tem espírito. A castanha-de-paca tem espírito"[169].

O diálogo entre essas gentes é traduzido por Rocha como um diálogo multiespécie, no qual sinalizações, informações e comunicações são propagadas não só por humanos como também por não humanos (animais, plantas, minerais) e mais que humanos (encantados[170]), como descreve a pesquisadora.

As comunicações indígenas abarcam outras formas de tornar comum o sensível capaz de dar forma à comunidade. Dadas as suas características, a comunicação de matriz indígena pode ser considerada intercultural e transpessoal. É intercultural, porque abrange diferentes povos – em que cada povo expressa uma cultura particular (diferentes povos, diferentes culturas) – e é transpessoal, porque parte da premissa de que todos os seres estão em contínua troca, afinal todos os seres vivos são "gente", segundo o povo Macuxi, e tudo tem espírito, para o povo Ticuna, como observa Guilherme[171].

Massimo Di Felice e Thiago C. Franco[172] destacam a interação comunicacional de humanos e não humanos dentro da ecologia (do povo) Krahô. Segundo os autores, entre os Krahôs (sic) existe uma machadinha de nome *Kàjre*. "De acordo com as práticas desses nativos (sic), ela tem a capacidade de cantar e harmonizar a aldeia"[173].

> Para os Krahôs (sic), o *Kàjre* é um ser sagrado e mitológico. Morin (2013, p. 186) lembra que a machadinha não emite nenhum som, mas é usada em rituais, junto com 'companheiros musicais'. Entre eles estão: *cuhtoj* (maracá),

---

[169] GRUBER, Jussara Gomes (org.). *O livro das árvores*. Benjamim Constant: Organização Geral dos Professores Ticuna Bilíngues, 1997. p. 46.

[170] Encantados, para alguns povos indígenas, são pessoas que faleceram, mas continuam visitando os seus descendentes, o seu povo ou comunidade para favorecê-los.

[171] GUILHERME, 2022.

[172] DI FELICE, Massimo; FRANCO, Thiago Cardoso. Ecologias conectivas: o animismo digital, a ecologia informatizada e a matéria em rede. *In:* DI FELICE, Massimo; PEREIRA, Eliete S. (org.). *Redes e ecologias comunicativas indígenas:* As contribuições dos povos originários à Teoria da comunicação. São Paulo: Paulus: 2017. p. 63-85.

[173] *Ibidem*, p. 70.

xy (cinto com cabaças, que apresenta som de chocalho), o *kô po* (bastão de madeira), entre outros. A machadinha é um 'ser-cantante'[174].

Num país onde até hoje se discutem os efeitos do monopólio da fala[175] e da monocultura da mente[176], é interessante perceber a existência de grupos sociais que conferem o status de gente a não humanos e reconhecem a capacidade que não humanos têm de se expressar e dialogar, seja esse ente um rio, uma árvore ou até mesmo uma machadinha, como a do povo Krahô. Status esse que foi negado durante a colonização aos povos originários de África e da América, ambos escravizados e explorados como animais, como consta na obra *O Povo Brasileiro*[177].

Embora cada povo indígena tenha a sua visão de mundo, muitos deles entendem que a prática da reciprocidade, pré-condição do ato comunicacional, se estende também aos seres não humanos. A questão, segundo Krenak, é que fomos nos alienando desse organismo de que somos parte, a Terra, e passamos a pensar que a Terra é uma coisa e nós somos outra: a humanidade.

> Li uma história de um pesquisador europeu do começo do século XX que estava nos Estados Unidos e chegou a um território dos Hopi. Ele tinha pedido que alguém da aldeia facilitasse o encontro dele com uma anciã que ele queria entrevistar. Quando foi encontrá-la, ela estava parada perto de uma rocha. O pesquisador ficou esperando, até que falou: "Ela não vai conversar comigo, não?". Ao que seu facilitador respondeu: "Ela está conversando com a irmã dela". "Mas é uma pedra". E o camarada disse: "Qual é o problema?"[178].

Mas se os povos indígenas têm outra forma de perceber a comunicação e essas outras formas de praticar a comunicação abrem caminho para a efetivação de um diálogo interétnico e multiespécie, do qual podem advir ideias para adiar o fim do mundo, por que elas permanecem invisibilizadas dentro dos estudos comunicacionais? O que perdemos, ou melhor, o que deixamos de ganhar ao ignorar esse outro modo de sentir/pensar/fazer comunicação?

---

[174] *Ibidem*, p. 72.

[175] SODRÉ, Muniz. *O monopólio da fala:* função e linguagem da televisão no Brasil. 8. ed. Petrópolis: Vozes, 2010.

[176] SHIVA, Vandana. *Monoculturas da mente:* perspectivas da biodiversidade e da biotecnologia. Tradução de Abreu Azevedo. São Paulo: Gaia, 2003.

[177] RIBEIRO, Darcy. *O povo brasileiro.* A formação e o sentido do Brasil. São Paulo: Companhia das Letras, 2006.

[178] KRENAK, 2019, p. 16-17.

"O aprendizado de conhecimentos, técnicas, desenhos, cantos e histórias com outros seres – comunicação! – é algo comum a muitos povos ameríndios [...] Podemos aprender sobre como fazer alianças com os povos indígenas", observa Arthur Imbassahy[179].

Mídia e colonização

Quando você pensa na palavra "índio", que imagens veem à sua mente? Se você nasceu na década de 80, é provável que o seu imaginário seja povoado por imagens de homens e mulheres nus ou cobertos por palhas e penas, com arco e flecha, caçando o seu alimento na floresta.

Mas "por que será que os brasileiros têm tanta segurança para falar sobre o que são os povos indígenas, se a maioria dos que moram em cidades jamais teve contato direto com um grupo indígena?", questiona Spency Pimentel[180].

Desde o período da colonização, povos originários e comunidades tradicionais são alvo de preconceito, racismo e campanhas de difamação. Até hoje discursos como "os indígenas têm terra demais" ou "os quilombolas não fazem nada" contribuem para aumentar a desinformação acerca de como vivem os povos tradicionais no país.

Ao analisar como os discursos produzidos sobre os povos indígenas atuam na formação da opinião pública, Nankupé Tupinambá Fulkaxó[181] [Povo Tupinambá] constatou que discursos disseminados por meio de documentos históricos, textos oficiais e jornalísticos desde a época do Brasil colônia vêm contribuindo, ao longo dos anos, para a manutenção de um imaginário social, em que o indígena é visto como selvagem, indolente e preguiçoso.

Essa representação colonizadora pautada nos moldes de um discurso etnocêntrico persiste "e a sociedade brasileira, em função deste discurso da mídia sobre esses povos, reproduz, no seu cotidiano, uma imagem associada ao índio, tomando-o como 'o selvagem'"[182].

---

[179] IMBASSAHY, Arthur. A arte de segurar o céu pela diferença. *Suplemento PERNAMBUCO*, Recife, n. 162, p. 12-15, ago. 2019, p. 14.

[180] PIMENTEL, Spency. *O índio que mora na nossa cabeça*: para entender os povos indígenas. São Paulo: Prumo, 2012. p. 12.

[181] FULKAXÓ, Nankupé Tupinambá. *Entre cartas, crônicas e textos jornalísticos*: o que fizemos com nosso povo? Camaçari (BA): Pinaúna Editora, 2019.

[182] *Ibidem*, p. 24.

Além da dificuldade de acesso a serviços básicos e da negação (ou não garantia) de direitos, essas coletividades também precisam lidar com o racismo; um modo de organizar povos subalternizados por meio da imposição de um critério racial de classificação hierárquica das classes sociais, segundo a qual negro, índio (sic)[183], mestiço e mulato seriam formas incompletas do "homem pleno", modelado pelo europeu, conforme analisa Muniz Sodré[184].

No Brasil, a circulação de discursos como os enunciados pelo ex-presidente Jair Bolsonaro – 1) "cada vez mais, o índio é um ser humano igual a nós" e 2) "Eu fui num quilombo. O afrodescendente mais leve lá pesava sete arrobas. Não fazem nada. Eu acho que nem para procriador ele serve mais"[185] – evidenciam que grupos sociais historicamente discriminados até hoje são retratados como não humanos (comparados a animais), sub-humanos ou quase-humanos.

A discriminação colonial do outro, apresentado como inumano universal, seja em políticas de governo, seja no sentimento de superioridade inculcado nos indivíduos pelo paradigma étnico da branquitude, segundo Sodré[186], "continua lastreada e ampliada pela identificação desse espírito com a episteme 'autêntica', que seria o sistema científico-cartesiano", ainda influente em algumas instituições de ensino, mas também em outros espaços de legitimidade social, como a literatura, a academia e a mídia tradicional, de acordo com Guilherme[187].

Segundo Smith[188] e Fulkaxó, as imagens propagadas pelos viajantes e aventureiros e o modo como eles representavam o Outro, quando retornaram para a Europa, tornaram-se profundamente arraigadas e quase permanentes, já que os seus relatos tiveram grande alcance, sendo disseminados, inclusive, pela imprensa popular, a partir das concepções e do meio cultural dos europeus.

---

[183] Seguindo recomendação de intelectuais indígenas optei, neste texto, pelo uso do termo indígenas (ou povos indígenas), expressão que internacionaliza as experiências, as questões e as lutas de alguns povos do mundo colonizado (SMITH, 2018). O "s" final em povos indígenas tem sido defendido com bastante vigor por ativistas, devido ao direito desses povos à autodeterminação (SMITH, 2018). Por seguir na direção contrária do que prevê o direito à autodeterminação, o termo índio se encontra em desuso. Ainda assim, para preservar as marcas de autoria, optei por mantê-lo quando citado por outros autores, mas sempre acompanhado pelo advérbio [sic], sinalizando que assim está escrito no original.

[184] SODRÉ, Muniz. *Reinventando a educação*: diversidade, descolonização e redes. Petrópolis, RJ: Vozes, 2012.

[185] Arroba é uma medida utilizada para aferir o peso de gado.

[186] SODRÉ, 2012, p. 50.

[187] GUILHERME, 2022.

[188] SMITH, Linda Tuhiwai. *Descolonizando metodologias*: pesquisa e povos indígenas. Tradução de Roberto G. Barbosa. Curitiba: Ed. UFPR, 2018.

MÍDIA, VIOLÊNCIA E ALTERIDADE: PERSPECTIVAS E DEBATES

Por meio da reprodução diária de imagens pelo poder dominante, a ideia de quem são os subalternos é continuamente reforçada nos esquemas de produção cultural mediante o discurso midiático, um lugar de luta pelo direito de significar, explica Ana Lucia Enne[189].

Segundo Fulkaxó[190], essa falta de conhecimento da sociedade sobre o indígena, sua história e cultura "ainda gera preconceito e constitui uma representação social do indígena distanciada e ausente (quase inexistente) na cultura midiática".

> *A forma como a gente é colocado (na mídia) é estereotipada; a sexualização dos nossos corpos; a forma como pensam o território e nós no território [...] A gente não quer enfrentamento com ninguém, a gente quer o que é nosso por direito; a luta dos indígenas no território não é só porque ele quer viver ali; ele está lutando por uma natureza em pé, uma natureza viva, uma floresta viva. E uma floresta viva, ela pode contribuir com o mundo. Não só com quem está vivendo debaixo dela. Então, a mídia precisa entender isso. E entender isso é levar os povos para falar, é ir até os povos e ouvir o que eles têm para dizer, porque eles sabem falar. Eles têm boca, eles têm língua, eles têm ideias e inteligência para poder falar sem precisar de um interlocutor, sem precisar de alguém que o tutele, sem precisar de nada (Kambeba, em informação verbal)[191].*

A visão de que a mídia hegemônica não retrata adequadamente a realidade social da América Latina, colocando, muitas vezes, seus interesses econômicos, políticos e corporativos acima do bem coletivo, é compartilhada pela ampla maioria de agências alternativas pesquisadas por Dênis de Moraes[192].

Além disso, estudos comunicacionais apontam que a mídia tem sido um território interditado às populações negras e a outros grupos sociais minorizados e, também, um espaço de constante criação de estereótipos, segundo Roberto C. S. Borges e Rosane Borges[193], sobretudo no Brasil, onde grandes veículos de comunicação são dirigidos pelas classes dominantes.

---

[189] ENNE, 2008.

[190] FULKAXÓ, 2019, p. 57.

[191] Entrevista concedida a Guilherme (2022).

[192] MORAES, Dênis de. Agências alternativas em rede e democratização da informação na América Latina. *In:* MORAES, Dênis de; RAMONET, Ignacio; SERRANO, Pascual. *Mídia, poder e contrapoder*: da concentração monopólica à democratização da informação. Tradução de Karina Patrício. São Paulo: Boitempo; Rio de Janeiro: FAPERJ, 2013. p. 103-145.

[193] BORGES, Roberto Carlos da Silva; BORGES, Rosane. *In:* BORGES, Roberto; BORGES, Rosane (org.). *Mídia e racismo*. Petrópolis: DP et Alii; Brasília: ABPN, 2012. Apresentação. p. 32-39.

> Embora sejam concessões públicas, os meios de comunicação no Brasil são [...] gerenciados por elites descendentes dos grupos sociais que, no passado histórico do país, sempre gozaram de privilégios (inclusive o de formular e legitimar enunciados sobre o Outro e de difundi-los nos espaços de afirmação dos discursos sociais, a literatura científica e ficcional, entre eles) e que perpetuam, agora, através de aparatos tecnológicos cada vez mais sofisticados, mitos e estereótipos ainda fortemente presentes no imaginário coletivo. É deste imaginário que são absorvidas, reelaboradas e retransmitidas pelos *mass media*, representações carregadas de juízos de valor negativos sobre parcelas da sociedade do país. Entre elas, os 50,2% de pretos e pardos[194] que constituem, de acordo com o IBGE, a população negro-brasileira, os descendentes de escravos[195].

Somado a isso, a impermeabilidade do sistema televisivo à admissão do "outro" cultural "reforça estereótipos sociais e os preconceitos de classe e de cor, na medida em que recusa qualquer diferença (de cultura, de cor, de aparência) de seu centro ordenador"[196].

Os povos indígenas, por exemplo, continuam sendo retratados, pela mídia de massa, como entraves ao desenvolvimento do país, como empecilhos aos projetos expansionistas das grandes mineradoras, das empresas exploradoras do agronegócio e das madeireiras que querem explorar a terra, observa Fulkaxó[197].

> Acredito que para a sociedade não-indígena, as matérias sobre nós só chamam a atenção, quando referenciam algum conflito com a polícia, invasão de terra ou qualquer outro fato onde eles possam inverter o ocorrido e nos colocar como vilões da história. Não existe a preocupação de saber a origem dos casos, o porquê de estarmos fazendo algo. Na maioria das vezes, distorcem tanto os fatos, que acabamos taxados de invasores, quando na verdade só estamos recuperando o que tomaram de nós [...] Isso me deixa muito triste, mas *é aí que cada vez mais eu vejo a importância de não esperarmos que falem sobre nós*[198].

---

[194] Atualmente, discute-se quanto do percentual de pardos é formado por pessoas indígenas que perderam o vínculo com suas comunidades de origem, o que nos leva a considerar que nesse percentual apresentado pelo autor também estão incluídas pessoas indígenas que se autodeclararam pardas nos censos anteriores.

[195] ALMADA, Sandra. *In*: BORGES, Roberto; BORGES, Rosane (org.). *Mídia e racismo*. Petrópolis: DP et Alii; Brasília: ABPN, 2012. Prefácio. p. 26.

[196] SODRÉ, 2010, p. 132.

[197] FULKAXÓ, 2019.

[198] POTIGUARA, Irembé. Quando viramos notícia? *In*: NHENETY KARIRI-XOCÓ; GRAMACHO, Derval Carvalho; GERLIC, Sebastián (org.). *Arco digital*: Uma rede para aprender a pescar. Maceió: Ideário, 2007. p. 55. Grifo nosso.

O fato de os povos indígenas reivindicarem a garantia do direito a permanecer nas terras tradicionalmente ocupadas contrariar os interesses do colonizador, segundo Fulkaxó[199], ajuda a explicar por que parte da imprensa, historicamente, tem privilegiado os conflitos agrários nos seus discursos, contribuindo, mesmo que indiretamente, para o recrudescimento das violências e violações impostas aos povos indígenas. Quando não é isso, *"os chamados grandes jornais insistem em desalojar o indígena de sua cultura"*[200].

Seguindo uma linha de pensamento similar à traçada por Fulkaxó no livro *Entre Cartas, crônicas e textos jornalísticos: o que fizemos com nosso povo?*, José Ribamar B. Freire[201] lista pelo menos "cinco ideias equivocadas que muita gente no Brasil ainda tem, quando se refere aos índios [sic]"[202]. São elas: o indígena genérico; culturas atrasadas; culturas congeladas; os indígenas pertencem ao passado; o brasileiro não é indígena.

A maioria dos brasileiros, segundo Freire, imagina que os indígenas constituem um bloco único, com a mesma cultura, compartilhando as mesmas crenças e a mesma língua. E não só isso: consideram a cultura indígena atrasada e primitiva por acreditar que eles ficaram congelados no tempo. É por isso, segundo Freire, que no imaginário social predomina a imagem do "índio genérico": nu ou de tanga, no meio da floresta, de arco e flecha, tal como foi descrito por Pero Vaz de Caminha.

Uma das formas mais dramáticas de exclusão social, observam Daniela Machado e Elisa Tobias[203], é o preconceito implícito em mensagens de mídia, que pode passar despercebido ou, pior, acabar sendo normalizado por parte da sociedade. Estereótipos que tratam grupos étnicos de forma caricata ou ofensiva e mesmo a ausência de algumas imagens e vozes em anúncios publicitários, filmes, novelas e videogames, por exemplo, podem criar, perpetuar ou até ampliar injustiças e preconceitos.

Ao longo da história, estereótipos, imagens preconceituosas e informações falsas foram disseminadas para obter ganhos políticos ou econômicos ou para influenciar ideias e ações. A historiografia está repleta de exemplos

---

[199] FULKAXÓ, 2019.

[200] Graúna em entrevista concedida a Guilherme (2022).

[201] FREIRE, José Ribamar Bessa. Cinco ideias equivocadas sobre o índio. *Revista Ensaios e Pesquisa em Educação*, Rio de Janeiro, v. 01, p. 3-23, 2016.

[202] *Ibidem*, p. 17.

[203] MACHADO, Daniela; TOBIAS, Elisa. *5 contribuições da educação midiática à educação antirracista*. São Paulo: Instituto Palavra Aberta, 2022. *E-book*.

de como a desinformação, seja ela intencional ou não, pode dar origem ao racismo, à xenofobia e ao discurso de ódio, afirmam Ana Claudia Ferrari, Mariana Ochs e Daniela Machado[204].

O enfrentamento, segundo as autoras, passa por estimular a busca ativa por fontes mais diversas de informação, provocar a construção de contranarrativas que ajudem a desconstruir narrativas de discriminação/intolerância e incentivar a leitura crítica das mensagens difundidas pela mídia para que possamos reconhecer os preconceitos que esses enunciados carregam.

Considerando que a disseminação de informações tendenciosas e parciais por parte dos jornais, rádios, televisão e internet pode levar à promoção da intolerância étnica e à manutenção do imaginário colonial, do racismo, do preconceito e da discriminação, que alimentam os conflitos sociais e acirram as desigualdades, conforme aponta Fulkaxó[205], o desafio que os povos indígenas enfrentam é o de produzir e fazer circular contranarrativas capazes de desvelar/revelar o perigo da história única[206] acerca de quem são, como vivem e quais são os seus desafios, anseios e necessidades.

Diferença e diversidade

A América Latina, observa Vera Maria Candau[207], é um continente construído com uma base multicultural muito forte, em que as relações interétnicas têm sido uma constante a partir de toda sua história; "uma história dolorosa e trágica principalmente no que diz respeito aos grupos indígenas e afrodescendentes"[208], pois a nossa formação, conforme analisa a autora, está marcada ou pela eliminação física do "outro" ou por sua escravização/exploração – que também é uma forma violenta de negação de sua alteridade.

O debate sobre diversidade e alteridade na América Latina, afirma Candau, nos coloca diante dos sujeitos históricos que foram massacrados, mas souberam resistir e continuam hoje afirmando suas identidades e lutando

---

[204] FERRARI, Ana Claudia; OCHS, Mariana; MACHADO, Daniela. *Guia da Educação Midiática*. São Paulo: Instituto Palavra Aberta, 2020. *E-book*.

[205] FULKAXÓ, 2019.

[206] ADICHIE, Chimamanda Ngozi. *O perigo de uma história única*. Tradução de Julia Romeu. São Paulo: Companhia das Letras, 2019.

[207] CANDAU, Vera Maria. Multiculturalismo e educação: desafios para a prática pedagógica. *In*: MOREIRA, Antonio Flavio; CANDAU, Vera Maria (org.). *Multiculturalismo*: diferenças culturais e práticas pedagógicas. Petrópolis, RJ: Vozes, 2008. p. 13-37.

[208] *Ibidem*, p. 17.

por seus direitos de cidadania plena na nossa sociedade, enfrentando relações de poder assimétricas, de subordinação e exclusão, incluindo os processos de negação do outro que também "se dão no plano das representações e no imaginário social"[209].

> É sabido que, apresentando heterogeneidade notável em sua composição populacional, o Brasil desconhece a si mesmo e que na relação do país consigo mesmo é comum prevalecerem vários estereótipos, tanto regionais quanto em relação a grupos étnicos, sociais e culturais. Historicamente, registra-se dificuldade para se lidar com a temática do preconceito e da discriminação racial/étnica. O país evitou o tema por muito tempo, sendo marcado por 'mitos' que veicularam uma imagem de um Brasil homogêneo, sem diferenças, ou, em outra hipótese, promotor de uma suposta 'democracia racial'[210].

Segundo Candau, as maneiras de nos situarmos em relação aos outros foram construídas socialmente a partir de uma perspectiva etnocêntrica. Incluímos na categoria nós, em geral, "aquelas pessoas e grupos sociais que têm referenciais culturais e sociais semelhantes aos nossos, que têm hábitos de vida, valores, estilos, visões de mundo que se aproximam dos nossos e os reforçam"[211].

Enquanto os outros, acrescenta a autora, são os que se confrontam com essas maneiras de nos situar no mundo; são os diferentes, que muitas vezes "estão perto de nós, e mesmo dentro de nós, mas não estamos acostumados a vê-los, ouvi-los, reconhecê-los, valorizá-los e interagir com eles"[212]. As relações entre nós e os outros, complementa a autora, estão carregadas de estereótipos e ambiguidades.

Sodré[213] relembra que "no processo colonial de formação das sociedades latino-americanas, os indígenas foram os primeiros a suportar os dois tipos de violência: o genocídio e o epistemicídio[214]". De acordo com o autor, a colonialidade[215] continua investindo contra o pluralismo cultural, especialmente, por meio de textos canônicos e da informação pública.

---

[209] *Ibidem.*

[210] BRASIL. Secretaria de Educação Fundamental. *Parâmetros curriculares nacionais:* pluralidade cultural, orientação sexual. Brasília: MEC/SEF, 1997. p. 22.

[211] CANDAU, 2008, p. 29.

[212] *Ibidem*, p. 31.

[213] SODRÉ, 2012, p. 20.

[214] Epistemicídio é a eliminação das formas de conhecimento.

[215] O termo aparece grifado em Sodré (2012).

Porém, a visibilização da diferença cultural, segundo o autor, pode ajudar a fortalecer a alteridade, sobretudo, quando utilizada "de dentro para fora, constituindo uma voz autônoma, política e culturalmente diversa"[216] que ajude a dinamizar os recursos afetivos que podem levar a consciência a pôr-se no lugar do Outro e a aproximar-se sensivelmente da diferença.

Sodré presume que, na relação instituída pelos modernos meios de informação[217], há pouca possibilidade de haver um diálogo entre os grupos sociais historicamente discriminados e os demais grupos, pois na mídia tradicional é praticamente absoluto o poder de quem fala sobre quem ouve.

Já nas mídias ditas alternativas – dependendo do modo como são utilizadas e com qual finalidade – reside uma maior possibilidade de fazer circular, de modo responsável, imagens que contribuam para que a sociedade comece a responder aos desafios por meio da construção de espaços de convivência com as diferenças, já que as mídias sociais digitais tornam possível, em algumas circunstâncias, o diálogo, "entendendo-se comunicação como troca, isto é, como reciprocidade de discursos – fala e resposta"[218].

Ele diz notar uma maior conscientização acerca da importância do diálogo entre os diferentes modos de apropriação simbólica do mundo; uma conscientização fomentada pela linguagem, plano de instauração do racismo, mas também rota de fuga daqueles que são submetidos a esse sistema de poder[219].

Marilena Chauí[220], entretanto, pondera que o surgimento dos novos meios eletrônicos e, particularmente, das redes sociais, além de ter não fortalecido a democratização da informação (embora a torne possível), ainda abriu espaço, na esfera privada, para difusão em público de gostos, preferências, aversões, desaforos, calúnias e difamações.

No Brasil, uma parte da população se habituou a ver a realidade a partir da perspectiva do poder dominante, que comanda grandes veículos de informação social no país, sendo levada a ignorar que, desde a colonização, o país vive uma disputa de narrativas marcada pela exclusão dos grupos racializados dos circuitos hegemônicos de circulação de sentidos; grupos

---

[216] SODRÉ, 2012, p. 184.

[217] *Ibidem*. É importante levar em consideração que a primeira edição desse livro de Muniz Sodré fora publicada em 1984 (N/A).

[218] SODRÉ, 2012, p. 25.

[219] SIMAS, Luis Antônio; RUFINO, Luis. *A flecha do tempo*. Rio de Janeiro: Mórula Editorial, 2019.

[220] CHAUI, Marilena; ITOKAZU, Ericka Marie; CHAUI-BERLINCL, Luciana. *Sobre a violência*: Escritos de Marilena Chaui. São Paulo: Autêntica, 2017. v. 5.

que buscam na apropriação das mídias digitais uma saída para reivindicar o reconhecimento de suas identidades, expressar-se nos seus próprios termos e exercitar a sua autoimagem, conforme observa Guilherme[221].

Mídias indígenas

Será que o olhar e o imaginário estigmatizadores, que historicamente recaem sobre as diferenças, conseguiram ser alterados de fato, nas últimas décadas, ou ambos fazem parte de uma estrutura mais profunda de dominação racial que ainda persiste? – questiona Nilma Lino Gomes[222].

A dominação racial, segundo a autora, impede a comunicação entre os diferentes ao alimentar a desconfiança a respeito da legitimidade do conhecimento produzido por sujeitos historicamente considerados fora do lugar da razão.

Essa dominação racial é reproduzida na forma de imagens estereotipadas, discriminatórias e racistas que circulam pelas vias e veias das mídias chamadas tradicionais, o que leva Borges e Borges[223] a inferirem que a imagem que se quer incutir ou ratificar no imaginário social a respeito desses grupos sociais ainda tem sido, com grande frequência, a daquele(a) que ocupa o "lugar a menos".

Embora a escravização tenha sido (oficialmente) abolida, a violência imposta aos grupos populacionais que foram escravizados durante a colonização (negros e indígenas) não cessou. Os atos de violência ainda hoje praticados contra os povos indígenas podem até ter a conotação de algo que ocorreu no passado. "Mas não. (Eles) acontecem agora"[224]:

> Invasão e apropriação de território; assassinatos; apropriação de conhecimento cultural; a não aceitação do indígena como cidadão; a desvalorização de nossa sabedoria; a imposição de religiões em relação a nossa cultura, que não contemplam as nossas crenças, cosmologia e ritos; a exigência de um perfil de "índio" [sic], que traduz uma imagem cristalizada no século XVI; a mídia, que deturpa nossos valores e luta; as ofensas ditas; a escola, que ensina que o "índio" [sic] está extinto; o 19

---

[221] GUILHERME, 2022.

[222] GOMES, Nilma Lino. Intelectuais negros e produção de conhecimento: algumas reflexões sobre a realidade brasileira. *In*: SANTOS, Boaventura de Sousa; MENESES, Maria Paula (org.). *Epistemologias do Sul*. São Paulo: Cortez, 2013. p. 419-442.

[223] BORGES; BORGES, 2012.

[224] PACHAMAMA, 2015, p. 12.

de abril, que virou adereço e não nos representa; o assédio; o preconceito e formas pejorativas de se referirem a nós, como "coisa de índio" [sic], "modelo tupiniquim", dentre outros[225].

Santos[226], mais conhecido como Nêgo Bispo, comenta que o processo de escravização no Brasil tentou destituir os povos afro-pindorâmicos de suas principais bases de valores socioculturais, atacando suas identidades individuais e coletivas. No entanto, essas identidades vêm sendo ressignificadas, numa perspectiva de resistência cultural, como forma de enfrentar o preconceito e o etnocídio praticado contra povos afro-pindorâmicos[227].

Essa resistência tem sido observada na apropriação da mídia para fins descoloniais, como analisou Guilherme[228]. Mídias com fins de(s)coloniais, explica a autora, são mídias que fomentam a comunicação, em que o outro, antes excluído do âmbito do falante e do ouvinte, tem a possibilidade de falar e de ser escutado – ou de se mostrar e ser visto fora do enquadramento colonial.

Em diálogo com ativistas indígenas, Lorena Cruz Esteves[229] percebeu que o ambiente digital é apresentado por eles como um espaço a ser demarcado. Assim como os 194 territórios físicos, os ativistas entrevistados por Esteves consideraram importante também demarcar a presença indígena nos territórios digitais (nas múltiplas telas, no Instagram, Facebook, Twitter, YouTube).

Karliane Macedo Nunes e Marcelo De Campos[230] enfatizam que a apropriação tecnológica e a produção audiovisual indígena vêm se constituindo como um importante instrumento no contexto das lutas indígenas contemporâneas, fortalecendo a organização política do movimento, como também observou Guilherme[231] ao pontuar que, atreladas ao levante de vozes originárias e tradicionais que, desde o início da colonização, vêm

---

[225] *Ibidem.*

[226] SANTOS, Antônio Bispo dos. *Colonização, quilombos:* Modos e significações. 2. ed. revista e ampliada. Brasília: AYÔ, 2019.

[227] Santos (2019) chama o Brasil de Pindorama.

[228] GUILHERME, 2022.

[229] ESTEVES, Lorena Cruz. *Ativismo de mulheres indígenas em ambientes digitais:* diálogos sobre (de)colonialidades e resistências comunicativas. 2022. Tese (Doutorado em Ciências da Comunicação) – Universidade Federal do Pará, Belém, 2022.

[230] NUNES, Karliane Macedo; DE CAMPOS, Marcelo. Movimento Indígena, produção audiovisual e o fortalecimento das lutas dos povos originários no Brasil: breve percurso histórico. *In:* MILHOMENS, Lucas (org.). *Comunicação, questão indígena e movimentos sociais:* reflexões necessárias. SP: Alexa Cultural; Amazonas: EDUA, 2022. p. 65-84.

[231] GUILHERME, 2022.

disputando narrativas e provocando fissuras na visão de mundo dominante, as mídias com fins de(s)coloniais são aliadas na busca por maior equidade e justiça social.

Em um país colonizado de maioria racializada, a apropriação tecnológica e a utilização das mídias sociais para fins de(s)coloniais, segundo Guilherme, têm como alvo promover uma comunicação entre as diferenças e visibilizar as condições de existência e narrativas de resistência de populações que desde a colonização têm sido tratadas como ameaças permanentes à ordem social. A serviço da disputa de narrativas, elas ajudam a pluralizar as visões de mundo ao propagar perspectivas que não costumam ser disseminadas nos grandes meios de informação a serviço dos latifundiários da comunicação-território.

Considerações finais

É possível analisar as mídias indígenas desde uma mirada originária? Um dos desafios que enfrentamos dentro dos estudos comunicacionais nesse momento é mapear estratégias metodológicas que possam dar conta de analisar os fenômenos comunicacionais observados no Brasil desde o Brasil, ou seja, metodologias criadas ou sistematizadas por autores brasileiros.

Durante muito tempo, olhou-se para esses fenômenos com as lentes dos pesquisadores que viviam na Europa; em seguida, houve um deslocamento para a América: a América do Norte. Embora tenha ganhado espaço a ideia de que precisamos observar os fenômenos com as lentes do Sul, ainda está em discussão de qual Sul estamos falando, pois se partirmos dos estudos decoloniais liderados pelo Grupo Modernidade/Colonialidade (M/C), por exemplo, olharemos para o Brasil através das lentes de pesquisadores do Peru, Venezuela, Argentina, Colômbia. É o Sul, mas ainda não somos nós.

Quando Rocha, pesquisadora indígena originária da caatinga do Cariri, pergunta quem é que fala sobre diálogo multiespécie, ela se dá conta de que, em sua maioria, não são os povos indígenas e tradicionais, embora pratiquem esse diálogo há milênios. Quem usa essa terminologia normalmente são pessoas brancas, reitera a pesquisadora. Rocha se fixa na cor (na raça, enquanto dispositivo de poder e controle) e não olha, ao menos nesse primeiro momento, para a nacionalidade.

Qual é o *lócus* social das pessoas que criam as terminologias que utilizamos para observar os fenômenos comunicacionais que nos cercam? Qual é o lugar de fala das pessoas que criam os conceitos que utilizamos para analisar a apropriação das mídias por grupos sociais minorizados? Quais das metodologias empregadas para analisar mídias negras e mídias indígenas foram criadas por pesquisadores indígenas e negros? Quem são esses pesquisadores, onde eles estão e quais temas investigam dentro do campo comunicacional?

Rocha, em processo de doutoramento, decidiu utilizar como metodologia a Catografia para mapear indícios do diálogo multiespécie no bioma da Caatinga no Cariri, Nordeste do Brasil, e os saberes tecidos a partir desse diálogo. Assim como a Catografia, existem outros métodos autóctones do Brasil, criados por pensadores indígenas para observar os fenômenos que nos cercam. Quais deles nossos professores nos apresentaram ou quais deles já apresentamos aos nossos alunos? O fato de pessoas escravizadas[232] serem proibidas de frequentar a escola pública universal no Brasil durante o período colonial talvez ajude a qualificar a nossa resposta a esses dois questionamentos.

Durante séculos, a alteridade serviu de linha, de limite, para separar aqueles que podiam desempenhar atividades intelectuais e ocupar espaços de legitimidade social (literatura, ciência, mídia de massa) e aqueles que não podiam. A ideia de que negros e indígenas eram (para algumas pessoas, ainda são) sub-humanos ou quase-humanos nutriu por muito tempo o racismo científico e a violência epistêmica, difundindo a imagem de que não existem pesquisadores indígenas; uma justificativa utilizada até hoje para manter os autores indígenas fora das bibliografias dos cursos universitários.

A hipervisibilidade do indígena genérico invisibiliza todos os demais indígenas que não se enquadram nessa imagem de controle – para recuperar aqui um conceito de Collins[233]. Como numa fotografia, o que está fora do enquadramento, o extracampo, ao não ser capturado, torna-se fugidio, inexato e amorfo. A ausência da experiência de alteridade no noticiário sempre que o assunto são os povos indígenas talvez reflita a ausência da experiência de alteridade dentro das instituições de ensino em que parte dos comunicadores estão sendo formados.

Produzir reflexões a respeito da falta de alteridade na mídia – e também nas instituições de ensino que formam os profissionais que atuarão nos veículos de comunicação – e relacionar a falta de diversidade às violências e às violações impostas a grupos sociais minorizados e historicamente discriminados pode ser considerada uma outra maneira de desinvisibi-

---

[232] Lembrando que os povos indígenas também foram escravizados.

[233] COLLINS, 2019.

lizar, denunciar e enfrentar o racismo e a colonialidade persistentes que estruturam as relações, práticas e instituições sociais do país, incluindo a mídia tradicional.

Para tentar compreender a relação entre a mídia e a violência obliteradora de alteridades e exterminadora da diversidade é preciso olhar também para os profissionais de mídia que a universidade está formando e para a formação que ela está oferecendo.

A discussão sobre alteridade em um país onde grupos sociais escravizados durante a colonização até hoje sentem os efeitos do colonialismo persistente é um tema que os pesquisadores e professores de comunicação não podem se furtar a abordar, se quiserem contribuir para o desmantelamento de práticas midiáticas que reforçam a exclusão ou endossam a violência contra a alteridade.

Será que a produção midiática pode dar visibilidade a grupos sociais minorizados e historicamente discriminados de modo responsável a fim de que a sociedade comece a responder a esses desafios por meio da construção de espaços de convivência com as diferenças? Essa é uma pergunta que nós, pesquisadores indígenas, ainda estamos tentando responder.

Referências

ADICHIE, Chimamanda Ngozi. *O perigo de uma história única.* Tradução de Julia Romeu. São Paulo: Companhia das Letras, 2019.

ALMADA, Sandra. *In:* BORGES, Roberto; BORGES, Rosane (org.). *Mídia e racismo.* Petrópolis: DP et Alii; Brasília: ABPN, 2012. Prefácio. p. 25-31.

BORGES, Roberto Carlos da Silva; BORGES, Rosane. Apresentação. *In:* BORGES, Roberto; BORGES, Rosane (org.). *Mídia e racismo.* Petrópolis: DP et Alli; Brasília: ABPN, 2012. p. 32-39.

BRASIL. Secretaria de Educação Fundamental. *Parâmetros curriculares nacionais:* pluralidade cultural, orientação sexual. Brasília: MEC/SEF, 1997. Disponível em: http://portal.mec.gov.br/seb/arquivos/pdf/livro101.pdf. Acesso em: 5 maio 2023.

CANDAU, Vera Maria. Multiculturalismo e educação: desafios para a prática pedagógica. *In:* MOREIRA, Antonio Flavio; CANDAU, Vera Maria (org.). *Multiculturalismo*: diferenças culturais e práticas pedagógicas. Petrópolis, RJ: Vozes, 2008. p. 13-37.

CHAUI, Marilena; ITOKAZU, Ericka Marie; CHAUI-BERLINCL, Luciana. *Sobre a violência*: Escritos de Marilena Chaui. v. 5. São Paulo: Autêntica editora, 2017.

COLLINS, Patrícia Hill. *Pensamento feminista negro*: conhecimento, consciência e a política do empoderamento. Tradução de Jamille Pinheiro Dias. São Paulo: Boitempo, 2019.

DORRICO, Julie. *Eu sou Macuxi e outras histórias*. Nova Lima: Editora Caos & Letras, 2019.

DI FELICE, Massimo; FRANCO, Thiago Cardoso. Ecologias conectivas: o animismo digital, a ecologia informatizada e a matéria em rede. *In:* DI FELICE, Massimo; PEREIRA, Eliete S. (org.). *Redes e ecologias comunicativas indígenas:* As contribuições dos povos originários à Teoria da comunicação. São Paulo: Paulus: 2017. p. 63-85.

ENNE, Ana Lucia. Práticas midiáticas e disputas por hegemonia: reflexões a partir de estudos de caso na Baixada Fluminense. *In:* COUTINHO, Eduardo Granja (org.). *Comunicação e contra-hegemonia:* processos culturais e comunicacionais de contestação, pressão e resistência. Rio de Janeiro: Editora UFRJ, 2008. p. 195-214.

ESTEVES, Lorena Cruz. *Ativismo de mulheres indígenas em ambientes digitais:* diálogos sobre (de)colonialidades e resistências comunicativas. 2022. Tese (Doutorado em Ciências da Comunicação) – Universidade Federal do Pará, Belém, 2022. Disponível em: https://sucupira.capes.gov.br/sucupira/public/consultas/coleta/trabalhoConclusao/viewTrabalhoConclusao.jsf?popup=true&id_trabalho=12523694. Acesso em: 3 ago. 2023.

FERRARI, Ana Claudia; OCHS, Mariana; MACHADO, Daniela. *Guia da Educação Midiática*. São Paulo: Instituto Palavra Aberta, 2020. *E-book.* Disponível em: https://educamidia.org.br/api/wp-content/uploads/2021/03/Guia-da-Educac%CC%A7a%CC%83o-Midia%CC%81tica-Single.pdf. Acesso em: 4 abr. 2023.

FREIRE, José Ribamar Bessa. Cinco ideias equivocadas sobre o índio. *Revista Ensaios e Pesquisa em Educação*, Rio de Janeiro, v. 1, p. 3-23, 2016.

FULKAXÓ, Nankupé Tupinambá. *Entre cartas, crônicas e textos jornalísticos*: o que fizemos com nosso povo? Camaçari (BA): Pinaúna Editora, 2019.

GOMES, Nilma Lino. Intelectuais negros e produção de conhecimento: algumas reflexões sobre a realidade brasileira. *In:* SANTOS, Boaventura de Sousa; MENESES, Maria Paula (org.). *Epistemologias do Sul*. São Paulo: Cortez, 2013. p. 419-442.

GRAÚNA, Graça. Literatura indígena no Brasil contemporâneo e outras questões em aberto. *Revista Educação e linguagem,* São Paulo, v. 15, n. 25, p. 266-276, jan./ jun. 2012.

GRAÚNA, Graça. Entrevista concedida a Guilherme, 2022, em 4 de dezembro de 2020.

GRUBER, Jussara Gomes (org.). *O livro das árvores.* Benjamim Constant: Organização Geral dos Professores Ticuna Bilíngues, 1997.

GUILHERME, Andrielle Cristina Moura Mendes. *Comunicadoras indígenas e a de(s)colonização das imagens.* 2022. Tese (Doutorado em Estudos da Mídia) – Universidade Federal do Rio Grande do Norte, Natal, 2022. Disponível em: https:// repositorio.ufrn.br/handle/123456789/49569. Acesso em: 4 out. 2023.

INSTITUTO BRASILEIRO DE GEOGRAFIA E ESTATÍSTICA (IBGE). *Censo Brasileiro de 2010.* Rio de Janeiro: IBGE, 2012. Disponível em: https://censo2010. ibge.gov.br/resultados.html. Acesso em: 2 fev. 2021.

IMBASSAHY, Arthur. A arte de segurar o céu pela diferença. *Suplemento PERNAMBUCO*, Recife, n. 162, p. 12-15, ago. 2019.

JECUPÉ, Kaká Werá. *A terra dos mil povos:* história indígena do Brasil contada por um índio. 2. ed. São Paulo: Peirópolis, 2020.

KAMBEBA, Márcia. Entrevista concedida a Guilherme, 2022, em 5 de dezembro de 2020.

KRENAK, Ailton. *Ideias para adiar o fim do mundo.* São Paulo: Companhia das Letras, 2019.

MACHADO, Daniela; TOBIAS, Elisa. *5 contribuições da educação midiática à educação antirracista.* São Paulo: Instituto Palavra Aberta, 2022. *E-book.* Disponível em: https:// educamidia.org.br/api/wp-content/uploads/2022/11/BIBLIOTECA_EM-e-educac%CC%A7a%CC%83o-antirracista.pdf. Acesso em: 5 maio 2023.

MARCONDES FILHO, Ciro. *O rosto e a máquina:* o fenômeno da comunicação visto dos ângulos humano, medial e tecnológico. São Paulo: Paulus, 2013.

MORAES, Dênis de. Agências alternativas em rede e democratização da informação na América Latina. *In:* MORAES, Dênis de; RAMONET, Ignacio; SERRANO, Pascual. *Mídia, poder e contrapoder:* da concentração monopólica à democratização da informação. Tradução de Karina Patrício. São Paulo: Boitempo; Rio de Janeiro: FAPERJ, 2013. p. 103-145.

NUNES, Karliane Macedo; DE CAMPOS, Marcelo. Movimento Indígena, produção audiovisual e o fortalecimento das lutas dos povos originários no Brasil: breve percurso histórico. *In:* MILHOMENS, Lucas (org.). *Comunicação, questão indígena e movimentos sociais:* reflexões necessárias. São Paulo: Alexa Cultural; Amazonas: EDUA, 2022. p. 65-84.

PACHAMAMA, Aline Rochedo. *Pachamama:* a poesia é a alma de quem escreve. Rio de Janeiro: Pachamama, 2015.

PACHAMAMA, Aline Rochedo. *Guerreiras (M'baima miliguapy):* mulheres indígenas na cidade, mulheres indígenas na aldeia. Rio de Janeiro: Pachamama, 2018.

PACHAMAMA, Aline Rochedo. Entrevista concedida a Guilherme, 2022, em 10 de agosto de 2021.

PIMENTEL, Spency. *O índio que mora na nossa cabeça:* para entender os povos indígenas. São Paulo: Prumo, 2012.

POTIGUARA, Irembé. Quando viramos notícia? *In:* NHENETY KARIRI-XOCÓ; GRAMACHO, Derval Carvalho; GERLIC, Sebastián (org.). *Arco digital:* Uma rede para aprender a pescar. Maceió: Ideário, 2007. p. 55-56.

RIBEIRO, Darcy. *O povo brasileiro.* A formação e o sentido do Brasil. São Paulo: Companhia das Letras, 2006.

SANTOS, Antônio Bispo dos. *Colonização, quilombos:* Modos e significações. 2. Ed. revista e ampliada. Brasília: AYÔ, 2019.

SANTOS, Antônio Bispo dos. *A terra dá, a terra quer.* São Paulo: Ubu Editora/ PISEAGRAMA, 2023.

SIMAS, Luis Antônio; RUFINO, Luis. *A flecha do tempo.* Rio de Janeiro: Mórula Editorial, 2019.

SMITH, Linda Tuhiwai. *Descolonizando metodologias:* pesquisa e povos indígenas. Tradução de Roberto G. Barbosa. Curitiba: Ed. UFPR, 2018.

SHIVA, Vandana. *Monoculturas da mente:* perspectivas da biodiversidade e da biotecnologia. Tradução de Abreu Azevedo. São Paulo: Gaia, 2003.

SODRÉ, Muniz. *O monopólio da fala:* função e linguagem da televisão no Brasil. 8. ed. Petrópolis: Vozes, 2010.

SODRÉ, Muniz. *Reinventando a educação:* diversidade, descolonização e redes. Petrópolis, RJ: Vozes, 2012.

ROCHA, Tereza Raquel Arraes Alves. *Simpósio:* Semeando ideias, confluindo saberes: a pesquisa intersecional como prática emancipatória. UNÉ - LABORATÓRIO DE ESTUDOS. YouTube, 6 out. 2023. Disponível em: https://www.youtube.com/watch?v=8CElQ_Cczcc. Acesso em: 10 out. 2023.

SEGURANÇA, MÍDIA E DEMOCRACIA: DA REDEMOCRATIZAÇÃO AO GOVERNO BOLSONARO[234]

Pedro Barreto Pereira

Quais relações podemos estabelecer entre as palavras do título deste capítulo? De que maneira elas estão associadas e produzem efeito sobre a realidade social da população brasileira e, em especial, de jovens negros(as), pobres e periféricos(as)? Circunscrito ao espectro da Comunicação Social, fiquemos com as questões pertinentes a esse campo, buscando mapear num passado recente as relações possíveis entre tais categorias e apontar saídas possíveis para um momento de difícil equilíbrio entre elas no atual contexto espaço-temporal.

Por que buscar compreender a relevância da Comunicação ao falarmos sobre a influência da Segurança na agenda pública brasileira nas últimas décadas? *Agenda Setting*[235], ou "teoria do agendamento", ou simplesmente "agendamento", é o conceito que procura questionar a importância, o espaço e a ênfase de determinados temas nos veículos de imprensa. Resumindo a questão a termos genéricos, a *agenda setting* nos interroga: sobre o que devemos pensar? Ainda que possamos indagar em que medida as notícias veiculadas nos meios de comunicação influenciam ou não o receptor que as recebe; que o receptor também pode influenciar o emissor; e ainda, que, em tempos de redes sociais, emissor e receptor se confundam, o que o presente trabalho procura investigar são menos esses aspectos do que a legitimidade discursiva que as notícias publicadas nos veículos de comunicação prestam às decisões tomadas pelo poder público.

A partir daí, é possível indagar: por meio de que processos discursivos a Segurança Pública ganhou relevância no Brasil, sobretudo nas últimas três décadas? Em que momento essa agenda passou a ganhar destaque nos veículos de comunicação? Quais foram os resultados dela? Que estímulos e clamores ela provocou no público: medo, sensação de

---

[234] Este trabalho baseia-se em pesquisa de pós-doutorado realizada no âmbito do Programa de Pós-Graduação Mídia e Cotidiano (PPGMC) da Universidade Federal Fluminense, entre 2019 e 2022.

[235] MCCOMBS, Maxwell. *A Teoria da Agenda*. A mídia e a opinião pública. Petrópolis: Vozes, 2009.

impunidade, vingança, ódio? Por fim, mas não menos importante, quais temas perderam espaço, tanto na mídia como nas políticas públicas, para dar vez a questões relativas à segurança, à lei, à ordem, ao anseio por medidas punitivas?

Este capítulo tem como objetivo analisar os padrões de seleção dos temas que recebem maior destaque na mídia corporativa. Nesse sentido, recorreremos ao conceito de *agenda setting*[236], termo aplicado a uma metodologia de pesquisa durante as eleições presidenciais norte-americanas em 1968 para verificar os temas que ganham relevância, tanto na agenda pública quanto na midiática, em detrimento de outros tantos possíveis. Diz-se que da *agenda setting* que ela nos diz "no que pensar", apresentando opções limitadas de assuntos a serem reportados pelos meios de comunicação e que receberão a atenção do público, enquanto outros tantos não.

Essa teoria está inserida no rol daquelas conhecidas como de "efeito de longo prazo". Isto é, em que pese os questionamentos acerca dos efeitos no receptor da mensagem, essa teoria entende que o agendamento de temas recorrentes, ao longo de semanas, meses, anos, décadas acumuladas, produz resultados na agenda pública. No caso do objeto aqui tratado, procuraremos refletir acerca do agendamento midiático da Segurança Pública e como a produção de notícias sobre esse tema, a partir da "redemocratização"[237] do país, em 1985, teve consequências na elaboração, implementação e legitimação de políticas públicas nessa área. E ainda, de que forma o acúmulo de notícias sobre essa agenda produziu efeito mais de 30 anos depois, tornando prioritária a pauta da Segurança Pública e atuando sobre o entendimento acerca do papel do Estado sobre essa questão.

Pode-se questionar a validade de uma investigação acerca daquele período considerando-se as mudanças na gestão do Poder Executivo Federal, porém é relevante buscar compreender o padrão discursivo predominante de um dos principais meios de comunicação do país, se ele influenciou ou não, e de que maneira o fez, as políticas na área da Segurança e iniciativas do poder público nos últimos anos e décadas.

---

[236] *Ibidem.*

[237] É possível questionar os princípios de democracia vigentes no Brasil se observarmos a manutenção de métodos autoritários e violentos, principalmente na repressão contra a população negra, pobre e periférica. Por esse motivo, apresentamos o temos "redemocratização" grafado entre aspas. Para fins metodológicos, consideraremos aqui esse período como aquele compreendido a partir de 1985, quando foi eleito, pela primeira vez desde 1964, ainda que de forma indireta, um civil para a Presidência da República.

Metodologia

A metodologia utilizada nesta pesquisa se baseia na verificação de dados a partir do Acervo do *Jornal O Globo*, de modo a analisar comparativamente a ocorrência de notícias sobre "Violência" e "Crime"[238] na cidade do Rio de Janeiro, durante as décadas de 1980 e 2010. Para isso, verificou-se o número de vezes em que essas expressões foram utilizadas nas matérias publicadas nesse periódico entre os anos 1980 e 1989, e nos meses do ano de 1986; e entre 2010 e 2019, e nos meses de 2018. O detalhamento nos respectivos anos deve-se à observação dos períodos eleitorais mencionados. Os dados foram analisados à luz de bibliografia específica da área e de pesquisas relativas ao mesmo tema.

Construindo uma agenda sobre a Segurança Pública

Na campanha eleitoral para a Presidência da República de 2018, ganhou destaque o debate de questões relativas a combate à corrupção, Segurança Pública, imputação de penas mais severas contra criminosos e contraventores e a utilização das Forças Armadas para a aplicação da lei e da ordem. Esse debate não é uma novidade em períodos eleitorais. A eleição de Jair Bolsonaro, contudo, evidenciou que o eleitor, depois de 33 anos da volta a um regime democrático, optou, por meio do voto direto, por uma chapa composta por um capitão da reserva e um general para ocuparem os mais altos cargos do Executivo Federal.

A Segurança Pública como prioridade nos remete à eleição ao governo do estado do Rio de Janeiro, em 1986, quando o então candidato Wellington Moreira Franco prometeu "acabar com a violência em seis meses" em um debate durante a campanha. Naquele período, o então governador Leonel Brizola era acusado pelos veículos das Organizações Globo de ser conivente com o tráfico de drogas e outros tipos de crime. O candidato apoiado por Brizola, o antropólogo Darcy Ribeiro, que acabaria em segundo lugar na eleição, precisou responder sobre o apoio que recebera de contraventores. Moreira Franco aproveitou-se de um momento em que as políticas repressivas ao comércio varejista de entorpecentes recrudesceram em todo o mundo para apresentar-se como aquele que traria a paz e a tranquilidade à "cidade maravilhosa".

---

[238] Optou-se pela pesquisa por essas palavras, pois entendemos que seria a mais próxima dos resultados que esta pesquisa procura aferir. A busca do *Acervo O Globo* soma os resultados quando se trata de mais de uma palavra. Nesse sentido, a busca por "Segurança pública" apresentaria resultados da busca pelas palavras "Segurança" e "Pública". A busca pela palavra "Segurança" poderia trazer resultados da busca por outra conotação desse termo.

A agenda da "redemocratização"

Vaz e Baiense[239] investigam o agendamento e o enquadramento das notícias da editoria Rio do jornal *O Globo* em dois períodos: em 1984 e em 2010. No primeiro, a representação da cidade na mídia era "a da cidade à beira do caos"[240]. Em um momento anterior à "redemocratização" do país, as reportagens apresentavam principalmente o "sistema de saúde precário, escolas públicas abandonadas, funcionalismo público insatisfeito, greves"[241]. Os autores identificam naquele período, quando do enfraquecimento do regime militar, a ocorrência de manifestações pelo voto direto e de conquistas sociais que culminaram na promulgação da Constituição Federal de 1988. "A exposição da ineficiência administrativa e do descaso com os serviços públicos era uma maneira de tornar evidentes as mazelas do regime, retificando a necessidade de reformas políticas"[242]. Outro aspecto a ser observado é o combate vigoroso das Organizações Globo ao governo estadual, sob gestão de Leonel Brizola. "Contra ele pesavam as acusações mais diversas. As mais comuns eram as de desconhecer os problemas da cidade e de adotar uma postura populista em relação aos pobres"[243].

Na análise quantitativa realizada sobre o agendamento "Favelas", os autores investigaram quais os enquadramentos predominantes. Isto é: quando, nas matérias de *O Globo*, no ano de 1984, o assunto eram as favelas cariocas, quais os pontos de vista privilegiados, a partir dos quais o leitor era levado a interpretar aquela determinada realidade? Assim, observa-se uma predominância do enquadramento "Carência", tendo como principais questões públicas destacadas "Emprego" e "Habitação", com 19% das matérias analisadas, "Saúde", com 8%, e "Direitos Humanos", 4%. Somando ao todo, portanto, 50%. Já o enquadramento "Criminalidade/Violência" foi responsável por 43% das matérias, tendo como principais questões o "Crime comum" (12%), "Fonte de criminalidade" (15%), "Venda de drogas" (12%) e "Território sitiado" (4%). Os enquadramentos "Mancha na paisagem urbana" e "Cultura popular/autêntica" somaram 7%.

---

[239] VAZ, Paulo; BAIENSE, Carla. Mídia e enquadramento: as representações da favela na virada do século XXI. *In: Anais [...]* Encontro Nacional de História da Mídia. Guarapuava: Universidade Estadual do Centro-Oeste (Unicentro), 2011.

[240] *Ibidem*, p. 4.

[241] *Ibidem*.

[242] *Ibidem*.

[243] *Ibidem*.

O ano de 1986 representa um momento posterior ao da supracitada pesquisa. Se até dois anos antes, o tema "Violência" não era predominante nas páginas dos jornais, naquele momento parecia ganhar destaque. No dia 5 de julho de 1986, *O Globo* publicara notícia da criação da Associação de Direitos Humanos das Vítimas e seus Familiares (Dihuvifam). Seu principal objetivo era a inclusão no código penal da prisão perpétua, pena de morte, criação de colônias agrícolas e indústrias penitenciárias. Seus fundadores eram advogados, promotores, policiais e parentes de vítimas de violência:

> Rodolfo Ceglia admite que a opinião pública pode ser um obstáculo para a implantação da pena de morte, mas não tão grande como já foi antes:
> - Hoje, um plebiscito sobre a pena de morte poderia acabar empatado
> [...]
> Disse ainda que está cansado de ver os marginais obtendo do Estado o que os cidadãos de boa conduta não conseguem: alimentação, vestuário, assistência médica[244].

Os gráficos a seguir ajudam a entender como a agenda "Violência" passa a ganhar relevância naquele ano e, de forma mais contundente, nos meses que antecederam as eleições estaduais. Se em 1985 a expressão "violência" aparece 1997 vezes, em 1986 o número de ocorrências é 2727, quase 40% maior do que no ano anterior (Gráfico 1). A variação do termo "Crime" ao longo dos anos da década de 1980 é bastante semelhante (Gráfico 2): inicia com 2689 ocorrências em 1980, diminui nos três anos seguintes e volta a subir em 1984, alcançando o pico em 1987, com 2778. Depois tem uma diminuição nos dois anos seguintes e volta a crescer em 1989, chegando a 2906 menções ao termo, maior patamar da década. Coincidentemente ou não, aquele foi o ano da eleição à Presidência da República, com o segundo turno disputado entre Luiz Inácio Lula da Silva e Fernando Collor de Mello. Naquele pleito, Collor utilizava como bordão a alcunha de "caçador de marajás", identificado como aquele que combateria a corrupção e o crime no país. Às vésperas da votação, o empresário Abílio Diniz fora sequestrado e, ao ser solto, os sequestradores apareceram na imprensa vestindo camisas do Partido dos Trabalhadores. Posteriormente, descobriu-se que a imagem fora forjada.

Ao observarmos o gráfico de ocorrências da palavra "violência" ao longo dos meses de 1986, pode-se notar um aumento significativo no interesse por essa agenda a partir de junho, alcançando o pico em julho (344 ocorrências),

---

[244] O GLOBO. Criada entidade para defender a pena de morte. *O Globo*, Grande Rio, Rio de Janeiro, 5 jul. 1986. p. 8.

mantendo-se em alta até novembro, mês em que foram realizadas as eleições, arrefecendo após a realização do pleito (Figura 2). A curva é semelhante nas páginas em que é identificado o termo "crime", indicando uma unidade entre ambos.

Gráfico 1 – Agenda "Violência": 1980-1989

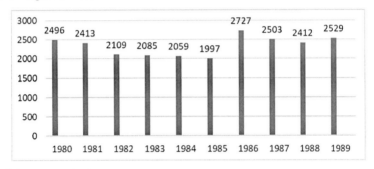

Fonte: elaboração própria

Gráfico 2 – Agenda "Crime": 1980-89

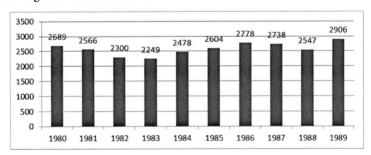

Fonte: elaboração própria

Gráfico 3 – Agenda "Violência" – Ano 1986

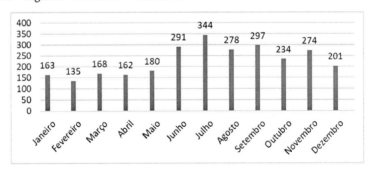

Fonte: elaboração própria

Gráfico 4 – Agenda "Crime": 1986

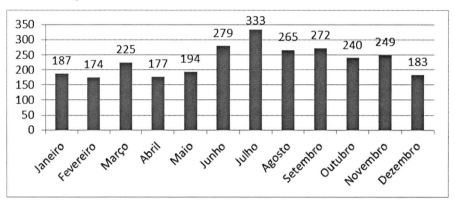

Fonte: elaboração própria

Nas eleições majoritárias para os estados duelavam Moreira Franco, do MDB, e Darcy Ribeiro, candidato do PDT de Brizola, Fernando Gabeira, do PT, entre outros. A capa do jornal *O Globo* de 1.º de setembro de 1986, indica qual era, naquela ocasião, a agenda prioritária das eleições. A reportagem relata o debate realizado pelas *Organizações Globo*, no dia anterior, quando todos os candidatos prometiam "combater a violência" (Figuras 1 e 2).

Figura 1 – Capa *O Globo*: debate eleições 1986

Fonte: *O Globo*, 1986, p. 1

Figura 2 – Reportagem *O Globo*: combate à violência é prioridade de todos

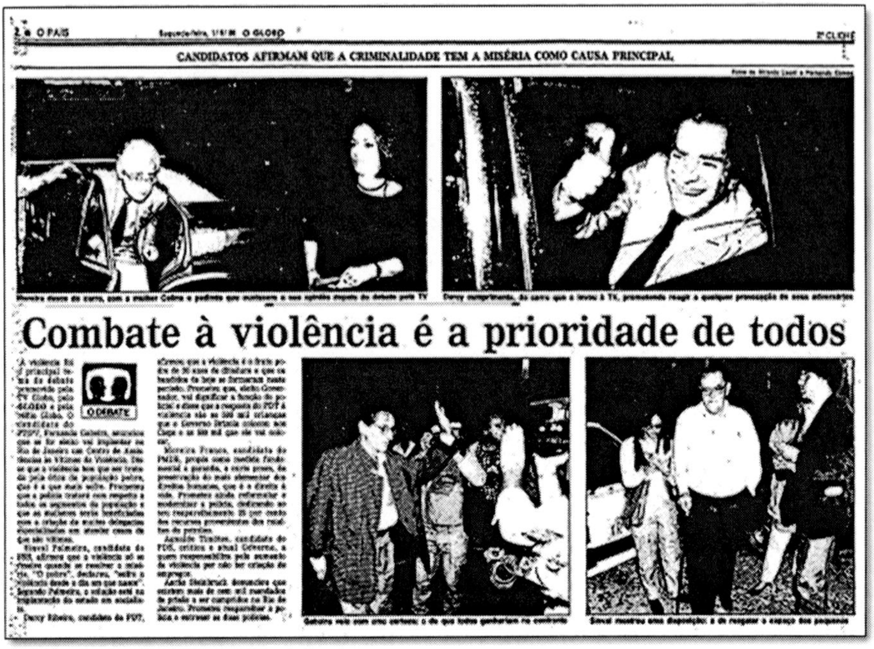
O PAÍS

CANDIDATOS AFIRMAM QUE A CRIMINALIDADE TEM A MISÉRIA COMO CAUSA PRINCIPAL

Combate à violência é a prioridade de todos

O DEBATE

Fonte: *O Globo*, 1986, p. 2

Já no dia 30 de outubro daquele ano, como mostra o grifo em vermelho na Figura 3 (a seguir), Moreira Franco prometera "acabar com o crime em seis meses". Seu adversário naquele pleito, o antropólogo Darcy Ribeiro, enfrentava acusações de conivência com contraventores do jogo do bicho (grifo em amarelo na Figura 3). A conivência dos políticos com o crime organizado era a representação do mal a ser combatido. Leonel Brizola, uma das principais vozes a denunciar a cumplicidade do empresário Roberto Marinho, dono das Organizações Globo, com a ditadura militar, vencera as eleições para o governo do Rio de Janeiro em 1982. Naquele pleito, enquanto a TV Globo divulgava números da pesquisa encomendada pela empresa Proconsult, que mostravam Moreira Franco à frente na contagem, a Rádio Jornal do Brasil apontava Leonel Brizola eleito, o que seria confirmado pelo Tribunal Regional Eleitoral do Rio de Janeiro (TRE-RJ)[245].

[245] EGYPTO, Luiz. A Globo e a Proconsult. *Observatório da imprensa*. 284. ed. 2004. Disponível em: http://observatoriodaimprensa.com.br/memoria/a-globo-e-a-proconsult/. Acesso em: 1 jun. 2023.

Figura 3 – *O Globo*: Moreira culpa impunidade pela violência

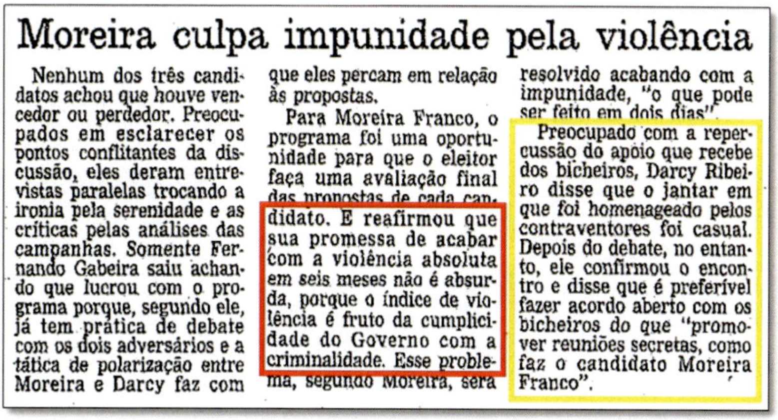

Moreira culpa impunidade pela violência

Nenhum dos três candidatos achou que houve vencedor ou perdedor. Preocupados em esclarecer os pontos conflitantes da discussão, eles deram entrevistas paralelas trocando a ironia pela serenidade e as críticas pelas análises das campanhas. Somente Fernando Gabeira saiu achando que lucrou com o programa porque, segundo ele, já tem prática de debate com os dois adversários e a tática de polarização entre Moreira e Darcy faz com que eles percam em relação às propostas.

Para Moreira Franco, o programa foi uma oportunidade para que o eleitor faça uma avaliação final das propostas de cada candidato. E reafirmou que sua promessa de acabar com a violência absoluta em seis meses não é absurda, porque o índice de violência é fruto da cumplicidade do Governo com a criminalidade. Esse problema, segundo Moreira, será resolvido acabando com a impunidade, "o que pode ser feito em dois dias".

Preocupado com a repercussão do apoio que recebe dos bicheiros, Darcy Ribeiro disse que o jantar em que foi homenageado pelos contraventores foi casual. Depois do debate, no entanto, ele confirmou o encontro e disse que é preferível fazer acordo aberto com os bicheiros do que "promover reuniões secretas, como faz o candidato Moreira Franco".

Fonte: *O Globo*, 1986, p. 3

Por todo esse histórico, Brizola e Marinho figuram como oponentes até o fim de suas vidas. Some-se a isso a política de Segurança Pública, implementada durante sua gestão (1983-1986) pelo então comandante da Polícia Militar, coronel Nazareth Cerqueira, que tinha como premissa a humanização, procurando criar uma polícia de proximidade[246]. Por esse motivo, Brizola fora acusado de ser cúmplice de criminosos[247]. Para além da recusa de travar um confronto direto com comerciantes varejistas de entorpecentes nas favelas do Rio de Janeiro, implementando uma "guerra às drogas", prioridade nas décadas posteriores, Cerqueira optou por criar cursos sobre racismo para jovens recrutas, campanhas de saúde, cultura e esportes dentro dos batalhões, buscou aproximar policiais e cidadãos, incentivando a escuta de demandas sociais, entre outras iniciativas. O projeto de Brizola e Cerqueira, entretanto, esbarraria em antigas práticas de corrupção, abusos e violência policiais. Ademais, as Organizações Globo também acusavam Brizola de associação com outros crimes, como empregar funcionários envolvidos com o "golpe do seguro" (grifo vermelho na Figura 4). O confronto ante o conglomerado de comunicação garantiu ao então governador a alcunha de "falso Quixote" (grife amarelo na Figura 4). Apurados os votos para o governo do estado do Rio de Janeiro em 1986, Moreira Franco sagra-se vitorioso.

---

[246] CERQUEIRA, Carlos Magno Nazareth (org.). *Do patrulhamento ao policiamento comunitário.* 2. ed. Rio de Janeiro: F. Bastos, 2001. (Coleção Polícia amanhã. Textos fundamentais de Polícia).

[247] SILVA, Bruno Marques. Polícia não é Exército: a trajetória do coronel Nazareth Cerqueira e a segurança pública no Rio de Janeiro (1983-1995). *In: Anais [...]* XV Encontro Regional de História da ANPUH-Rio. São Gonçalo: FFP/UERJ, 2012, p. 4.

Figura 4 – Capa O *Globo* de 22 de outubro de 1986

Fonte: O *Globo*, 1984, p. 1

A agenda das eleições de 2018

O segundo período temporal analisado por Vaz e Baiense[248] foi o ano 2010, quando das instalações das Unidades de Polícia Pacificadora (UPPs). De acordo com Vaz e Baiense, os anos 1990 marcaram uma mudança de agendamentos e enquadramentos no discurso midiático. Ao longo daquela década, ainda era possível identificar os:

> [...] resquícios de uma sociedade que se julgava em dívida com os mais pobres, ao passo que já se podem definir as linhas mestras de um pensamento que vai colocar a sociedade como vítima da ação dos moradores de áreas pobres[249].

Ainda que os autores reforcem que não é possível precisar o momento em que essa passagem acontece, em 2010 tais resquícios desse sentimento de dívida já não se fazem tão presentes. Na análise quantitativa da pesquisa, o "Crime/violência" já era predominante quando a agenda eram as favelas cariocas, em 2010. Em um universo de 90 matérias analisadas, 72% correspondiam a esse enquadramento – 38% representavam as favelas como "território sitiado", 29% como "fonte de violência", 3% como lugar

---

[248] VAZ; BAIENSE, 2011.
[249] *Ibidem*, p. 10.

de "venda de drogas" e 2% identificadas com o "crime comum". Já a favela como lugar de "Carência" representou apenas 5% – em que são precários a "habitação" (4%) e os "direitos humanos" (1%). O enquadramento "Mancha na paisagem urbana" corresponde a 16% das matérias analisadas, enquanto "Cultura popular/autêntica" a 7%.

Recordemos que em 1984, o enquadramento "Crime/Violência" foi identificado em 43% das matérias analisadas, enquanto "Carência" em 50% delas. O que esses números sugerem é que não apenas a representação da favela no jornal *O Globo* passou a ser aquela do crime e da violência, como, por outro lado, deixou-se de dar atenção aos aspectos sociais. Um caso apresentado é o do estudante Wesley, morto ao ser atingido por uma bala dentro da sala de aula. O fato de a vítima estudar nas imediações de uma favela é tratado como determinante: "[...] Wesley estava próximo à janela que fica a uma distância de menos de 200 metros do morro, quando teve início a intensa troca de tiros"[250]. A reportagem de *O Globo* dá maior relevância ao risco da proximidade à favela e menos ao fato de moradores locais não terem assegurado o acesso à Educação.

Como já visto, naquele período vigorava a Política de Pacificação na Segurança Pública do Rio de Janeiro. As UPPs foram criadas em 2008 pelo então governador Sérgio Cabral Filho, com a promessa de reduzir a criminalidade no estado. Após a realização da Copa do Mundo, em 2014, e das Olimpíadas, em 2016, contudo, o governo do estado anunciou a redução de investimentos nas UPPs. Os índices de criminalidade, que haviam caído entre 2010 e 2011, voltaram a subir entre 2013 e 2016, superando patamares de 2008, antes do início da "pacificação"[251].

Após 2016, uma série de mudanças ocorreu nas políticas federal e estadual. Os gestores públicos mudaram, mas as políticas e iniciativas na Segurança Pública nem tanto. A repressão ao comércio varejista de entorpecentes manteve-se como prioridade, intensificando a violência imposta para esse fim. Em 16 de fevereiro de 2018, o então presidente Michel Temer publicou decreto que determinara a intervenção federal de natureza militar no estado do Rio de Janeiro. Foi nomeado para isso o general do Exército

---

[250] RAMALHO, Sergio. Tragédia na escola. O bicho papão chegou. Menino que dissera ao Globo temer a violência é morto em sala de aula por bala perdida. *O Globo*, Rio de Janeiro, p. 14, 17 jul. 2010.

[251] De acordo com o *Atlas da Violência de 2018*, produzido pelo *Ipea* e pelo *Fórum Brasileiro de Segurança* Pública, o número de homicídios no estado do Rio de Janeiro caiu de 5.667 em 2010 para 4.781 e 4.772, respectivamente, em 2011 e 2012. Entretanto, em 2013 esse índice subiu para 5.111; em 2014, para 5.718; caindo para 5.067 em 2015, subindo novamente para 6.053 em 2016 – número superior aos 5.662 registrados em 2008 (CERQUEIRA, Daniel *et al*. *Atlas da Violência 2017*. Rio de Janeiro: Ipea/FBSP, jun. 2017).

Walter Braga Neto[252] como o interventor que comandaria a Polícia Militar, Corpo de Bombeiros e o Sistema Prisional, retirando poderes da Secretaria de Segurança Pública do Estado. Embora o decreto carecesse de justificativas mais consistentes para uma medida até então inédita no período republicano[253], o então presidente da República argumentou que o estado vivia um "grave comprometimento da ordem pública". Apesar disso, a medida foi reportada sem maiores questionamentos pela imprensa (Figura 5).

Figura 5 – Capa *O Globo*/Intervenção militar no Rio

Fonte: *O Globo*, 2018, p. 1

---

[252] Que seria o candidato a vice-presidente na chapa encabeçada por Jair Bolsonaro, nas eleições de 2022.

[253] De acordo com o *Atlas da Violência*, produzido pelo Instituto de *Pesquisas Econômicas e Aplicadas* (Ipea)/*Fórum Brasileiro de Segurança Pública* (FBSP), que reúne informações até o ano de 2016, o estado do Rio de Janeiro apresentava 36,4 homicídios por 100 mil habitantes, figurando na 11.ª colocação do ranking liderado por Sergipe, que contabilizava 64,7/100 mil habitantes (CERQUEIRA et al., 2018).

O decreto surtiu poucos efeitos práticos quanto à redução da violência. Ao contrário, o número de homicídios provocados por policiais subiu 39% em relação ao ano anterior, alcançando o patamar de 1.444 vítimas[254]. Foi registrado também um recorde de tiroteios: 8.237 ocorrências, de acordo com a plataforma colaborativa *"Fogo Cruzado"*. Outros índices tiveram semelhante crescimento, como o indicador de letalidade violenta (homicídio doloso, latrocínio, lesão corporal seguida de morte e morte por intervenção de agente do Estado), que subiu 1% no último ano, de 6.201 para 6.248 ocorrências. Os roubos de rua também aumentaram 4% em relação ao ano anterior. De aparentemente positivo, apenas a redução de 6% no número de homicídios dolosos. No entanto, é necessário colocar em relevo esse índice com o supracitado aumento de mortes em decorrência da ação policial. O número de roubos de carga caiu 11%, embora tenha aumentado no mês de setembro, coincidindo com a redução das operações.

Na eleição presidencial de 2018, o combate à corrupção, à violência e "a tudo isso que está aí"[255] era a tônica. O clamor por medidas mais rigorosas, por meio do emprego das Forças Armadas e das polícias civil e militar, ganhava eco. A chapa composta por um ex-capitão e um general para o Poder Executivo Federal atendia aos anseios de parte da população, que apontava a militarização como solução para problemas identificados no país em diferentes setores, não apenas na área da Segurança Pública, como também a corrupção – que, de acordo com o discurso dominante, é intrínseca às atividades político-partidárias –, o desemprego e o baixo crescimento econômico.

Vale lembrar ainda que o candidato Jair Bolsonaro fora vítima de um atentado a faca, no dia 6 de setembro de 2018, durante um ato de campanha eleitoral, em Juiz de Fora[256]. O caso foi considerado por analistas como decisivo para a sua vitória naquele pleito. Ganhou as redes sociais a hashtag #quemmandoumatarbolsonaro[257], em resposta à campanha #quemman-

---

[254] Ver BETIM, Felipe. Intervenção no Rio se aproxima do fim com recorde de mortes por policiais e mais tiroteios. *El País*, 18 dez. 2018. Intervenção no Rio se aproxima do fim com recorde de mortes por policiais e mais tiroteios. Foram 1.444 falecimentos até novembro desse ano, segundo dados oficiais. Já a plataforma Fogo Cruzado registrou mais de 8 mil ocorrências desde o decreto do presidente Michel Temer. *El País*, 18 dez. 2018.

[255] Expressão difundida pelo então candidato Jair Bolsonaro e seus eleitores nas redes sociais, como forma de apontar problemas a serem enfrentados pelo futuro presidente da República.

[256] G1. Jair Bolsonaro leva facada durante ato de campanha em Juiz de Fora. Candidato era carregado nos ombros por apoiadores quando homem se aproximou e o feriu na barriga. Bolsonaro foi levado para a Santa Casa da cidade, passou por uma cirurgia no intestino e ficará internado na UTI. Suspeito foi preso. *G1*, Juiz de Fora, 6 set. 2018.

[257] Disponível em: https://twitter.com/search?q=%23quemmandoumatarbolsonaro&src=typeahead_click. Acesso em: 11 jun. 2023.

doumatarmarielleeanderson, em referência ao assassinato da vereadora Marielle Franco e do motorista Anderson Gomes, no dia 14 de março de 2018[258]. O atentado contra Bolsonaro reforçou a ideia, entre seus eleitores, de que o Estado brasileiro era leniente no combate ao crime e à violência e que a solução deveria ser a flexibilização do uso de armas entre a população civil. Ademais, o discurso de ódio do candidato contra o direito de mulheres, negros, população LGBTQIA+, pessoas que tradicionalmente estão representadas nas bandeiras dos partidos alinhados ideologicamente à esquerda, reverberou ainda mais após boatos de que o agressor confesso, Adélio Bispo, havia sido filiado ao Partido do Socialismo e Liberdade (Psol).

Figura 6 – Manifestações pela intervenção militar

Fonte: BBC News Brasil[259]

O Gráfico 5 mostra como a agenda sobre a violência esteve presente na década de 2010. Quanto ao termo "violência", o pico de ocorrências foi em 2014, quando da realização da Copa do Mundo no Brasil. Naquele ano, a preocupação com a segurança era constante e, por esse motivo, os investimentos na área foram massivos. O ano de 2013 foi o segundo com o maior número de menções. Uma explicação possível poderia ser a ocorrência dos protestos populares, que passaram a ser conhecidos com "Junho de 2013", que eclodiram nas ruas de todo o país. Em terceiro, aparece 2017, ano seguinte ao fim dos megaeventos esportivos realizados na cidade do

---

[258] GONÇALVES, J. R.; LEITÃO, L.; ARAÚJO, M.; TEIXEIRA, P. Vereadora do PSOL, Marielle Franco é morta a tiros na Região Central do Rio. Principal linha de investigação é execução. Marielle foi assassinada no bairro do Estácio, na Região Central, quando voltava de um evento na Lapa. *G1 Rio e TV Globo*, 14 mar. 2018.

[259] Disponível em: https://www.bbc.com/portuguese/brasil-62246930#:~:text=O%20risco%20de%20ruptura%20democr%C3%A1tica,de%20riscos%20pol%C3%ADticos%20do%20mundo. Acesso em: 26 fev. 2024.

Rio de Janeiro. O ano de 2018 aparece apenas em quinto lugar, com 2.780 menções à palavra *violência*. Uma explicação possível talvez seja a intervenção federal de natureza militar na cidade do Rio de Janeiro, que introduziu outros elementos narrativos à sua cobertura.

Gráfico 5 – Agenda "Violência" – 2010/2019

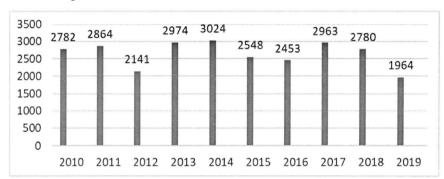

Fonte: elaboração própria

Já sobre o termo "crime", o ápice foi o primeiro ano da série, com 4159 ocorrências (Gráfico 6). Em novembro daquele ano, foi realizada uma operação conjunta das forças de segurança no Complexo do Alemão e na Vila Cruzeiro, mobilizando um enorme contingente de policiais e militares e aparato bélico para, pretensamente, "retomar o território"[260], até então ocupado por criminosos. A cobertura de O Globo foi ampla, com a publicação de um suplemento especial batizado de "A guerra do Rio", para relatar o cotidiano da operação. A sequência indica a mesma tendência da curva do termo "violência", com os anos de 2014, 2013 – possivelmente devido aos megaeventos esportivos internacionais – e 2017, um ano antes das eleições majoritárias. Em 2018 há uma redução, com a intervenção federal das forças militares na segurança pública do estado já efetivada. O ano de 2019 é o de menor registro do termo na série.

Há de se observar ainda o número substancialmente maior de ocorrências do termo "crime" (4159 em 2010) do que o de "violência" (3024 em 2014) na década de 2010 e de ambos em relação aos mesmos termos na década de 1980 (2906 menções a "crime" em 1986, e 2727 a "violência" em 1989). Para além do ligeiro aumento da criminalidade violenta (297

---

[260] OBSERVATÓRIO DE FAVELAS et al. Relatório da sociedade civil para o relator especial das Nações Unidas para Execuções Sumárias, Arbitrárias e Extrajudiciais. *Observatório de Favelas*, Rio de Janeiro, 2007.

registros a mais 25 anos depois), uma possibilidade factível seria o aumento de relatos de atos considerados criminosos no período recente relacionados, por exemplo, à corrupção política.

Gráfico 6 – Agenda "Crime": Década 2010

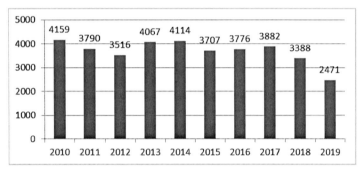

Fonte: elaboração própria

Observando o ano de 2018 (Gráfico 7), quando da realização das eleições para a Presidência da República e ao governo do estado do Rio de Janeiro, nota-se um pico de ocorrência nos meses de fevereiro e março, motivado muito provavelmente por dois eventos: a intervenção militar no estado, assinada em 16 de fevereiro, e o assassinato da vereadora Marielle Franco e do motorista Anderson Gomes, no dia 14 de março – mês que registra o ápice de ocorrências. A partir de abril, observa-se uma redução das ocorrências, mantendo-se uma média mensal entre 269 e 206. O mês de outubro, quando é realizado o segundo turno das eleições, registra 239 ocorrências da expressão *violência* no jornal. Nos meses de novembro e dezembro, nota-se uma queda perceptível para 183 e 144, respectivamente.

Gráfico 7 – Agenda "Violência" – Ano 2018

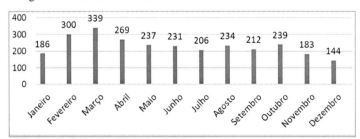

Fonte: elaboração própria

No que se refere à ocorrência do termo "crime", a variação é semelhante. O pico ocorre em março, quando da execução de Marielle Franco e Anderson Gomes, com uma redução nos meses posteriores, mantendo um patamar médio de 238 ocorrências do termo entre junho e dezembro daquele ano. Destaque para o menor patamar, 216 registros, justamente em outubro, mês da eleição presidencial. Uma possibilidade para a redução das ocorrências dos termos "crime" e "violência" em 2018, em específico em outubro, talvez seja justamente a redução dos eventos criminosos causados pela militarização da cidade e os notórios arranjos que envolvem os agentes do Estado e grupos criminosos que controlam parte considerável da capital fluminense, vulgarmente denominados de "milícias", sabidamente simpáticos ao candidato que venceria as eleições naquele ano. Mas evidentemente, é apenas uma entre outras possibilidades.

Gráfico 8 – Agenda "Crime": Ano 2018

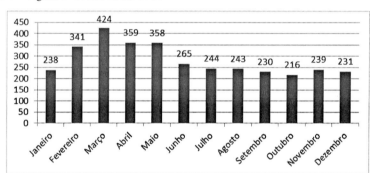

Fonte: elaboração própria

Guerra a negros e pobres

Como é de conhecimento público, nem em 1986, muito menos em 2018, as promessas de acabar com a violência se consumaram. Pelo contrário: o que houve foi o aumento da repressão ao comércio varejista de entorpecentes, elevando o número de mortos em confrontos com a polícia nos períodos posteriores às eleições.

A chamada "guerra às drogas" passou a ser prioridade nos países do chamado Sul Global desde a assinatura da "Convenção Única sobre Entorpecentes"[261], assinada em 1961 na ONU. O documento determinou

---
[261] Ver UNODC. Drogas: marco legal. *UNODC*. Escritório de ligações e parceria no Brasil. Data não informada. Disponível em: https://www.unodc.org/lpo-brazil/pt/drogas/marco-legal.html. Acesso em: 10 jun. 2023.

padrões internacionais de repressão e punições a serem impostas à comercialização de entorpecentes. As nações que tentavam escapar do modelo da Convenção recebiam sanções automáticas. Ao documento firmado em 1961, e emendado em 1972, somaram-se outros dois: a "Convenção de sobre substâncias psicotrópicas"[262], de 1971, considerada uma reação à diversificação de entorpecentes em suas versões sintéticas; e a "Convenção contra o tráfico ilícito de entorpecentes e substâncias psicotrópicas"[263], de 1988, que estabelece "medidas abrangentes contra o tráfico de drogas, inclusive métodos contra a lavagem de dinheiro e o fortalecimento do controle de percussores químicos"[264] e também "fornece informações para uma cooperação internacional por meio, por exemplo, da extradição de traficantes de drogas, seu transporte e procedimentos de transferência"[265].

De acordo com Malaguti Batista, a criminalização do comércio varejista de entorpecentes é conveniente ao modelo político-econômico neoliberal da contemporaneidade, já que "meninos pobres vendem drogas para meninos ricos. Enquanto anestesiam-se uns, metralham-se outros; mas ambos os grupos (os ricos e os pobres) estão controlados"[266]. Boiteux também aponta que o proibicionismo é parte da estratégia de exclusão de classe e étnico-racial. "A guerra às drogas é uma guerra contra pessoas, mas não todas, é uma guerra contra negros e negras, para os quais a única política social disponível é a política penal e a violência de Estado"[267]. Já Medeiros recorre ao relatório do Conselho Nacional de Justiça, segundo o qual a proibição do varejo de substâncias psicoativas foi responsável por 30% das prisões entre os homens e de 60% entre as mulheres[268]. A autora também destaca os 65 mil homicídios cometidos em 2018 e o fato de que 75% dessas vítimas eram negras[269]. A estatística diz ainda que, quando são analisadas as mortes intencionais de mulheres, 64% das vítimas são negras[270].

---

[262] UNODC, 2019.

[263] *Ibidem.*

[264] *Ibidem.*

[265] *Ibidem.*

[266] BATISTA, Vera Malaguti. *O medo na cidade do Rio de Janeiro*: dois tempos de uma história. Rio de Janeiro: Revan, 2003. p. 87.

[267] BOITEUX, Luciana. A proibição como estratégia racista de controle social e a guerra às drogas. *Le monde diplomatique Brasil*, São Paulo, ano 13, n. 145, 1 ago. 2019, p. 6.

[268] MEDEIROS, Flavia. Políticas de vida e de morte no controle proibicionista das drogas. *Le monde diplomatique Brasil*, São Paulo, ano 13, n. 145, ago. 2019, p. 6.

[269] *Ibidem.*

[270] *Ibidem.*

A partir desses dados e do que se conhece historicamente sobre as violações de direitos impostas à população negra no Brasil, é possível recordar o que Abdias Nascimento denomina de "dissimulações oficiais" por detrás da "realidade, que consistia no saque de terras e povos, e na representação e negação de suas culturas"[271], ao contrário do que apregoa o mito da democracia racial. Já Silvio Almeida[272] revela de que maneira esse mesmo processo histórico se constituiu como ideologia de um projeto de país, tendo o racismo como elemento central e estrutural, que permeia todas as nossas relações sociais e institucionais. Massacrar os corpos negros e pobres, por meio de aparatos técnicos e tecnológicos cada vez mais econômicos, precisos, ágeis e eficazes, passa a ser o método por meio do qual a classe dominante consolida e perpetua o seu poder. Configura-se o que Achille Mbembe denomina de "necropolítica", ou a superação do conceito de "biopolítica" de Foucault[273].

> Tecnologias de destruição tornaram-se mais táteis, mais anatômicas e sensoriais, dentro de um contexto no qual a escolha se dá entre a vida e a morte. Se o poder ainda depende de um controle estreito sobre os corpos (ou de sua concentração em campos), as novas tecnologias de destruição estão menos preocupadas com a inscrição de corpos em aparatos disciplinares do que em inscrevê-los, no momento oportuno, na ordem da economia máxima, agora representada pelo "massacre"[274].

No entanto, não seria possível levar a cabo esse projeto de subordinação, por meio do controle da vida e morte de indivíduos, sem narrativas que o tornassem aceitável. Era preciso construir discursiva e juridicamente a sua legitimidade[275]. Para isso, são criadas identidades antagônicas, por meio das quais os indivíduos são enquadrados, como o *trabalhador* e seu *outro – malandro, vagabundo, bandido, traficante* – de acordo com a denominação correspondente a seu próprio tempo.

De acordo com o discurso legitimador, esse *outro* é aquele que pode causar mal à "vítima virtual"[276] – aquela que, eventualmente, possa vir a sofrer violência e, por isso, *merece* ser protegida pelo Estado – e contra

---

[271] NASCIMENTO, Abdias. *O genocídio do negro brasileiro*. Processo de um racismo mascarado. I reimp. da 2. ed. São Paulo: Perspectiva, 2017. p. 60.

[272] ALMEIDA, Silvio. *Racismo estrutural*. Feminismos plurais/coordenação Djamila Ribeiro. São Paulo: Sueli Carneiro; Pólen, 2019.

[273] FOUCAULT, 1975; 1976 *apud* MBEMBE, Achille. *Necropolítica*: Biopoder, soberania, estado de exceção, política de morte. São Paulo: n-1 edições, 2018.

[274] MBEMBE, 2018, p. 59.

[275] NEDER, Gizlene. *Discurso jurídico e ordem burguesa no Brasil*. Porto Alegre: Sergio Antonio Fabris Editor, 1995.

[276] VAZ, Paulo. Vítima virtual a mídia. In: *Anais [...]* I Simpósio Internacional Lavits: Vigilância, Segurança e Controle Social. Curitiba: PUCPR, 2009. p. 51-69.

quem se devem empregar todos os meios possíveis para que seja previamente contido, ou, caso isso não seja possível, exemplarmente punido, de modo a evitar que o crime se reproduza. Estes tornam-se, assim, indivíduos "matáveis"[277], pois suas vidas deixam de ser dignas de reconhecimento[278].

Apagamento de outras agendas possíveis

O que procuramos demonstrar até aqui foi a relevância da agenda midiática sobre o crime e a violência no principal jornal impresso do Rio de Janeiro. Ainda que a presente metodologia não ateste o impacto dessa na recepção do público, ela indica não apenas o estímulo do medo em parte significativo da população e uma unidade entre as agendas da mídia e do poder público, que legitimam a tomada de iniciativas repressivas contra indivíduos e grupos sociais e étnico-raciais identificados como perpetradores do crime e da violência.

Dito isso, é relevante também falarmos acerca do apagamento de outras tantas agendas possíveis, que perdem espaço ao mesmo tempo em que a pauta da Segurança ganha relevância como modo de inibir a criminalidade e a violência. Em pesquisa[279] realizada sobre a cobertura jornalística sobre as Unidades de Polícia Pacificadora (UPPs), verificou-se como predominante o enquadramento "Lei e ordem nas favelas"[280], aquele que aceita a violação de direitos e de liberdades contra moradores das favelas ocupadas pela Polícia como um dano colateral da ação policial, tendo como premissa a expectativa da pacificação desses territórios. Esse "pacote interpretativo"[281] foi o mais identificado entre 556 matérias analisadas entre 2008 e 2016, com 61,5% de ocorrências.

Em segundo lugar, com 18,5%, ficou o modelo "Extensão da cidade formal" – aquele que também aceita o uso da força policial, tendo como pretexto a transformação dos territórios de favela em espaços que emulam bairros abastados, desconsiderando o menor poder aquisitivo dos moradores

---

[277] MISSE, Michel. Crime, sujeito e sujeição criminal: aspectos de uma contribuição analítica sobre a categoria "bandido". *Revista Lua Nova*, São Paulo, n. 79, p. 15-38, 2010.

[278] BUTLER, Judith. *Quadros de guerra*. Quando a vida é passível de luto? 3. ed. Rio de Janeiro: Civilização Brasileira, 2017.

[279] PEREIRA, Pedro Barreto. *Notícias da pacificação*: outro olhar possível sobre uma realidade em conflito. Rio de Janeiro: Ed: UFRJ, 2020.

[280] Metodologia utilizada a partir da pesquisa de Katerine Beckett (1997) nas eleições estadunidenses na década de 1960 para aferir a atenção dada a notícias sobre crime e violência em períodos eleitorais naquele país. A pesquisa mencionada neste trabalho adaptou essa metodologia para o contexto social do Rio de Janeiro contemporâneo.

[281] Livre tradução para "interpretative packages", metodologia empregada por Beckett (1997) em sua pesquisa.

de favelas e o custo que se tornou a continuidade naquela localidade com as transformações que ocorreram a partir da instalação das UPPs. Ou seja, considerando os dois primeiros pacotes interpretativos, chega-se a 80% de matérias que toleram a utilização da violência policial contra os moradores sob a justificativa de pacificar as favelas cariocas.

Apenas em terceiro lugar surge o pacote "Liberdades civis sob ataque" – que denuncia o emprego da violência e opressão de policiais contra os moradores –, com 17,8%. Em quarto e último lugar, com 2,2%, aparece o pacote "Pobreza causa crime" – aquele que busca explicações estruturais para a ocorrência de crimes e não a estigmatização dos moradores de favelas, associando-os a uma suposta natural propensão à criminalidade.

Em resumo, o que esses dados apresentam é de que maneira o discurso midiático estimulou o medo em parte relevante da sociedade carioca, apresentando uma dada política de Segurança Pública como aquela que finalmente acabaria com o crime e a violência na cidade, ainda que as medidas decorrentes da ação policial representassem a violação de direitos e de liberdades dos moradores daqueles territórios ocupados. O resultado daquela política é conhecido: após a realização dos megaeventos esportivos internacionais, as UPPs foram abandonadas, dando lugar posteriormente a práticas declaradamente violentas – e não mais falsamente pacíficas – como o "tiro na cabecinha"[282], o modelo Segurança Presente[283], a intervenção federal, em 2018 – que resultou na extinção da Secretaria de Segurança Pública –, e o domínio de grande parte do território da cidade por parte das chamadas "milícias".

Considerações finais

O que este trabalho pretendeu apresentar foi a relação existente entre as agendas pública e midiática, especificamente no caso da Segurança Pública. A partir da análise comparativa entre os anos 1986 e 2018, buscou-se compreender o efeito cumulativo desse agendamento. O que se verificou foi que, de fato, a Segurança Pública ganhou relevância a partir do fim da ditadura militar, quando o discurso midiático apresentou o

---

[282] Discurso proferido pelo então recém-empossado governador do Rio de Janeiro Wilson Witzel, em 2018 (PENNAFORT, Roberta. 'A polícia vai mirar na cabecinha e... fogo', afirma Wilson Witzel. *UOL Notícias*, 1 nov. 2018).

[283] Parceria entre o Governo do Estado do Rio de Janeiro e a Federação dos Comerciantes do Rio de Janeiro (Fecomércio). Elegem-se alguns bairros da cidade que recebem policiamento ostensivo forçado, em que agentes de Segurança Pública patrulham ruas e estabelecimentos comerciais. Ver mais em: https://www.segurancapresente. rj.gov.br/. Acesso em: 30 out. 2023.

tema como prioridade para o público. Concomitantemente, a pauta se tornou predominante entre os candidatos aos cargos eletivos em ambas as ocasiões.

Assim, notícias sobre crime e violência, produzidas a partir de um enquadramento que representa indivíduos negros, pobres e periféricos como aqueles a serem combatidos, alijados e até exterminados para que indivíduos brancos e das classes média e alta tenham a sua sensação de segurança garantida, legitimam medidas repressivas, violentas e letais por parte do poder público contra os primeiros. Ao mesmo tempo que isso ocorreu, outras pautas perderam força, como a defesa dos direitos humanos e o debate acerca das causas estruturais que retiram desses indivíduos as oportunidades de emprego e renda, ascensão social e outros direitos fundamentais.

Desse modo, é possível concluir que o discurso midiático, em específico do Jornal *O Globo*, cumulativamente nas últimas quatro décadas, contribuiu para a legitimação de políticas e iniciativas do poder público na área da Segurança, no que se refere à repressão do comércio varejista de entorpecentes nas favelas e periferias do Rio de Janeiro. Tais políticas e iniciativas são defendidas – não apenas, mas em sua maioria – por políticos alinhados ideologicamente à direita. No caso das eleições para o Governo do Estado do Rio de Janeiro, em 1986, e para a Presidência da República, em 2018, os candidatos Moreira Franco e Jair Bolsonaro, respectivamente, se beneficiaram desse discurso.

O que se pode compreender, analisando retrospectivamente esse intervalo de 32 anos e projetando para o futuro, é a importância da atenção à forma como tais temas são tratados pelos meios de comunicação, quando outros tantos são invisibilizados, ou têm o seu espaço reduzido. Ainda que esta pesquisa não se debruce sobre as redes sociais, podemos observar que a ausência de regulação possibilita a reprodução e disseminação de discursos de ódio e de incentivo à violência ainda mais virulentos que os identificados nos meios de comunicação convencionais. Para além da urgência da regulação estatal da Comunicação, em todas as suas plataformas, para que não desrespeitem os direitos fundamentais, um dos aspectos que se pode apontar como saída para essa questão é a observação sobre a *agenda*: aquela que nos diz sobre o que pensar.

Referências

ALMEIDA, Silvio. *Racismo estrutural*. Feminismos plurais/coordenação Djamila Ribeiro. São Paulo: Sueli Carneiro; Pólen, 2019.

BATISTA, Vera Malaguti. *O medo na cidade do Rio de Janeiro*: dois tempos de uma história. Rio de Janeiro: Revan, 2003.

BETIM, Felipe. Intervenção no Rio se aproxima do fim com recorde de mortes por policiais e mais tiroteios. *El País*, 18 dez. 2018. Disponível em: https://brasil.elpais.com/brasil/2018/12/18/politica/1545165331_275511.html. Acesso em: 10 jun. 2023.

BOITEUX, Luciana. A proibição como estratégia racista de controle social e a guerra às drogas. *Le monde diplomatique Brasil*, São Paulo, ano 13, n. 145, 1 ago. 2019, p. 4-6. Disponível em: https://diplomatique.org.br/a-proibicao--como-estrategia-racista-de-controle-social-e-a-guerra-as-drogas/. Acesso em: 10 jun. 2023.

BRASIL. Decreto n.º 9.288, de 16 de fevereiro de 2018. Decreta intervenção federal no Estado do Rio de Janeiro com o objetivo de pôr termo ao grave comprometimento da ordem pública. *Diário Oficial da União*: Edição: 32-A: seção 1: extra: Poder Executivo, Brasília, p. 1.

BUTLER, Judith. *Quadros de guerra*. Quando a vida é passível de luto? 3. ed. Rio de Janeiro: Civilização Brasileira, 2017.

CERQUEIRA, Carlos Magno Nazareth (org.). *Do patrulhamento ao policiamento comunitário*. 2. ed. Rio de Janeiro: F. Bastos, 2001. (Coleção Polícia amanhã. Textos fundamentais de Polícia).

CERQUEIRA, Daniel *et al. Atlas da Violência 2017*. Rio de Janeiro: Ipea/FBSP, jun. 2017. Disponível em: http://www.ipea.gov.br/portal/images/170609_atlas_da_violencia_2017.pdf. Acesso em: 10 jun. 2023.

EGYPTO, Luiz. *A Globo e a Proconsult*. Observatório da imprensa. 284. ed. 6 jul. 2004. Disponível em: http://observatoriodaimprensa.com.br/memoria/a-globo--e-a-proconsult/. Acesso em: 10 jun. 2023.

G1. Jair Bolsonaro leva facada durante ato de campanha em Juiz de Fora. *G1*, Juiz de Fora, 6 set. 2018. Disponível em: https://g1.globo.com/mg/zona-da-mata/noticia/2018/09/06/ato-de-campanha-de-bolsonaro-em-juiz-de-fora-e-interrompido-apos-tumulto.ghtml. Acesso em: 11 jul. 2023.

GONÇALVES, João Ricardo; LEITÃO, Leslie; ARAÚJO, Marina; TEIXEIRA, Patrícia. Vereadora do PSOL, Marielle Franco é morta a tiros na Região Central do Rio. *G1 Rio e TV Globo*, 14 mar. 2018. Disponível em: https://g1.globo.com/

rj/rio-de-janeiro/noticia/vereadora-do-psol-marielle-franco-e-morta-a-tiros-
-no-centro-do-rio.ghtml. Acesso em: 11 jun. 2023.

MBEMBE, Achille. *Necropolítica*: Biopoder, soberania, estado de exceção, política de morte. São Paulo: n-1 edições, 2018.

MCCOMBS, Maxwell. *A Teoria da Agenda*. A mídia e a opinião pública. Petrópolis: Vozes, 2009.

MEDEIROS, Flavia. Políticas de vida e de morte no controle proibicionista das drogas. *Le monde diplomatique Brasil*, São Paulo, ano 13, n. 145, ago. 2019, p. 6-7. Disponível em: https://diplomatique.org.br/politicas-de-vida-e-de-morte-no-
-controle-proibicionista-das-drogas/. Acesso em: 10 jun. 2023.

MISSE, Michel. Crime, sujeito e sujeição criminal: aspectos de uma contribuição analítica sobre a categoria "bandido". *Revista Lua Nova*, São Paulo, n. 79, p. 15-38, 2010. Disponível em: https://www.scielo.br/j/ln/a/sv7ZDmyGK9RymzJ47rD-
5jCx/#. Acesso em: 10 jun. 2023.

NASCIMENTO, Abdias. *O genocídio do negro brasileiro*. Processo de um racismo mascarado. I reimp. da 2. ed. São Paulo: Perspectiva, 2017.

NEDER, Gizlene. *Discurso jurídico e ordem burguesa no Brasil*. Porto Alegre: Sergio Antonio Fabris Editor, 1995.

OBSERVATÓRIO DE FAVELAS *et al.* Relatório da sociedade civil para o relator especial das Nações Unidas para Execuções Sumárias, Arbitrárias e Extrajudiciais. *Observatório de Favelas*, Rio de Janeiro, 2007. Disponível em: http://www.global. org.br/wp-content/uploads/2007/09/Relatorio_Relator_ONU_2007.pdf. Acesso em: 27 out. 2023.

O GLOBO. Candidatos prometem o fim da violência. *O Globo*, Capa, Rio de Janeiro, 1 set. 1986.

O GLOBO. Combate à violência é prioridade de todos. *O Globo*, País, Rio de Janeiro, 1 set. 1986, p. 2.

O GLOBO. Criada entidade para defender a pena de morte. *O Globo*, Grande Rio, Rio de Janeiro, 5 jul. 1986, p. 8.

O GLOBO. Crise na segurança. Intervenção no Rio terá militares em ruas, favelas e presídios. Inédita, medida prevista na Constituição ainda requer planejamento de ações. Presidente Temer anuncia que comando da segurança pública no estado passa às mãos do Comando Militar do Leste. Decisão foi motivada pela escalada de violência e pela falta de controle de Pezão. *O Globo*, Capa, Rio de Janeiro, 17 fev. 2018.

O GLOBO. Outro guarda-costas de Brizola envolvido no 'golpe do seguro'. *O Globo*, Capa, Rio de Janeiro, 22 out. 1986.

O GLOBO. Moreira culpa impunidade pela violência. *O Globo*, País, Rio de Janeiro, 30 out. 1986, p. 3.

O GLOBO. Um falso Quixote. *O Globo*, Capa, Rio de Janeiro, 22 out. 1986.

PENNAFORT, Roberta. 'A polícia vai mirar na cabecinha e... fogo', afirma Wilson Witzel. *UOL Notícias*, 1 nov. 2018. Disponível em: https://noticias.uol.com.br/ultimas-noticias/agencia-estado/2018/11/01/a-policia-vai-mirar-na-cabecinha--e-fogo-afirma-wilson-witzel.htm?cmpid=copiaecola. Acesso em: 30 out. 2023.

PEREIRA, Pedro Barreto. *Notícias da pacificação*: outro olhar possível sobre uma realidade em conflito. Rio de Janeiro: Ed: UFRJ, 2020.

RAMALHO, Sergio. Tragédia na escola. O bicho papão chegou. Menino que dissera ao Globo temer a violência é morto em sala de aula por bala perdida. *O Globo*, Rio de Janeiro, p. 14, 17 jul. 2010.

RIO DE JANEIRO. *Decreto n.º 42.787, de 6 de janeiro de 2011.* Dispõe sobre a implantação, estrutura, atuação e funcionamento das Unidades de Polícia Pacificadora (UPP) no Estado do Rio de Janeiro. Secretaria de Estado de Fazenda e Planejamento do Rio de Janeiro. Rio de Janeiro: Secretaria de Estado de Fazenda e Planejamento do Rio de Janeiro. Rio de Janeiro, 2011.

SILVA, Bruno Marques. Polícia não é Exército: a trajetória do coronel Nazareth Cerqueira e a segurança pública no Rio de Janeiro (1983-1995). *In: Anais [...]* XV Encontro Regional de História da ANPUH-Rio. São Gonçalo: FFP/UERJ, 2012. Disponível em: http://www.encontro2012.rj.anpuh.org/resources/anais/15/1338298000_ARQUIVO_TextoBrunoMarquesSilvaANPUH2012.pdf. Acesso em: 10 jun. 2023.

UNODC. Drogas: marco legal. *UNODC.* Escritório de ligações e parceria no Brasil. Disponível em: https://www.unodc.org/lpo-brazil/pt/drogas/marco-legal.html. Acesso em: 10 jun. 2023.

VAZ, Paulo. Vítima virtual a mídia. *In: Anais [...]* I Simpósio Internacional Lavits: Vigilância, Segurança e Controle Social. Curitiba: PUCPR, 2009. p. 51-69.

VAZ, Paulo; BAIENSE, Carla. Mídia e enquadramento: as representações da favela na virada do século XXI. *In: Anais [...]* Encontro Nacional de História da Mídia. Guarapuava: Universidade Estadual do Centro-Oeste (Unicentro), 2011. Disponível em: https://drive.google.com/file/d/18CRYHZCDcsc28MJimtC57dNdY9AkBHq4/view. Acesso em: 10 jun. 2023.

AS ESTRATÉGIAS SENSÍVEIS DAS REDES DE MÃES DE VÍTIMAS DA VIOLÊNCIA ESTATAL

Viviane Oliveira
João Paulo Malerba

Trazemos neste capítulo alguns resultados de uma pesquisa[284] que teve como objetivo analisar a atuação dos grupos de mães e familiares de vítimas de violência do Estado com fins de incidência política. Tendo como método a triangulação de dados, foram realizadas análises de dados oficiais sobre violência urbana, entrevistas com integrantes de grupos organizados de familiares e revisão bibliográfica. A pesquisa se centrou na forma como familiares, em especial as mães de vítimas da cidade do Rio de Janeiro, se articulam em rede para influenciar a criação ou modificação de políticas públicas direcionadas a áreas como segurança, trabalho e renda, educação e assistência social. Dentre as estratégias adotadas por tais grupos, destacam-se as midiáticas, foco deste artigo.

As redes de familiares de vítimas da violência do estado do Rio de Janeiro, infelizmente, crescem acompanhando os números da letalidade policial. Em 2019, foram 1.810 pessoas mortas em decorrência da atuação de agentes de segurança pública no estado. Apesar da pandemia de Covid-19 e dos novos protocolos impostos pelo Supremo Tribunal Federal ao governo do Rio para a realização de operações policiais[285], o ano de 2020 seguiu o padrão de alta letalidade, com 1.245 mortes, que se seguiu em 2021, com um total de 1.356 pessoas mortas em decorrência de ação de agentes do Estado[286]. Em 2022, embora os órgãos de governo tentassem alardear uma queda (irrisória, de 2% na mortalidade), os números seguiram em patamares altos, já que as ações policiais deixaram um saldo de 1.327 pessoas mortas[287].

---

[284] OLIVEIRA, Viviane Nascimento. *O luto como capital político* – as redes de mães de vítimas da violência do estado na cidade do Rio de Janeiro. Dissertação (Mestrado em Desenvolvimento Territorial e Políticas Públicas) – Instituto Multidisciplinar. Instituto de Ciências Sociais Aplicadas, Programa Pós-Graduação em Desenvolvimento Territorial e Políticas Públicas, Universidade Federal Rural do Rio de Janeiro, Seropédica, RJ, 2023.

[285] Em junho de 2020, o Supremo Tribunal Federal (STF) determinou que a polícia do Rio de Janeiro só poderia realizar operações em favelas durante a pandemia "em hipóteses absolutamente excepcionais", determinação que foi sistematicamente desrespeitada.

[286] Instituto de Segurança Pública do Rio de Janeiro, 2022.

[287] Instituto de Segurança Pública do Rio de Janeiro, 2023.

Diante dessa situação, os moradores de favelas e periferias constroem outras formas de sociabilidade na luta por sobrevivência e se tornam protagonistas na busca por cidadania e emancipação social. É nesse contexto de "nós por nós" que se formam as redes de familiares dos vitimados e vitimadas pela máquina opressiva do Estado. E, salvo raras exceções, cabem às mães o papel de porta-vozes dos seus mortos. Recai sobre essas mulheres, em sua maioria negras, pobres e com baixa escolaridade, a responsabilidade de enfrentar os poderes institucionais em busca de justiça, memória e reparação.

As redes se constituem no contexto de violência institucional, abandono do poder público e conivência da sociedade. Há uma profunda identificação entre os grupos mobilizados por justiça e entre os territórios. Não à toa o movimento precursor nesse formato foi o *Mães de Acari*, surgido em 1990 depois do desaparecimento forçado de 11 jovens da favela de Acari, Zona Norte da capital. A busca dessas mulheres pelos corpos de seus filhos, percorrendo cemitérios clandestinos em áreas de grupos de extermínio na Baixada Fluminense, denunciando policiais envolvidos, sofrendo ameaças de morte – e se tornando também vítimas fatais –, ganhou repercussão internacional. As Mães de Acari seguiram a tradição do protagonismo feminino na busca por justiça para os mortos pelo Estado na América Latina. Como *Las Mariposas* da República Dominicana, na década de 1960, ou *Las Madres y Abuelas de La Plaza de Mayo* argentinas, em 1970. Conseguiram romper a barreira do território de origem, chamar a atenção para o assassinato de seus filhos, reverter o discurso oficial de que estariam a serviço do crime organizado para desmoralizar a polícia. A partir da articulação local, o movimento alcançou a atuação em rede, mobilizando organismos como a Anistia Internacional, o governo francês e a Organização das Nações Unidas. A partir de viagens à Europa para denunciar o caso de seus filhos, conheceram as semelhanças e diferenças da atuação de mães que combatem as violações de direitos humanos em outros países e entenderam a maternidade como moeda forte no jogo político. A partir dessa experiência fora do território, puderam pressionar para que o caso de seus filhos fosse oficialmente investigado. Apesar da visibilidade, o Caso Acari nunca foi solucionado, os corpos dos sequestrados não foram encontrados e ninguém foi responsabilizado pelos assassinatos dos jovens ou de Edméia da Silva Euzébio, uma das líderes do movimento, morta enquanto lutava por justiça.

Mais de 30 anos depois da atuação das Mães de Acari, a política de segurança pública segue o mesmo padrão e, como resposta, dezenas de outros movimentos de mães e familiares foram criados em decorrência de tragédias provocadas pela repressão do Estado em todo o país. Especialmente na cidade do Rio de Janeiro, local em que a pauta da segurança é crucial na dinâmica política, decisiva na corrida eleitoral e concentradora de verbas no decorrer dos mandatos do Executivo, a violência institucional é ainda mais forte. Algumas das mais atuantes são a Rede de Comunidades e Movimentos Contra a Violência[288] e o Movimento Mães de Manguinhos[289], que estiveram envolvidas, por exemplo, na elaboração da Arguição de Descumprimento de Preceito Fundamental número 635, que ficou conhecida como "ADPF das Favelas", e foram aceitas como "*amicus curiae*" (figura jurídica que tem a função de fornecer subsídios às decisões da corte) no processo junto ao Supremo Tribunal Federal. A ação construída coletivamente por diversas entidades da sociedade civil, em especial por movimentos de moradores de favelas, pediu que fossem reconhecidas e sanadas graves violações de direitos humanos ocasionadas pela política de segurança pública fluminense.

Sobre a interdição do luto por filhos matáveis

"Não tive luto, tive luta". A frase dita por uma das mães participantes da pesquisa materializa na realidade do Rio de Janeiro o que Butler[290] fala a respeito de quem tem ou não direito ao luto. A filósofa aponta que existe uma distribuição desigual do luto, que decide quais sujeitos podem ser enlutados e quais não, o que significa dizer quais sujeitos são normativamente humanos. Ao citar as arbitrariedades das prisões de Guantánamo, ela traz o conceito de "governamentabilidade" de Foucault como algo que coexiste com a soberania. "A governamentabilidade designa um modelo para conceituar o poder em suas operações difusas e polivalentes, enfocando a gestão de populações e operando por instituições e discursos estatais e não estatais"[291] e da soberania perdida ou violada sendo "relativizada por regras que atribuem sentenças de vida ou morte ao Poder Executivo ou a agentes sem um estatuto eleito, que não é limitado por amarra constitucional alguma"[292]. É possível fazer um paralelo com a forma como agentes de segurança pública agem nos territórios periféricos do Rio de Janeiro. A partir de determinações do

---

[288] Disponível em: https://redecontraviolencia.org/. Acesso em: 30 out. 2023.

[289] Disponível em: https://www.facebook.com/maesdemanguinhos. Acesso em: 30 out. 2023.

[290] BUTLER, Judith. *Vida precária*: Os poderes do luto e da violência. Belo Horizonte: Autêntica Editora, 2019.

[291] *Ibidem.*

[292] *Ibidem.*

Poder Executivo, direitos constitucionais são violados e decisões judiciais para regulação dessas atividades, como as do Supremo Tribunal Federal, são sistematicamente ignoradas ou desconsideradas.

Butler discorre ainda sobre a importância de dar visibilidade a certos casos e pontua que a esfera pública é formada em parte por aquilo que não se pode dizer ou mostrar, e que esses limites demarcam o domínio do discurso político no qual alguns sujeitos figuram como atores viáveis. As mães, primeiro, se tornam sujeitos viáveis de figurar na esfera pública midiática. Conquistam esse direito na medida em que alcançam a ressignificação de sua imagem – de útero como "fábrica de marginais" para "mães sofredoras" – e, consequentemente, humanizar seus filhos diante da opinião pública.

> Aqueles que permanecem sem rosto ou cujos rostos nos são apresentados como inúmeros símbolos do mal nos autorizam a ficar desorientados diante das vidas que erradicamos e cuja injustiça é indefinidamente adiada. Certos rostos devem ser conhecidos da opinião pública, devem ser vistos e ouvidos para que um sentido mais agudo de vida, de toda e qualquer vida, tome conta de nós. Então, não é que o luto seja o objetivo da política, mas sem a capacidade de enlutar perdemos aquela noção mais afiada de vida que necessitamos para que possamos nos opor à violência. E, embora para alguns o luto só possa ser resolvido pela violência, parece claro que a violência só acarreta mais perdas, e a incapacidade de considerar o apelo da precariedade da vida apenas leva, repetidamente, à frieza do luto em uma raiva política interminável[293].

É essa publicização, essa humanização, que parece conferir um direito ao luto público, que é uma conquista para as mães fluminenses.

> Se a violência é cometida contra aqueles que são irreais, então, da perspectiva da violência, não há violação ou negação dessas vidas, uma vez que elas já foram negadas. Mas elas têm uma maneira estranha de permanecer animadas e assim devem ser negadas novamente (e novamente). Elas não podem ser passíveis de luto porque sempre estiveram perdidas ou, melhor, nunca "foram", e elas devem ser assassinadas, já que aparentemente continuam a viver teimosamente, nesse estado de morte[294].

---

[293] *Ibidem*, p. 17.
[294] *Ibidem*, p. 54.

As redes de mães tentam romper as barreiras do tipo de censura que o luto público dessas pessoas desumanizadas sofre. Butler cita os mortos pelas guerras no Iraque e Afeganistão, mas também dos palestinos mortos por Israel, as vítimas das guerras civis africanas, os mortos pela epidemia de Aids nos anos 1980 ou mesmo das vidas *queers* do atentado de 11 de setembro. Na mídia, essas vidas não têm rosto ou história, são números e suas mortes "dano colateral"[295] de ações justas. Ao buscarem publicizar os nomes, os fatos e as histórias de seus filhos, essas mães realizam o obituário público que lhes é constantemente negado pela mídia tradicional e pela sociedade que se identifica com os autores dessa violência.

> Se existe um obituário, uma vida haveria de ter existido, uma vida digna de nota, uma vida que valesse a pena ser valorizada e preservada, uma vida que se qualificasse para ser reconhecida. Embora possamos argumentar que seria impraticável escrever obituários para todas essas pessoas, ou para todo o mundo, acho que deveríamos perguntar, repetidamente, como o obituário funciona como instrumento pelo qual a injustiça é publicamente distribuída[296].

Transpondo as considerações de Butler para o contexto do Rio de Janeiro, é possível destacar o memorial construído por movimentos sociais (especialmente dos movimentos de favelas e antirracista) em lembrança dos mortos da chacina do Jacarezinho, em maio de 2021, até então a ação policial registrada mais letal da história do Estado. Ao completar um ano, o monumento aos 28 mortos foi erguido em local central da comunidade. A placa listava nomes dos 27 moradores e um policial com os dizeres

> *Homenagem às vítimas da Chacina do Jacarezinho!*
> *Em 06/05/2021, 27 moradores e um servidor foram mortos, vítimas da política genocida e racista do Estado do Rio de Janeiro, que faz do Jacarezinho uma praça de guerra, para combater um mercado varejista de drogas que nunca vai deixar de existir. Nenhuma morte deve ser esquecida. Nenhuma chacina deve ser normalizada[297].*

O memorial não fazia distinção ou hierarquizava as vidas perdidas na tragédia, tanto que ao nome do policial é dado o mesmo tratamento que ao dos moradores periféricos, sejam com ficha criminal pregressa ou não.

---

[295] VIANA, Natália. *Dano colateral:* a intervenção dos militares na segurança pública. Rio de Janeiro: Editora Objetiva, 2021.

[296] BUTLER, 2019, p. 55.

[297] Transcrição realizada com base em imagens produzidas por um dos autores do capítulo, Viviane Oliveira, que esteve presente na cerimônia de inauguração, como parte da etapa de observação deste estudo.

Foi o suficiente para que, dias depois, com carros blindados (os "caveirões") e marretas, agentes da polícia civil da Coordenadoria de Recursos Especiais – Core (destacamento que comandou o massacre em maio de 2021) – destruíssem o monumento. Em nota divulgada à imprensa, a corporação alega que o memorial fazia apologia ao tráfico de drogas e afirma que os 27 mortos tinham envolvimento com atividades criminosas – o que, àquela altura, já havia sido desmentido pelas investigações do Ministério Público[298]. Ademais ser uma flagrante violação do direito à liberdade de expressão, a polícia civil nega a esses mortos e suas famílias o direito ao pranto e ao luto público, a uma memória positiva de suas existências.

> Finalmente, parece importante considerar que a proibição de certas formas do próprio luto público constitui a esfera pública na base de tal proibição. O público se formará na condição de que certas imagens não sejam divulgadas na mídia, de que certos nomes de pessoas mortas não sejam pronunciados, de que certas perdas não sejam declaradas como perdas, e de que a violência seja desrealizada e difusa[299].

Essas mortes não despertam, na maioria, familiaridade, não há identificação porque estão contaminadas por práticas punitivistas, racistas e classistas que tornam essas pessoas indesejadas na sociedade. O discurso da "autodefesa"[300] que surge da disseminação do terror, do medo fomentado contra determinados sujeitos – nos Estados Unidos, os desumanizados no exemplo de Butler seriam os mulçumanos; transpondo para o Rio de Janeiro, seriam os moradores de favelas –, impede que possa se enxergar no outro e, portanto, lamentar sua perda. Como se toda medida contra alguém considerado uma ameaça fosse válida. Considerá-los *corpos matáveis* é justificativa para a violência ser aceita sobre alguns corpos mais que outros, é a desumanização de certos sujeitos a ponto de suas existências serem descartadas tanto enquanto vivos quanto depois de mortos.

A filósofa dialoga com Freud na definição do que seria um luto considerado bem-sucedido. Freud apresenta em suas obras duas possibilidades, a de ser capaz de esquecer totalmente a pessoa morta ou a de substituí-la. Já Butler aposta na hipótese da transformação, sobre a qual não se tem controle, causada pelo luto e que ser considerado bem-sucedido passa pela

---

[298] SANZ, Raphael. Chacina do Jacarezinho: famílias de 14 vítimas processam o Estado em busca de justiça. *Revista Forum*, 28 abr. 2023.

[299] BUTLER, 2019, p. 59.

[300] *Ibidem.*

aceitação dessa transformação e suas consequências imprevisíveis. Para ela, diferentemente do que muitos pregam, o luto não é necessariamente privado ou uma situação solitária e despolitizante. Acredita que o enlutamento confere senso de comunidade política de ordem complexa, pois evidencia laços relacionais que mostram ligações e interdependência que nos formam enquanto sociedade. A capacidade de reconhecer-se na dor do outro, na medida em que não somos autônomos ou totalmente desconectados do destino do outro. Portanto, o luto pode ser elemento de uso político, uma ferramenta de mobilização.

> Talvez possamos dizer que o luto contém a possibilidade de apreender um modo de despossessão que é fundamental para quem sou. Essa possibilidade não contesta a minha autonomia, mas qualifica tal reivindicação recorrendo à sociabilidade fundamental da vida física, às maneiras pelas quais estamos, desde o começo e em virtude de sermos corpos físicos, já lançados além de nós mesmos, e implicados em vidas que não são nossas. Se nem sempre sei o que se apossa de mim em tais ocasiões, e se nem sempre sei o que perdi em outra pessoa, pode ser que essa esfera de despossessão seja precisamente aquela que expõe o meu desconhecimento, a impressão inconsciente da minha sociabilidade primária. Poderia essa percepção proporcionar uma reorientação normativa para a política? Será que o luto – tão dramático para aqueles que, em movimentos sociais, sofreram inumeráveis perdas – forneceria uma perspectiva pela qual podemos começar a apreender a situação global contemporânea[301]?

A autora fala a partir do contexto de negação do luto pelos estadunidenses pós-11 de setembro, já que a escolha foi por banir a melancolia, ou tudo o que poderia ser entendido como vulnerabilidade, para dar lugar à resposta violenta, à demonstração de força. Ela aponta que o caminho pode ser – ou poderia ter sido – outro.

> Enlutar e transformar o luto em um recurso para a política não é resignar-se à inação, mas pode ser entendido como o processo lento pelo qual desenvolvemos um ponto de identificação com o próprio sofrimento. A desorientação do luto – "Quem me tornei?", ou de fato, "O que restou de mim?", "O que perdi no Outro?" – situa o "eu" no modo do desconhecimento. Mas esse pode ser um ponto de partida para uma nova compreensão se a preocupação narcisista

---

[301] *Ibidem*, p. 48.

da melancolia puder ser deslocada para a consideração da vulnerabilidade dos outros. Então, poderíamos avaliar criticamente e nos opor às condições em que certas vidas humanas são mais vulneráveis do que as outras e, assim, certas vidas humanas provocam mais luto do que outras[302].

A legitimação midiática cotidiana da desumanização e da barbárie

Se a luta por justiça – por seus filhos, pelos filhos das suas companheiras de luta e por todas as vítimas da violência do Estado – torna o campo jurídico a trincheira prioritária, a resistência dessas mães passa também pelo campo simbólico e midiático, em que buscam serem reconhecidas e legitimadas como "mães em luto" frente à construção discursiva que as constitui como "mães de bandidos", filhos cujas mortes são justificadas e, até mesmo, celebradas cotidianamente em programas de rádio e TV.

Do conjunto de concepções sociais que se contrapõem à luta das mães de vitimados e vitimadas da violência de Estado, provavelmente a que mais basilarmente deslegitima seu clamor por justiça é a defesa de que "bandido bom é bandido morto". Trata-se de uma ideia majoritariamente aceita pela sociedade brasileira e que ressoa à violência estruturante de nossa formação social: em uma pesquisa nacional, em 2016, o *Datafolha* apontou[303] que quase 6 em cada dez (57%) dos brasileiros concordavam com tal afirmação, sustentada por setores ultraconservadores que a instrumentalizam para ganhos políticos e de audiência. No âmbito midiático, essa concepção anti-humanista e punitivista pode ser facilmente inferida na angulação de alguns programas jornalísticos e de entretenimento, porém um gênero que particularmente se empenha em cotidianamente atualizá-la são os chamados programas "policialescos", aqueles destinados a narrar ocorrências sobre violências e criminalidades, normalmente fazendo uso de sensacionalismos, ridicularizações e desprezo aos direitos humanos. A sua origem na TV remonta o *Aqui e Agora* ainda na extinta TV Tupi, em 1979, que inspirou seu homônimo, em 1991, do SBT. O sucesso da fórmula motivou sua repetição em todo o país: apresentadores carismáticos e burlescos, quase sempre homens brancos, enaltecendo ações policiais em tempo real, com boa dose de sensacionalismo e humor, recheados de opiniões tidas como "polêmicas", mas que, de fato, violam sistematicamente os direitos humanos em nome

---

[302] *Ibidem*, p. 51.

[303] MADEIRO, Carlos. No Brasil, 57% concordam que "bandido bom é bandido morto", diz Datafolha. *UOL*, Cotidiano, 2 nov. 2016.

da audiência. Por serem considerados jornalísticos, esses programas não são submetidos ao sistema de classificação indicativa, e boa parte ocupa a programação da manhã e/ou tarde[304]. Tal enquadramento também acarreta dificuldade para regulá-los, já que a Constituição Federal protege produtos de caráter informativo[305].

No livro *Populismo Penal Midiático*, Luiz Flávio Gomes e Débora de Souza de Almeida apontam que o *populismo penal* "explora o senso comum, o saber popular, as emoções e as demandas geradas pelo delito, assim como pelo medo do delito, buscando o consenso ou o apoio popular para exigir mais rigor penal, como suposta 'solução' para o problema da criminalidade"[306]. Os autores destacam que, dentre policiais, políticos, legisladores, juízes, agentes penitenciários e demais atores sociais empenhados no populismo penal, seria a mídia o seu principal propulsor. Suspeitos são julgados ao vivo, por um jornalismo justiceiro que "possui capacidade de voo próprio e às vezes atua paralelamente à Justiça oficial"[307], competindo "com o sistema legal sancionador, investigando, acusando, julgando e condenando moralmente o desviado"[308]. As estratégias são diversas: a insistência no close de um "rosto discriminado", em que "o que se torna decisivo é o uso de imagens", já que, se "a justiça estatal precisa provar os fatos, a midiática só mostrar, visibilizar"[309]; a centralidade da pena de humilhação midiática, o "que existe em comum em todo esse grotesco sensacionalismo midiático violador dos direitos humanos é o deboche, o preconceito, o desrespeito, o propósito de humilhar, ofender, desprezar ou menosprezar as pessoas acusadas de um crime"[310]; uma narrativa sensacionalista que "explora abundantemente o sofrimento da vítima assim como a perversidade do criminoso, utilizando linguagem carregada de emotividade e subjetividade"[311]. No limite, chegam a advogar pelo próprio fim do Estado democrático de

---

[304] Cf. Portaria n.º 1.189, de 3 de agosto de 2018 do Ministério da Justiça, cujo artigo 5.º se lê: "O disposto nesta Portaria não se aplica: [...] IV - aos programas jornalísticos". BRASIL. MINISTÉRIO DA JUSTIÇA. *Portaria n. 1.189, de 03 de agosto de 2018*. Regulamenta o processo de classificação indicativa. Brasília: Ministério da Justiça, 2018.

[305] O artigo 220, parágrafo 1.º, estabelece que "nenhuma lei conterá dispositivo que possa constituir embaraço à plena liberdade de informação jornalística em qualquer veículo de comunicação social" (BRASIL. Constituição da República Federativa do Brasil. 1988).

[306] GOMES; SOUZA, 2014, p. 16 *apud* CAETANO, Filipe R. *Espetacularização do processo penal e as consequências do populismo penal midiático*. Faculdade de Direito, PUC-RS. Porto Alegre, 2016, p. 30.

[307] GOMES, Luiz F.; ALMEIDA, Débora de Souza. *Populismo Penal Midiático*: caso mensalão, mídia disruptiva e direito penal crítico. São Paulo: Saraiva, 2013, p. 106.

[308] *Ibidem*, p. 107.

[309] *Ibidem*, p. 110.

[310] *Ibidem*, p. 112.

[311] *Ibidem*, p. 121.

direito, eliminando direitos e garantias constitucionais e internacionais: um dos principais arbítrios perpetrados por esses agentes é a "flagrante violação da presunção da inocência"[312] e o "valor das garantias do devido processo legal, por exemplo, é frequentemente contestado pelo populismo penal midiático"[313]. Por fim, cabe apontar a lucratividade desses programas, frequentemente batendo recordes de audiência[314] e não raro sendo os mais assistidos dentre os programas jornalísticos de suas respectivas emissoras[315]. Trata-se de uma lógica circular, impulsionada pelo desejo punitivista e o medo orquestrado na opinião pública. Um levantamento realizado no segundo semestre de 2023 indicou que 71% da população se sente insegura; um dado que coaduna com o da violência e insegurança pública sendo o maior problema do Brasil (empatando com saúde, na maior incidência de resposta espontânea e única)[316].

O discurso desses programas se volta contra as minorias sociais e étnicas, estereotipadas, com um sistemático histórico de desrespeito aos direitos humanos. Um monitoramento realizado pela Andi Comunicação e Direitos, ao longo de 30 dias corridos de 2015, analisou 19 programas de TV e 9 radiofônicos com viés policial, produzidos em 10 capitais brasileiras (Belém, Belo Horizonte, Brasília, Campo Grande, Curitiba, Fortaleza, Recife, Rio de Janeiro, Salvador e São Paulo). O monitoramento registrou "4.500 violações de direitos, 15.761 casos de infração a leis brasileiras e multilaterais e 1.962 ocorrências de desrespeito às normas autorregulatórias"[317]. A sistematização apontou as principais violações observadas cotidianamente nesses programas: 1) desrespeito à presunção de inocência; 2) incitação ao crime e à violência; 3) incitação à desobediência às leis ou às decisões judiciárias; 4) exposição indevida de pessoa(s); 5) exposição indevida de família(s); 6) discurso de ódio e preconceito de raça, cor, etnia, religião, condição socioeconômica, orientação sexual ou procedência nacional; 7) identificação de adolescentes em conflito com a lei; 8) violação do direito ao silêncio; 9) tortura psicológica e tratamento desumano ou degradante.

---

[312] *Ibidem*, p. 111.

[313] *Ibidem*, p. 114.

[314] REIS, João Paulo. Audiência da TV (11/03): Cidade Alerta bate recorde de audiência. *Observatório da TV*, 12 mar. 2019.

[315] BENÍCIO, Jeff. Programas policiais perdem audiência por escandalizar menos. *Terra*, Entretê, 16 abr. 2017.

[316] GIELOW, Igor. Datalholha: Brasileiro se diz triste e desanimado e vê violência como maior problema ao lado da saúde. *Folha de S. Paulo*, 15 set. 2023.

[317] ANDI COMUNICAÇÃO E DIREITOS, ALANA. *A publicidade como estratégia de financiamento dos programas policialescos*. Relatório *online*, 2019, p. 2.

Dentre as maiores incidências, encontra-se o desrespeito à presunção de inocência (82% dos casos), uma condenação sumária e pública, comumente reforçando estereótipos de classe e raça.

Um exemplo eloquente de programa que incita à execução de suspeitos e enaltece ações ilegais praticadas pelas forças de segurança é o "Alerta Nacional", um programa de TV aberta veiculado de 2020 ao início de 2023 pela Rede TV!, em rede nacional, e pela TV "A Crítica", para Manaus, região Norte do país, contando ainda com transmissão ao vivo pelo *YouTube*. A agressividade e o ódio são revestidos de humor ácido sob o comando de Sikêra Júnior e com participação da sua equipe. Um quadro do programa, apresentado ao final de cada notícia sobre a morte de um suspeito, inclui uma coreografia animada em que um enorme cartão onde se lê "CPF cancelado" circula pelo palco enquanto todos cantam sorridentes e de forma jocosa: "Ele morreu, morreu. Antes ele do que eu"[318]. Outro exemplo é o "Pote do Demo", em que são depositados em um recipiente pequenos bonecos de plástico que simbolizam corpos de pessoas mortas pela polícia, numa contabilidade que celebra a eliminação de suspeitos.

As emissoras, os jornalistas e os programas que protagonizam o populismo penal midiático propugnam "pela preservação da ordem social, pela divisão da sociedade em pessoas decentes, de um lado, e criminosas, de outro, criminalização de agentes estereotipados etc."[319], desconsiderando quaisquer explicações mais estruturais para a violência e criminalidade: não há um questionamento sobre as injustiças sociais, sobre a legitimidade da presente ordem social e econômica ou sobre as raízes históricas das desigualdades. Nesse binarismo reducionista, os policiais são heróis inquestionáveis e os suspeitos monstros elimináveis e matáveis.

Estratégias para sensibilizar a opinião pública no tribunal midiático

Embora haja um consenso entre as mães de que a mídia hegemônica, por princípio, "tem um lado" que não é dos favelados – declaração repetida em praticamente todos os depoimentos na pesquisa –, há também um entendimento de que é preciso disputar a narrativa no tribunal midiático, portanto, querem que suas vozes sejam ouvidas. Para essas mães, torna-se

---

[318] Disponível em: https://youtu.be/9YaOA5PvRyM. Acesso em: 28 out. 2023.

[319] GOMES, Luiz Flávio, ALMEIDA, Débora de Souza. *Populismo Penal Midiático*: caso mensalão, mídia disruptiva e direito penal crítico. São Paulo: Saraiva, 2013. p. 99.

necessário também exercerem seus papéis de advogadas de defesa dos mortos diante do "jornalismo justiceiro" detalhado por Gomes e Almeida[320] ou de promotoras de acusação de um Estado assassino. Há ainda um uso consciente e instrumental dos veículos midiáticos para, segundo elas, não deixar que os casos caiam no esquecimento.

> Segundo elas, aparecer na mídia é uma possibilidade de divulgar o caso para um número maior de pessoas, aumentando também a possibilidade de que apareçam informações sobre o caso e que as autoridades policiais e judiciais sejam provocadas a tomar alguma medida referente ao andamento do processo penal. Por isso é sempre preciso "incomodar", como dizem elas, sem deixar o caso cair no esquecimento. O "núcleo duro" da crítica fica, por assim dizer, soterrado pelo repertório adotado para manifestá-la. Esquematicamente, ele poderia ser apresentado da seguinte maneira: a) "queremos paz, que é o oposto da violência sob a qual vivemos" (incidentalmente, note-se que, aqui, o oposto de "paz" não é "guerra"); b) para isso, é preciso um mundo justo que expresse a comum humanidade, em que a base das hierarquias sociais seja não a aquisição de superioridade pela força, mas pelo mérito de ações voltadas para o bem de todos; c) assim, a justiça, único meio de atingir a paz, é incompatível com a opressão e a discriminação; d) logo, não haverá paz sem a eliminação completa da opressão, que impede a existência de um mundo comum instaurando, em consequência, a "crise de violência" que se abate sobre todos, independente de suas posições de superioridade ou inferioridade[321].

Esse uso se enquadra no que Sodré classifica como *estratégias sensíveis* ou "jogos de vinculação dos atos discursivos às relações de localização e afetação dos sujeitos no interior da linguagem"[322]. Discursos que ecoavam os sujeitos a partir de relações de afeto, em que algo passa, transmite-se e comunica-se sem necessariamente saber do que se trata, vai além do mero conteúdo, da informação, mas desperta empatia e identificação. O autor indica que signos visíveis e sonoros que administram o afeto coletivo provocam inquietação, mas também o questionamento sobre o encaminhamento político de nossas emoções. Faz surgir um ser comum, reconhecível na diversidade das relações sociais, para além da razão instrumental.

---

[320] *Ibidem.*

[321] ARAÚJO, Fábio Alves. *Do luto à luta*: a experiência das Mães de Acari. Dissertação (Mestrado) – Universidade Federal do Rio de Janeiro, Instituto de Filosofia e Ciências Sociais, Rio de Janeiro, 2007, p. 90.

[322] SODRÉ, Muniz. *As estratégias sensíveis*: Afeto, mídia e política. Rio de Janeiro: Mauad X, 2018.

> O desafio epistemológico e metodológico da Comunicação enquanto práxis social, entretanto, é suscitar a compreensão, isto é, um conhecimento e ao mesmo tempo uma aplicação do que se conhece, na medida em que os sujeitos implicados no discurso orientam-se, nas situações concretas da vida, pelo sentido comunicativamente obtido [...] porque os objetos comunicacionais descrevem e integram uma experiência imediata e comum, que é a da midiatização, isto é, da articulação das instituições com as mídias[323].

A demonstração de afeto por seus filhos, a humanização dos números, os relatos de mães que sofrem e enfrentam a injustiça são "estratégias sensíveis" que podem pesar na balança do julgamento midiático e, mais do que apenas informar, comover a opinião pública – os jurados desse tribunal. Pelos relatos obtidos nas entrevistas, o contato com a mídia é entendido como necessário, um instrumento para a promoção da justiça que pretendem alcançar, no entanto essa relação não se dá de forma inocente ou acrítica. Há uma clareza de que "botar a cara", como elas dizem, faz parte da luta. Nessa dinâmica, por vezes, acaba se estabelecendo uma relação de parceria na troca de informações sobre o andamento dos processos.

> *Ele [o policial acusado] segue solto, a única coisa que eu soube foi através de jornalistas que vieram me entrevistar e foram atrás da Polícia Militar pra ter um depoimento e tiveram a informação de que ele estava prestando serviços internos, estava trabalhando no Hospital da Polícia Militar, que fica no Estácio. [...] No dia da primeira audiência, que foi quase um ano após a morte do meu filho, saiu uma nota assim de quase meia página do Jornal O Dia com a minha foto segurando a foto dele e aí na reportagem fala, "hoje não será a primeira vez que o policial sentará no banco dos réus". Ele já respondia por triplo homicídio e duas tentativas de homicídio na Baixada Fluminense. Esse mesmo policial ele já tinha sido preso, ficou acho que um mês preso ou dois meses preso, por conta desse outro processo aí que ele era acusado de envolvimento em triplo homicídio e das tentativas de homicídio. Crimes que ele teria cometido de folga lá na Baixada Fluminense. Então eu fiquei sabendo disso tudo através da reportagem (Entrevistada 9, 46 anos).*

Houve também relato de quem usou a visibilidade midiática como constrangimento e pressão para que procedimentos médicos até então negados fossem realizados. Uma das mães participantes desta pesquisa, a única cujo filho não morreu, mas ficou com sequelas graves após ser baleado

---

[323]. *Ibidem*, p. 15.

por soldados do Exército, relata que uma cirurgia necessária foi realizada no rapaz apenas depois que ela facilitou a entrada de uma equipe de TV à enfermaria do hospital para mostrar a situação.

> *Eu faço barganha [em troca de entrevista]. Levei o repórter do G1 no CTI [Centro de Terapia Intensiva] ele entrevistou meu filho, ninguém sabia. Depois eu, não sossegada, menina eu era terrível, peguei uma repórter do SBT e chamei ela pra gravar. E ela gravou na enfermaria. [...]. Meu filho precisava operar o pulmão. Só que eles diziam que não tinham, não tinha pneumologista. Porque a bala entrou e os estilhaços, o pulmão dele colabou, "colabou" quer dizer fechou, eles fizeram um tipo uma cirurgia pra limpar, mas não conseguiu, fechou de novo, ele precisou abrir né? [Precisou] fazer uma cirurgia mesmo pra limpar o pulmão, tirou parte do pulmão, ele tem só uma parte de um pulmão, aí ele limpou, mas só depois que eu dei a entrevista, que eu deixei a repórter gravar dentro da enfermaria. Minha filha, nesse dia, nossa, foi um vuco-vuco. Ai, foi sensacional. Eu me senti assim com a alma lavada. Ela falando com meu filho e eu bem na porta da enfermaria tomando conta. Aí gravou, tá. Aí foi pra mídia. Menina, quando as meninas que fazia curativo nele chegou na sala, aí estava passando o jornal do SBT e passou a reportagem. Minha filha, isso foi um reboliço no hospital. Eu querendo falar com o diretor, falava com fulano e ciclano ninguém queria falar comigo, rapidinho todo mundo desceu. Todo mundo desceu. E viram da minha capacidade (Entrevistada 2, 58 anos).*

A escolha por usar a imprensa como plataforma também está envolta em uma reivindicação de autoridade e legitimidade para falar sobre o assunto. Ao analisar os discursos dos sobreviventes de acontecimentos violentos na Índia[324], Das[325] faz uma diferenciação entre a narrativa discursiva dos eventos e o uso da voz. Segundo a autora, as memórias compartilhadas de momentos violentos criaram um linguajar compartilhado. A pesquisadora utiliza o conceito de *assinatura* de Jacques Derrida – que não seria uma simples grafia de um nome em um texto ou obra de arte, mas o sinal de um testemunho, que implica em contexto, o registro de um dado momento – para alertar sobre o perigo de um discurso, de uma voz que possa soar falsa e oferecer elementos para que o Estado tente se eximir de sua obrigação de oferecer justiça.

---

[324] Os eventos aos quais a pesquisadora se refere são o processo de Partição ou divisão da colônia britânica em dois estados independentes, Índia e Paquistão, em 1947; e o assassinato de Indira Gandhi, em 1984, que desencadeou uma violência brutal contra residentes sikhs em Délhi, o que no trabalho da autora aparece como "os tumultos de 1984".

[325] DAS, Veena. *Vida e palavras*: a violência e sua descida ao ordinário. São Paulo: Editora Unifesp, 2020.

> É algo semelhante à possibilidade de falsificação que poderia colocar a autoridade de um documento em questão. Assim, eu também exploro o sentido de perigo em relação à enunciação falada e escrita em espaços como o do rumor ou em instituições como o Estado, que podem se desprender de suas próprias promessas de justiça ao assumir a possibilidade da assinatura como falsificação, voltando-a contra aqueles que são suspeitos a seus olhos: a própria ideia que Derrida julga tão atrativa como crítica da presença e da intencionalidade aqui se torna uma tática de Estado para evitar sua responsabilidade[326].

No caso das redes de mães no Rio de Janeiro, o discurso comum, o linguajar compartilhado, ao contrário do que teme Das, é o que confere alma, sentido e legitimidade ao relato. Que ele seja amplificado pelos meios de comunicação é uma estratégia que, ao mesmo tempo com poder de gerar empatia e identificação, ratifica essas mulheres como representantes justas da causa, fortalece a unidade dos movimentos em torno das denúncias e reivindicações. Araújo aponta que o ato de falar em público, sobretudo nos protestos, é uma fase importante para a elaboração da denúncia, que passa pelo entendimento dessas mortes como um acontecimento político que merece investigação.

> O momento ao microfone é carregado de emoções – ao mesmo tempo que se configura como uma forma de empoderamento, no qual essas mulheres têm a palavra e são ouvidas, onde produzem denúncias e rendem homenagens à memória de seus filhos; é também um momento de dor, de rememorar os eventos que levaram à morte deles. Dessa forma, cada familiar gerencia suas emoções de maneira singular, sendo sempre apoiado pelos outros: quando choram, são abraçados e recebem palavras de incentivo para continuarem com o discurso; quando gritam ou dão palavras de ordem, são aplaudidos. Observar a interação dos familiares durante as manifestações e audiências, é perceber como a solidariedade e o afeto construído entre eles se materializa no compartilhamento da dor[327].

Considerações finais

As redes de mãe e familiares de vítimas de violência do Estado se constituem como agentes políticos, organizando-se em torno da dor da perda e evocando a maternidade como bandeira. É a partir do reconhecimento dessa

---

[326] *Ibidem*, p. 31.
[327] ARAÚJO, 2007, p. 34.

identidade coletiva que sua atuação é pautada. Um movimento que surge em um contexto de profunda desigualdade social e afeta principalmente as áreas de favelas e periferias, alvos prioritários de uma política de segurança pública que, há décadas, se baseia na repressão violenta nesses territórios.

São muitos os elementos que compõem essa dinâmica de reivindicação, que é construída a partir de uma sociedade estruturada de maneira desigual e que, por isso mesmo, precisa conquistar relevância no espaço público, no imaginário coletivo a fim de ganhar respaldo social e mais força. Nesse sentido, o uso da mídia é primordial. Não basta que o pleito *seja* justo, ele precisa *parecer* justo aos olhos do público, ser reconhecido como tal. Na medida em que essa é uma luta travada por meio da pressão de órgãos públicos, o que reverbera em desdobramentos políticos, eleitorais, orçamentários e de poder, ter o controle da narrativa criada em torno dos casos ou pelo menos disputar esse discurso, contrapondo-o a versão oficial, é ponto crucial nesses processos.

O tratamento historicamente dado a moradores de favela na mídia é pejorativo, contribuindo para intensificar a marginalização dessa população e justificando a política de segurança pública aplicada por se tratar de "territórios perigosos". Porém, no entendimento das mães, esse é um mal necessário, há um uso instrumental da mídia para, segundo elas, não deixar que os casos caiam no esquecimento. Como a violência urbana é um tema de interesse geral, movimentando grandes somas de recursos financeiros e pautando a corrida político-eleitoral, as mães acreditam que é necessário disputar a narrativa midiática – e consequentemente influenciar a opinião pública –, pleiteiam que suas versões dos fatos e suas vozes sejam ouvidas. E, nessa seara, ressaltar a figura da mãe sofredora, mesmo que não seja uma estratégia consciente, é reiterada. Trajar a camisa com o rosto do filho sorridente, relembrar seus planos para o futuro, os sonhos das famílias para esses jovens, são ações que se encaixam no que Sodré define como "estratégias sensíveis", que acionam afetos e ajudam a diminuir o estigma carregado pela palavra "suspeitos", comumente usada pelas polícias ao se referirem aos mortos em favelas. Dentro do próprio movimento, há um trabalho de adequação dos discursos que separam os "bons meninos" daqueles que tinham ou tiveram algum envolvimento com o crime. Afirmar que um filho não merecia morrer porque nunca teve passagem pelo crime, porque não era bandido, afasta do ativismo as mães daqueles que, mesmo executados enquanto estavam indefesos, não correspondem aos critérios para serem considerados inocentes e, consequentemente, terem sua morte lamentada publicamente. A lógica do "bandido bom é bandido morto" retira o direito ao luto de muitas famílias. A partir do envolvimento com a militância e o contato com mães em situações diversas, as ativistas passam a defender publicamente o direito à vida em primeiro lugar, a ressaltar que não há pena de morte na legislação brasileira e que aqueles que estivessem "no erro" teriam direito a um processo criminal justo e julgamento imparcial. A defesa da vida do negro periférico é a bandeira que sustenta o grito por justiça e reparação.

Referências

ANDI COMUNICAÇÃO E DIREITOS, ALANA. *A publicidade como estratégia de financiamento dos programas policialescos*. 2019. Relatório *online*. Disponível em: https://andi.org.br/wp-content/uploads/2020/09/policialescos_publicidade.pdf. Acesso em: 27 ago. 2023.

ARAÚJO, Fábio Alves. *Do luto à luta*: a experiência das Mães de Acari. Dissertação (Mestrado). Programa de Pós-Graduação em Sociologia e Antropologia – Universidade Federal do Rio de Janeiro, Instituto de Filosofia e Ciências Sociais. Rio de Janeiro, 2007.

ARAÚJO, Etyelle Pinheiro de. *Cada luto, uma luta*: narrativas e resistência de mães contra a violência policial. Rio de Janeiro: Ed. PUC-Rio: Numa Editora, 2022.

BENÍCIO, Jeff. Programas policiais perdem audiência por escandalizar menos. *Terra*, Entretê, 16 abr. 2017. Disponível em: https://www.terra.com.br/diversao/tv/blog-sala-de-tv/programas-policiais-perdem-audiencia-por-escandalizar-menos,90deb998aaa8fefbbf0f0594709ba61bl18kmhe8.html. Acesso em: 23 jun. 2019.

BRASIL. *Constituição da República Federativa do Brasil*. 1988.

BRASIL. Ministério da Justiça. *Portaria no. 1.189, de 03 de agosto de 2018*. Regulamenta o processo de classificação indicativa. Brasília: Ministério da Justiça, 2018. Disponível em: https://www.gov.br/mj/pt-br/assuntos/seus-direitos/classicacao-1/legislacao/arquivos-diversos/PortariaMJ11892018.pdf. Acesso em: 23 ago. 2023.

BRASIL. Supremo Tribunal Federal. *Arguição de descumprimento de preceito fundamental 635*. Decreto N.º 48.272. Estabelece o Plano Estadual de Redução da Letalidade Decorrente de Intervenção Policial e dá outras providências. Relator Ministro Edson Fachin. Brasília, 19/12/2022. Disponível em: https://portal.stf.jus.br/processos/detalhe.asp?incidente=5816502. Acesso em: 20 dez. 2022.

BUTLER, Judith. *Vida precária:* Os poderes do luto e da violência. Belo Horizonte: Autêntica, 2019.

CAETANO, Filipe R. *Espetacularização do processo penal e as consequências do populismo penal midiático.* Porto Alegre: Faculdade de Direito, PUC-RS, 2016.

DAS, Veena; POOLE, Deborah. *El estado y sus márgenes* – Etnografías comparadas. Buenos Aires: Cuadernos de Antropología Social, n. 27, UBA, 2008, p. 19-52.

DAS, Veena. *Vida e palavras:* a violência e sua descida ao ordinário. São Paulo: Editora Unifesp, 2020.

GIELOW, Igor. Datalholha: Brasileiro se diz triste e desanimado e vê violência como maior problema ao lado da saúde. *Folha de S. Paulo*, 15 set. 2023. Disponível em: https://www1.folha.uol.com.br/poder/2023/09/datafolha-brasileiro-se-diz-triste-e-desanimado-e-ve-violencia-como-maior-problema.shtml. Acesso em: 28 out. 2023.

GOMES, Luiz Flávio; ALMEIDA, Débora de Souza. *Populismo Penal Midiático:* caso mensalão, mídia disruptiva e direito penal crítico. São Paulo: Saraiva, 2013.

MADEIRO, Carlos. No Brasil, 57% concordam que "bandido bom é bandido morto", diz Datafolha. *UOL*, Cotidiano, 2 nov. 2016. Disponível em: https://noticias.uol.com.br/cotidiano/ultimas-noticias/2016/11/02/no-brasil-57-concordam-que-bandido-bom-e-bandido-morto-diz-datafolha.htm. Acesso em: 29 out. 2023.

OLIVEIRA, Viviane Nascimento. *O luto como capital político* – as redes de mães de vítimas da violência do estado na cidade do Rio de Janeiro. Dissertação (Mestrado em Desenvolvimento Territorial e Políticas Públicas) – Instituto Multidisciplinar. Instituto de Ciências Sociais Aplicadas, Programa Pós-Graduação em Desenvolvimento Territorial e Políticas Públicas, Universidade Federal Rural do Rio de Janeiro, Seropédica, RJ, 2023.

REIS, João Paulo. Audiência da TV (11/03): Cidade Alerta bate recorde de audiência. *Observatório da TV*, 12 mar. 2019. Disponível em: https://observatoriodatelevisao.bol.uol.com.br/audiencia-da-tv/2019/03/audiencia-da-tv-11-03-cidade-alerta--bate-recorde-de-audiencia. Acesso em: 23 jun. 2019.

SANZ, Raphael. Chacina do Jacarezinho: famílias de 14 vítimas processam o Estado em busca de justiça. *Revista Forum*, 28 abr. 2023. Disponível em: https://revistaforum.com.br/brasil/sudeste/2023/4/28/chacina-do-jacarezinho-familias-de-14-vitimas-processam-estado-em-busca-de-justia-135057.html. Acesso em: 23 out. 2023.

SODRÉ, Muniz. *As estratégias sensíveis*: Afeto, mídia e política. Rio de Janeiro: Mauad X, 2018.

VIANA, Natália. *Dano colateral*: a intervenção dos militares na segurança pública. Rio de Janeiro: Objetiva, 2021.

A VIOLÊNCIA CONTRA A MULHER EM MATO GROSSO DO SUL: ANÁLISE DAS VOZES LEGITIMADAS NO JORNALISMO REGIONAL

Ana Karla Flores Gimenes
Marcos Paulo da Silva

Este capítulo, ancorado em uma pesquisa mais abrangente em nível de pós-graduação[328], volta-se ao estudo da cobertura jornalística dos casos de violência contra a mulher a partir da análise das fontes jornalísticas e dos canais de informação empregados pelo veículo regional *Correio do Estado*[329], de Mato Grosso do Sul, em sua versão *online,* para compreender as dinâmicas de poder explícitas e implícitas na construção das notícias em relação às características socioculturais da região. Como *corpus,* foram selecionadas matérias publicadas pelo jornal em questão nos anos de 2020 e 2021 com menção a algum tipo de violência contra a mulher.

---

[328] GIMENES, Ana Karla Flores. *Violência contra a mulher em Mato Grosso do Sul*: Análise de enquadramento multimodal do jornal Correio do Estado. Dissertação (Mestrado em Comunicação) – Universidade Federal de Mato Grosso do Sul, Campo Grande, 2023.

[329] O jornal *Correio do Estado* foi fundado em fevereiro de 1954 com o propósito político de apoiar e promover a candidatura de Fernando Corrêa da Costa, da União Democrática Nacional (UDN), para governador do então Estado de Mato Grosso. Seu fundador original, Fernando Corrêa da Costa, era uma figura politicamente contraposta a Filinto Müller, do Partido da Social Democracia (PSD). Assim, desde o início, o jornal foi fortemente orientado politicamente, ligado à UDN, um partido de ênfase conservadora (DAL MORO, Nataniel. *O pensar da elite sobre o povo comum:* Espaço público, viver urbano e reterritorialização do centro da cidade de Campo Grande (décadas de 1960-70). Tese (Doutorado em Arquitetura) – Pontifícia Universidade Católica de São Paulo, São Paulo, 2012). Mesmo após a mudança de propriedade do jornal, quando passou a ser administrado por José Barbosa Rodrigues, a orientação política continuou a ser uma parte fundamental do periódico. Nacionalmente, o jornal apoiou a presença dos militares no poder após o golpe de abril de 1964 (GOIS, 2020). Em anos posteriores, o *Correio do Estado* também apoiou a divisão de Mato Grosso e a criação de Mato Grosso do Sul (DAL MORO, 2012). Como um dos principais meios de comunicação da região, o *Correio do Estado* desempenhou um papel fundamental na formação das representações do Estado e de Campo Grande durante os movimentos divisionistas, contribuindo, inclusive, para a disseminação de referenciais simbólicos e culturais afeitos à "ideologia da cultura sul-mato-grossense" (RAPOSO, Maurício Melo. *Enquadramento jornalístico dos conflitos entre indígenas e produtores rurais em Mato Grosso do Sul:* Discursos Identitários como Quadros de Referência Primários. Dissertação (Mestrado em Comunicação) – Universidade Federal de Mato Grosso do Sul, Campo Grande, 2018). Em atividade ininterrupta desde sua fundação, o jornal tem sido um dos três mais antigos ainda em circulação em Mato Grosso do Sul. Até 2003, pertenceu ao empresário Antonio João Hugo Rodrigues, que desempenhou um papel ativo na política do Estado. Posteriormente, a propriedade do jornal foi transferida para os atuais administradores, Marcos Fernando Alves Rodrigues, sobrinho de Antônio João, e Ester Figueiredo Gameiro, ex-esposa de Antônio João. O jornal faz parte do grupo Correio do Estado de Comunicação, que inclui a TV Campo Grande (atualmente denominada SBT-MS, como afiliada ao Sistema Brasileiro de Televisão), a rádio FM Mega 94, o site de notícias Correio do Estado e a Fundação Barbosa Rodrigues.

Ao todo, foram identificadas 122 matérias relacionadas à violência contra a mulher, sendo 65 publicadas em 2020 e 57 em 2021, todas nas editorias de Cidades ou de Política, com textos no formato informativo, isto é, de cunho noticioso[330]. Em termos metodológicos, a partir da seleção inicial, as matérias foram subdivididas em três categorias temáticas: 1. Ações do Estado (textos que abordam ações tomadas pelo Estado no combate à violência contra a mulher); 2. Dados (matérias que apresentam dados estatísticos e informações públicas sobre o tema da pesquisa); e 3. Casos (matérias que reportam casos específicos de violência contra a mulher). Dessa forma, faz-se possível analisar a maneira como os crimes são representados no veículo ao longo dos dois anos com maiores índices de violência contra a mulher registrados em Mato Grosso do Sul.

A temática da violência tem sido apontada como uma das principais preocupações da sociedade brasileira em diferentes estudos e levantamentos. Segundo Saffioti[331], essa se tornou uma preocupação não somente dos grandes centros do país, como São Paulo e Rio de Janeiro, como também de cidades de porte médio – caso de Campo Grande, capital de Mato Grosso do Sul – e de pequenos municípios. Ademais, o conceito de violência tem se apoiado em uma definição aceita como verdadeira e indubitável. "Trata-se da violência como ruptura de qualquer forma de integridade da vítima: integridade física, integridade psíquica, integridade sexual, integridade moral"[332].

Para Piscitelli[333], no que se refere às especificidades da violência de gênero, o conceito de patriarcado trouxe diversos problemas para as particularidades da condição da mulher em diferentes lugares e épocas. A pesquisadora destaca que o patriarcado possui como objetivo demonstrar a subordinação da mulher, argumentando que tal dominação não é natural e é possível de combatê-la. Segundo a autora, um dos elementos principais está no controle da sexualidade feminina para assegurar a fidelidade da esposa ao marido. Tal regime serve para que homens assegurem, para si e para os dependentes, os meios para a reprodução da vida. As mulheres se tornam objetos de reprodução de herdeiros, força de trabalho ou novas reprodutoras e de satisfação sexual. Essa soma de dominação e de exploração do homem sobre a mulher é entendida como opressão, o que não se distancia do contexto das coberturas

---

[330] MELO, José Marques de; ASSIS, Francisco de. Gêneros e formatos jornalísticos: um modelo classificatório. *Intercom*: Revista Brasileira de Ciências da Comunicação, São Paulo, v. 39, n. 1, 2016.

[331] SAFFIOTI, Heleieth I. B. *Gênero, patriarcado e violência*. São Paulo: Editora Fundação Perseu Abramo, 2015.

[332] *Ibidem*, p. 18.

[333] PISCITELLI, Adriana. Gênero: a história de um conceito. *In:* BUARQUE DE ALMEIDA, Heloisa; SZWAKO, José (org.). *Diferenças, igualdade*. São Paulo: Berlendis & Vertecchia, 2009. p. 116-148.

jornalísticas sobre o tema. Ainda no escopo da violência de gênero, Saffioti[334] sublinha a normalidade e a naturalidade com as quais a sociedade interpreta a agressividade do homem sobre o corpo feminino: "a questão se situa na tolerância e até no incentivo da sociedade para que os homens exerçam sua força-potência-dominação contra as mulheres, em detrimento de uma virilidade doce e sensível, portanto mais adequada ao desfrute do prazer".

O Anuário de Segurança Pública 2022, publicado pelo Fórum Brasileiro de Segurança Pública, mostra que, em 2021, foram registrados 1.341 feminicídios no Brasil; cerca de 35% vitimaram mulheres entre 18 e 24 anos. Além disso, o estudo apresenta que houve 230.861 casos de lesão corporal em situações caracterizadas como violência doméstica e 52.797 estupros com vítimas do sexo feminino. Em 2016, quando os dados começaram a ser contabilizados, o Anuário indicou que 929 mulheres morreram classificadas como feminicídio, o que constitui uma variação positiva de 44,3% em relação aos números de 2021. No mesmo ano também foram registrados 55.070 estupros, cerca de 4% acima dos dados de 2021.

Em Mato Grosso do Sul, o Anuário de Segurança Pública registrou 84 vítimas femininas de homicídio e 37 feminicídios em 2021. Quanto às tentativas de crimes registrados como homicídio contra as mulheres e feminicídios, foram 323 casos. O estado também registrou 4.535 casos de violência doméstica. No entanto, o estudo aponta que houve 652.452 chamadas para o 190 para denúncias de violência doméstica, 15.014 casos de ameaças contra vítimas mulheres, 383 estupros e 2.072 estupros de vulnerável. A taxa de feminicídios por 100 mil mulheres, em 2021, foi de 2,6 em Mato Grosso do Sul, mais do que o dobro da taxa nacional, que é de 1,2 feminicídios por 100 mil mulheres.

Nesse contexto, ressalta-se a complexidade inserida na violência de gênero ao longo dos anos de 2020 e 2021. A partir de dezembro de 2019, o mundo foi impactado fortemente com a propagação do vírus Sars-Cov-2, doença caracterizada com alto potencial de contágio e elevada ao grau de pandemia pela Organização Mundial de Saúde (OMS). Em decorrência do grau de risco do vírus, pesquisa da World Health Organization (WHO) no Brasil aponta o registro de mais de 37 bilhões de casos confirmados com 699 mil mortes até março de 2023. Além dos milhares de casos confirmados e óbitos em decorrência do vírus, Maciel *et al.*[335] argumentam que a socia-

---

[334] SAFIOTTI, *op. cit.*, p. 79.

[335] MACIEL, Maria Angélica Lacerda *et al.* Violência doméstica (contra a mulher) no Brasil em tempos de pandemia (COVID-19). *Revista Brasileira de Análise do Comportamento*, [*S. l.*], v. 15, n. 2, 2019.

bilidade foi uma questão duramente afetada pela pandemia, especialmente no que se refere à mulher. Nos períodos de crise de contágio da Covid-19, a OMS apontou o isolamento social como a tática mais efetiva para evitar novas contaminações. "Entretanto, enquanto para alguns indivíduos o isolamento social representa proteção diante da ameaça da doença, para outros(as) o confinamento domiciliar pode representar perigo, como nos casos de famílias com histórico de violência doméstica"[336].

Em relação à representação da violência contra a mulher na mídia contemporânea, Prado e Sanematsu[337] destacam a tendência de sensacionalismo e de estereotipagem em casos de feminicídio. A mídia muitas vezes reforça estereótipos, culpabiliza a vítima e transforma casos sérios em espetáculos. Levantamento feito pelo *The Global Media Monitoring Project*[338], de 2020, revela que, nas notícias, as mulheres são frequentemente identificadas como vítimas, especialmente em violência doméstica e violações sexuais. A representação nos veículos *online* mostra presença feminina em temas como política e crime, mas associada mais frequentemente a vínculos familiares do que os homens. Em síntese, a representação da mulher na imprensa brasileira, desde o século XIX até a contemporaneidade[339], reflete mudanças sociais e econômicas, mas persistem estereótipos prejudiciais. A cobertura da violência contra a mulher exige uma abordagem mais crítica que possa ultrapassar o sensacionalismo e promover uma visão justa e igualitária.

Em termos históricos, considerando a problemática que delineia o papel da mulher na sociedade e na mídia, as disputas territoriais que deram origem ao próprio estado de Mato Grosso do Sul – recorte desta pesquisa – também podem contribuir para a percepção da violência de gênero como um traço cultural recorrente na região. Corrêa[340] aponta que a violência na porção sul do então estado de Mato Grosso unificado remonta à ocupação territorial, influenciada por interesses na mão de obra escrava indígena. A Guerra do Paraguai no século XIX agravou a instabilidade, deixando

---

[336] *Ibidem*, p. 141.

[337] PRADO, Débora; SANEMATSU, Marisa. *Feminicídio*: #InvisibilidadeMata. São Paulo: Fundação Rosa, 2017.

[338] THE GLOBAL Media Monitoring Project 2020. *Who makes the news*, 2020. Disponível em: https://whomakesthenews.org/wp-content/uploads/2021/07/1-Relatorio-GMMP-Brasil-portugues-12-07-21-completo-1.pdf. Acesso em: 13 set. 2022.

[339] BUITONI, Dulcília Schroeder. *Mulher de papel*: a representação da mulher pela imprensa feminina brasileira. São Paulo: Summus, 2009.

[340] CORRÊA, Valmir B. História e violência cotidiana de um "povo armado". *Projeto História*, São Paulo, n. 39, p. 57-73, 2009.

MÍDIA, VIOLÊNCIA E ALTERIDADE: PERSPECTIVAS E DEBATES

marcas duradouras. As disputas coronelistas no século XX intensificaram a violência, culminando em um clima de "terra sem lei" durante a implantação da república.

A criação de Mato Grosso do Sul, em 1977, por conseguinte, consolidou essa identidade. Weingartner[341] e Bittar[342] enfatizam que divisão do estado resultou de movimentos sociais, acordos políticos e resistência da população sul-mato-grossense. A relação entre o coronelismo, a violência política e a construção da identidade regional é evidente. O fenômeno da violência se perpetua na identidade sul-mato-grossense, evidenciando-se em dados recentes, como os crimes violentos e letais. O uso de armas de fogo destaca a presença arraigada dessa cultura, corroborando a ideia de que a violência tornou-se parte integrante da vida cotidiana na região. Assim, a matriz histórica da violência contribui para a formação da identidade sul-mato-grossense, influenciando representações sociais e moldando a percepção midiática, preparando o terreno para a análise das representações da violência contra a mulher.

Fontes e canais de informação

Em termos metodológicos, como forma de análise crítica das vozes legitimadas no espaço público jornalístico para falar sobre a problemática da violência de gênero, propomos um estudo dos canais de informação com base na classificação inicialmente elaborada por Sigal[343]. Em levantamento clássico no contexto estadunidense no início da década de 1970, o sociólogo distingue os canais de chegada das informações na mídia em três categorias: canais de rotina, canais informais e canais corporativos. Os chamados "canais de rotina" remetem a conferências e comunicados de imprensa (sugestões de pauta, *press releases*, conteúdos institucionais etc.), audiências e eventos oficiais que são cobertos pela mídia. Os "canais informais" dizem respeito a vazamentos, a procedimentos ligados a atores e instituições não oficiais ou a reportagens oriundas de outras organizações de notícias. Já os "canais corporativos" relacionam-se a apurações, entrevistas e investigações realizadas por iniciativa dos próprios repórteres ou a eventos espontaneamente

---

[341] WEINGARTNER, Alisolete Antônia dos Santos. *Movimento divisionista no Mato Grosso do Sul*. Porto Alegre: Edições Est., 1995.

[342] BITTAR, Marisa. *Mato Grosso do Sul, a construção de um estado*. v. 1. Campo Grande: Editora UFMS, 2009.

[343] SIGAL, Leon V. *Reporters and Officials:* The Organization and Politics of Newsmaking. 2. ed. Estados Unidos: D.C. Health and Company, 1974.

presenciados *in locu* pelos jornalistas. A lógica contemporânea das redes sociotécnicas proporciona novas formas de operacionalização desses canais, depositando forte ênfase na atuação das fontes no ciberespaço.

Além disso, a pesquisa vale-se complementarmente da tipologia de fontes jornalísticas proposta por Lage[344], que as distingue entre "primárias" e "secundárias". Lage classifica as fontes como "primárias" como aquelas ligadas diretamente aos fatos, fornecendo experiências, relatos, informações e ângulos particularizados. Já as fontes secundárias, em geral, não fazem parte do ocorrido que está em pauta, mas são consultadas para contextualização e atribuição de uma explicação ao fenômeno em discussão. De acordo com Lage, a consulta às fontes secundárias antes da apuração do fato permite uma visão mais aprofundada e adequada do acontecimento. Uma classificação semelhante é proporcionada por Soley[345], que distingue as fontes entre "news makers" e "news shapers" – fabricadores e formatadores das notícias, numa tradução literal. Para o autor, os "news makers" são definidos como as fontes que fazem parte de um ocorrido, a exemplo dos personagens. Já os "news shapers" consistem nos agentes sociais utilizados pela mídia para obter informações privilegiadas, antecedentes ou previsões sobre resultados de acontecimentos que ainda não foram concluídos. Geralmente são apresentados como "analistas independentes".

Gans[346] compara a relação entre fontes e jornalistas a uma dança, destacando que, frequentemente, é a fonte que conduz os movimentos. De acordo com ele, a limitação de recursos e tempo nas redações leva os jornalistas a depender de um número restrito de fontes previamente "aprovadas" – isto é, legitimadas como passíveis de fornecer informações consideradas seguras no interior das rotinas profissionais. Essa relação pode ser conflituosa, metaforizando-se na figura de um cabo de guerra, no qual a fonte busca controlar a notícia em benefício de seu ponto de vista, enquanto o jornalista busca controlar a fonte para obter as informações desejadas. Gans[347] identifica quatro fatores para o acesso bem-sucedido das fontes aos jornalistas. O primeiro é o "incentivo", classificando as fon-

---

[344] LAGE, Nilson. *A Reportagem:* Teoria e técnica de entrevista e pesquisa jornalística. Rio de Janeiro: Record, 2005.

[345] SOLEY, Lawrence C. *The News Shapers:* The Source Who Explain the News. New York, Westport. London: Praeger Publishers, 1992.

[346] GANS, Herbert J. *Deciding What's News:* A Study of CBS Evening News, NBC Nightly News, Newsweek, and Time. Illinois: Northwestern University Press, 2004.

[347] *Ibidem.*

tes como "ansiosas", "afáveis" ou "recalcitrantes". O segundo é o "poder", refletindo a hierarquia social, permitindo que indivíduos dotados de poder (econômico, político, simbólico etc.) controlem o acesso à mídia. O terceiro é a "habilidade de fornecer informação adequada", destacando a importância de fontes capazes de fornecer notícias relevantes e adequadas às rotinas produtivas. Por fim, o quarto é a "proximidade geográfica e social aos jornalistas", indicando que fontes próximas são mais facilmente acessadas. O autor afirma que, em relação aos jornalistas, as fontes são selecionadas com base em confiabilidade, convivência, credibilidade, capacidade de expressar opiniões, autoridade e notoriedade. O jornalismo especializado influencia na seleção de fontes, estabelecendo vínculos mais profundos. Compreende-se, assim, que as fontes não determinam unilateralmente as notícias, mas direcionam a atenção dos jornalistas para certas circunstâncias sociais.

Lage[348] reflete sobre os interesses das fontes em divulgar informações, destacando a motivação normativa e os desejos de prestígio, medo de divulgação desfavorável ou intenção de desmoralizar adversários. O autor destaca a transformação estrutural no campo jornalístico oriunda do surgimento das assessorias de imprensa, que profissionalizaram o contato entre jornalistas e fontes. Soley[349], por seu turno, argumenta que, no século XX, jornalistas – em especial no cenário dos Estados Unidos, com forte influência no conjunto do jornalismo ocidental – passaram a se declarar politicamente desprendidos, defendendo a objetividade como construção histórica. O autor critica a metáfora do "espelhamento da realidade" pelo jornalismo e destaca em termos históricos o uso frequente de fontes oficiais, brancas e masculinas, subrepresentando mulheres e grupos sociais no contexto de suas pesquisas.

Não casualmente, Moraes e Veiga[350] propõem um jornalismo subjetivo para superar a objetividade hegemônica arraigada no jornalismo ocidental. As autoras criticam a produção de conhecimento baseada na separação entre fatos e valores, argumentando que tal tradição perpetua ideologias como o machismo e o racismo. Como alternativa, defende-se que a subjetividade, integrada à objetividade, pode desmantelar essas estruturas

---

[348] LAGE, 2005.

[349] SOLEY, 1992.

[350] MORAES, Fabiana; VEIGA, Marcia. *A objetividade jornalística tem raça e tem gênero*: a subjetividade como estratégia descolonizadora. *In: Anais [...]* ENCONTRO ANUAL DA COMPÓS, 28., Porto Alegre, 2019. Brasília: Compós, 2019.

sociais. Kischinhevsky e Chagas[351], por sua vez, destacam a diferença entre as noções de pluralidade e de diversidade na mídia, criticando a falta de representatividade como recorte da realidade. Adicionalmente, Becker[352] contribui para o debate ao estabelecer a crítica ao imediatismo na cobertura jornalística, circunstância que prejudica a formação de consciência crítica sobre temáticas historicamente enraizadas na sociedade, bem como Prado e Sanematsu[353] enfatizam o viés na escolha de fontes em casos de violência contra a mulher.

Em seu texto clássico sobre fontes e canais de informação, Sigal[354] problematiza o papel das vozes oficiais na mídia, cenário que remete a jogos de influência voltados às decisões políticas. O sociólogo menciona manobras estabelecidas pelas fontes oficiais na tentativa de manipular os jornalistas, a exemplo do mascaramento de apoiadores como fontes supostamente isentas, da mudança da esfera do debate para um lócus mais favorável frente a um tema polêmico e da conservação de relações de proximidade com um conjunto de repórteres que possuam pontos de vista aliados ao poder estabelecido. Assim, a imprensa e as fontes oficiais passam a formatar uma versão legitimada da realidade.

Não se mostra surpreendente, portanto, que, numa sociedade entrecruzada por desigualdades históricas de gênero, o estudo *The Global Media Monitoring Project*[355] revele o desnível de representação nas fontes de informação, com homens sendo privilegiados nos espaços de influência. Mulheres são frequentemente mobilizadas como fontes primárias em função de suas "experiências pessoais", não ocupando, via de regra, o espaço de especialistas. Em suma, a relação entre fontes e jornalistas é complexa, influenciada por fatores como poder, proximidade, confiabilidade e interesse mútuo[356]. A seleção de fontes não constitui uma dinâmica neutra e reflete desigualdades sociais e políticas. O uso de fontes oficiais coloca uma camada adicional nesse jogo de influências, contribuindo para a construção de uma percepção pública e legitimada dos eventos.

---

[351] KISCHINHEVSKY, Marcelo; CHAGAS, Luân. Diversidade não é igual à pluralidade – Proposta de categorização das fontes no radiojornalismo. *Galaxia*, n. 36, 2017, p. 111-124.

[352] BECKER, Beatriz. Desafios da profissão, do ensino e da pesquisa em jornalismo. *In*: KISCHINHEVSKY, Marcelo; IORIO, Fabio Mario; VIEIRA, João Pedro Dias (org.). *Horizontes do jornalismo*: formação superior, perspectivas teóricas e novas práticas profissionais. Rio de Janeiro: E-papers, 2011.

[353] PRADO; SANEMATSU, 2017.

[354] SIGAL, 1974.

[355] THE GLOBAL MEDIA MONITORING PROJECT, 2020.

[356] GANS, 2004.

No contexto deste estudo, o cruzamento de informações referentes aos canais de informação[357] e às fontes jornalísticas[358], à luz das reflexões sobre a crítica retórica de Kuypers[359], permitirá a identificação das vozes legitimadas nas notícias, tal como discutido previamente por Silva e Gimenes[360].

A violência contra a mulher na mídia de MS: fontes e canais informativos

A análise empírica de fontes e de canais de informação leva em consideração a divisão tipológica das fontes entre primárias e secundárias e dos canais de informação entre canais de rotina, canais informais e canais corporativos, conforme já visto. As declarações de fontes postadas em redes sociais e utilizadas nas matérias analisadas são classificadas no escopo dos canais informais, seguindo a interpretação realizada por Jeronymo[361] e Silva e Gimenes[362]. Também utiliza-se a categoria "canal não identificado", aplicada por Sigal[363], quando não é possível identificar nos textos as formas utilizadas para obtenção das informações pelos repórteres. Outro aspecto a ser analisado, com base na identidade das vítimas envolvidas nos casos de violência contra a mulher divulgados, é o percentual de fontes femininas nas matérias examinadas.

a. Ações do Estado

Nas matérias da categoria temática "Ações do Estado" no jornal *Correio do Estado*, as fontes mais recorrentes em 2020 são as secundárias, representando 95,12% das citações, enquanto as fontes primárias ocupam apenas 4,8% das menções. Em 2021, as fontes secundárias foram as únicas citadas no jornal, ou seja, nenhuma vítima direta ou familiar foi mobilizada como fonte. Ao totalizar os dois anos analisados, constata-se que 97,4% das fontes mencionadas são secundárias.

---

[357] SIGAL, *op. cit.*

[358] LAGE, 2005; SOLEY, 1992.

[359] KUYPERS, Jim A. (org.). *Rhetorical Criticism*: perspectives in action. New York: Lexington Books, 2009.

[360] SILVA, Marcos Paulo da; GIMENES, Ana Karla Flores. *Nuances de oficialismo e estreitamento no espectro de vozes*: uma análise das fontes e dos canais de informação do caso Marielle Franco nos jornais Folha de S. Paulo e El País. *Revista Líbero*, v. 46, 2020, p. 92-110.

[361] JERONYMO, Raquel. *Enquadramento jornalístico do Impeachment de Dilma Rousseff em revistas semanais brasileiras*: Gênero como quadro de referência primário. Dissertação (Mestrado em Comunicação) – Universidade Federal de Mato Grosso do Sul, Campo Grande, 2019.

[362] SILVA; GIMENES, 2020.

[363] SIGAL, 1974.

Das 11 fontes identificadas como pessoas físicas em 2020, excluindo-se pesquisas documentais – oriundas do trabalho de pesquisa jornalística dos repórteres – e repetições no interior de um mesmo texto ou em diferentes matérias, a maioria ocupa cargos políticos eletivos, totalizando 54,5% das fontes. Os policiais e advogados representam a segunda maior porcentagem, com 36,3%. As vítimas, familiares ou conhecidos de envolvidos em casos de violência contra a mulher são as fontes menos citadas, correspondendo a 9% das menções. Essa mesma tendência se repetiu em 2021, no qual 66,6% das fontes utilizadas possuíam cargos políticos eletivos, seguidas por fontes qualificadas como advogados ou policiais, que representaram 13,3%. Além disso, foram encontradas três outras fontes nos textos: um bispo, uma ativista dos direitos das mulheres e um pesquisador sobre gênero e sexualidade.

No total, considerando os dois anos analisados, foram identificadas 26 fontes distintas como pessoas físicas. Como exemplo, a maioria dessas fontes ocupava cargos políticos, totalizando 61,5% do total. Os policiais e advogados representaram a segunda maior porcentagem, com 23%. Por outro lado, as vítimas, familiares ou conhecidos(as) de envolvidos(as) em casos de violência contra a mulher foram as fontes menos citadas, correspondendo a apenas 3,8% das menções. Vale ressaltar que ao longo do ano de 2020, apenas uma vítima foi mencionada como fonte no jornal, e em 2021, vítimas ou familiares não foram citados ou utilizados como fontes.

Os nomes mais frequentes nos textos são os da delegada de polícia, Fernanda Felix, com atuação na Delegacia Especializada de Atendimento à Mulher de Campo Grande, e a deputada estadual e ex-vice-governadora Rose Modesto, que é citada diversas vezes devido à autoria de projetos de lei em favor do combate à violência contra a mulher. Os dados ratificam as reflexões de Sigal[364] e de Soley[365] sobre o fato de que historicamente o jornalismo ocidental direciona sua cobertura de temas políticos a um tratamento essencialmente oficialesco em decorrência da própria operacionalização das rotinas produtivas e dos procedimentos profissionais[366].

Outra questão analisada é o gênero das fontes, que na categoria temática em questão vai de encontro às conclusões dos levantamentos de Soley e do The Global Media Monitoring Project. Considerando que o corpus de análise diz respeito especificamente às violências causadas contra as mulheres, torna-se importante analisar o número de fontes femininas

---

[364] *Ibidem.*

[365] SOLEY, 1992.

[366] TUCHMAN, Gaye. *Making news:* a study in the construction of reality. New York: The Free Press, 1978.

que são mobilizadas pelo jornal. De um total de 31 referências nas quais foi possível identificar o gênero das fontes nos anos analisados, cerca de 74% são vozes femininas. Tais resultados encontram consonância com a avaliação de escassez de mulheres escolhidas por jornalistas, tal como identificado nos estudos de Soley, mesmo quando em pauta estão questões ligadas essencialmente ao gênero. Por mais que as fontes continuem, em sua maioria, oficiais em termos governamentais e policiais, com variedade ínfima, a maior diferença nos anos analisados dessa categoria temática é a utilização de mulheres como especialistas, ainda que a recorrência às fontes primárias não seja representativa.

Quadro 1 – Fontes utilizadas nas matérias analisadas do jornal *Correio do Estado* na categoria temática "Ações do Estado"

FONTES	2020	2021	TOTAL	%
PRIMÁRIAS	2	0	2	2,5%
SECUNDÁRIAS	39	38	77	97,4%
HOMENS	2	6	8	25,8%
MULHERES	13	10	23	74,1%

Fonte: quadro desenvolvido para as finalidades da pesquisa a partir do jornal *Correio do Estado*

A primeira matéria da categoria em questão publicada no *Correio do Estado*, intitulada "Casa da mulher comemora cinco anos de combate à violência e empoderando lutadoras, como Dona Dalva" (03/03/2020), possui apenas fontes femininas, sendo uma delas vítima de violência doméstica identificada como "Dona Dalva", como forma de proteção de sua identidade. As outras fontes são secundárias, incluindo a delegada da Delegacia Especializada de Atendimento à Mulher e a subsecretária de Política para as Mulheres de Campo Grande, que forneceram dados sobre a violência contra a mulher no período. Outra matéria que utiliza fontes primárias foi publicada sob o título "Saiba o que mudou com a Lei Maria da Penha nos últimos 14 anos no Brasil" (27/08/2020). Essa matéria apresenta declarações da própria Maria da Penha Maia Fernandes, ativista que foi homenageada na lei homônima. Além disso, foram utilizadas fontes como a Secretaria de Estado de Justiça e Segurança Pública, as leis Maria da Penha e do Feminicídio, e a Ministra da Mulher, Aparecida Gonçalves, como fontes secundárias.

Embora a maioria dos itens noticiosos analisados tenha informações oriundas de pesquisas documentais, ou seja, que não possuem um gênero identificável, nas matérias "Ministério Público do Estado lança campanha para combater violência contra a mulher" (25/11/2020), "Campanha tem como tema central violência contra mulheres e LGBTs" (16/02/2021) e "Condenados por violência doméstica não poderão assumir cargos públicos" (04/05/2021) apenas fontes masculinas são utilizadas. Entre elas estão o procurador-geral de Justiça do Ministério Público do Estado de Mato Grosso do Sul (MPMS), Alexandre Magno Benites de Lacerda, e o diretor-presidente do Consórcio Guaicurus, João Rezende, que falam sobre uma campanha realizada pelo MPMS contra a violência contra a mulher.

No que se refere aos canais de informação identificados nas matérias do jornal *Correio do Estado* em 2020, o canal de rotina foi o mais utilizado, representando cerca de 46% das 37 ocorrências. O canal corporativo foi o segundo mais mobilizado, com 39% das fontes, seguido pelos canais em que não foi possível identificar a origem, com 12,1%, e o canal informal, que representou apenas 2,4% dos casos. No ano de 2021, o canal de rotina foi o mais utilizado nas matérias analisadas na categoria temática em questão, representando 54% das 37 ocorrências. Em seguida, há o canal corporativo, com uma participação de 43,2%. No entanto, a diferença entre esses canais e os demais é notável, uma vez que o canal informal possui apenas 2,7% do total, e não houve casos de canais não identificados. Considerando os dois anos analisados, os canais de rotina e corporativo representam aproximadamente 90% das ocorrências, com 50% e 41%, respectivamente. Por outro lado, os canais informais e não identificados possuem uma baixa porcentagem ao longo de todo o período de análise, com apenas 2,5% e 6,5% das ocorrências, respectivamente.

Quadro 2 – Canais de informação utilizados nas matérias analisadas do jornal *Correio do Estado* na categoria temática "Ações do Estado"

CANAIS	2020	2021	TOTAL	%
INFORMAL	1	1	2	2,5%
CORPORATIVO	16	16	31	41%
ROTINA	19	20	39	50%
NÃO IDENTIFICADO	5	0	5	6,5%

Fonte: quadro desenvolvido para as finalidades da pesquisa a partir do jornal *Correio do Estado*

Os meios mais recorrentes utilizados para obter informação foram as coletivas de imprensa e as notas oficiais dos governos federal e estadual. Em 2020 e 2021, identificou-se 14 matérias nas quais foram utilizados apenas canais de rotina para aquisição de informações. Em metade delas, sete publicações, notas da Prefeitura de Campo Grande, do Governo do Estado de Mato Grosso do Sul ou de diários oficiais publicados por tais órgãos públicos foram as fontes de informação. A matéria "Casa da mulher comemora cinco anos de combate à violência e empoderando lutadoras, como Dona Dalva" (03/03/2020), por exemplo, foi produzida a partir de uma coletiva de imprensa na Casa da Mulher Brasileira, com citações extraídas da interlocução com jornalistas e de uma palestra para convidados. Já nas publicações "Vítimas de violência doméstica poderão ficar em hotéis e até em outros estados" (10/07/2020) e "Após caso Mari Ferrer, Câmara aprova projeto que torna crime violência institucional" (11/12/2020), as informações foram obtidas a partir de sessão na Câmara dos Deputados e de notas oficiais repassadas posteriormente.

No canal corporativo, foram utilizadas entrevistas realizadas por repórteres e pesquisas documentais. Nos anos de análise, a origem das ocorrências foi em sua maioria de pesquisas oriundas da apuração jornalística em documentos e banco de dados. Do total de 24 fontes citadas, 15 (62,5%) foram retiradas de documentos ou banco de dados e nove (37,5%) de entrevistas realizadas com fontes oficiais e policiais. Paradoxalmente, o canal corporativo não foi utilizado pelos jornalistas para buscar vítimas ou envolvidos em casos de violência contra a mulher na categoria temática "Ações do estado".

O canal informal foi utilizado apenas uma vez em cada ano de pesquisa, exclusivamente para extrair citações de vazamentos ou informações publicadas anteriormente por outros veículos midiáticos. No primeiro período, a matéria "Rose pede urgência em votação de projeto que aumenta pena mínima para feminicídio" (28/12/2020) faz citação do jornal *Extra*, com sede no Rio de Janeiro, com nome e idade das vítimas de feminicídio no feriado de Natal no Brasil. Já em 2021, na matéria "Mato Grosso do Sul terá a segunda Casa da Mulher Brasileira no Estado" (28/08/2021) são mencionadas falas da então deputado federal, Rose Modesto, em entrevista à Rádio Hora 92.3 FM, sediada em Campo Grande.

Em apenas cinco ocorrências não foi possível identificar o canal empregado nas matérias analisadas. Desse total, 40% das ocorrências remetem a declarações de policiais e de advogados sobre as investigações dos casos e cerca de 20% são referências a oficiais como ministros e deputados alinhados ao governo. Ainda foi utilizada uma fonte não identificada, com apresentação genérica como "assessoria Funsat", sigla para Fundação Social do Trabalho de Campo Grande, na matéria "Programa insere mulheres vítimas de violência no mercado de trabalho" (13/07/2020), enunciação que descredibiliza as informações, visto que não há como discernir a origem das declarações divulgadas e as práticas realizadas para obtê-las.

É possível identificar a partir das análises no jornal *Correio do Estado* que a busca por declarações não oriundas de coletivas de imprensa foi escassa. Uma explicação para isso reside no fato de que as fontes mais utilizadas foram secundárias e oficiais, em geral, indivíduos responsáveis por investigações de casos de violência, como delegacias de homicídio e titulares da Casa da Mulher Brasileira do Estado. Fontes primárias, como vítimas sobreviventes e familiares, foram escassamente citadas, com apenas duas menções de vítimas. Além disso, ao longo das matérias é visível que muitas declarações foram repetidas em diferentes datas no mesmo jornal, oriundas dos mesmos canais e das mesmas fontes já mencionadas anteriormente.

b. Dados

No que tange à categoria analítica referente a dados sobre a violência contra as mulheres em Mato Grosso do Sul publicadas pelo jornal *Correio do Estado*, as fontes mais utilizadas em 2020 foram as secundárias, com 77,7% do total de 18 casos. Em 2021, as fontes primárias resultaram em cerca de 10% das menções e as secundárias em 89% de 29 fontes identificadas. No total, das 47 fontes usadas no jornal, apenas 14,8% foram primárias e 85% foram secundárias.

Ao contabilizar as fontes identificadas como pessoas físicas nos textos de 2020, as fontes oficiais e os amigos, familiares e envolvidos em casos de violência contra a mulher foram as menos utilizadas. Das 10 pessoas físicas identificadas, uma remete a uma fonte oficial e três são vítimas ou testemunhas. As outras cinco fontes identificadas são advogados e policiais envolvidos nas investigações, totalizando 50% das ocorrências. Das fontes policiais, os nomes mais mencionados são das delegadas Fernanda Felix, Ana Luiza Noriler, Barbara Alves e Sueli Araujo. Em 2021, ao somar as fontes identificadas como pessoas físicas nos textos, há um equilíbrio entre as fontes oficiais e os amigos, familiares e envolvidos em casos, que contabilizam três referências cada. As fontes policiais representam nove das identificáveis no texto, com 60% das menções.

No que se refere à representação de gênero nos dois anos analisados, as fontes femininas foram as mais utilizadas, com 22 menções. Das 27 fontes utilizadas nas matérias do jornal nessa categoria temática, apenas 18% são compostas por homens, com cinco casos. É importante destacar que, ao analisar apenas o ano de 2020, 100% das fontes são femininas.

Nas matérias "Dobra o número de mulheres assassinadas em Campo Grande; pandemia pode agravar casos de violência doméstica" (08/12/2020) e "A cada duas horas, uma mulher é agredida em Campo Grande" (26/04/2021) foram utilizadas apenas fontes femininas, com total de oito menções, quatro em cada texto. Dentre as fontes utilizadas estão duas delegadas, uma vítima de agressão e uma testemunha do caso em questão. Já a matéria "Índices de criminalidade em Mato Grosso do Sul têm queda em comparação a 2020" (21/09/2021) é a única entre os dois anos em que são utilizadas apenas fontes masculinas em um mesmo texto, com menção a um delegado de polícia e um coronel.

Quadro 3 – Fontes utilizadas nas matérias analisadas do jornal *Correio do Estado* na categoria temática "Dados"

FONTES	2020	2021	TOTAL	%
PRIMÁRIA	4	3	7	14,8%
SECUNDÁRIA	14	26	40	85%
HOMENS	0	5	5	18,5%
MULHERES	12	10	22	81,4%

Fonte: quadro desenvolvido para as finalidades da pesquisa a partir do jornal *Correio do Estado*

No que se refere aos canais de informação dos dois anos analisados, o canal mais utilizado pelo jornal, na categoria em questão, é o corporativo, diferentemente da categoria anterior. Apenas em 2020, o meio mais utilizado contou com 83,3% do acesso às 18 fontes. O canal de rotina representa aproximadamente 16%. Os canais informais e aqueles que não tiveram possibilidade de identificação não foram mobilizados nas matérias dessa categoria. Em 2021 a situação se repete, já que o canal corporativo esteve presente em 72,4% das publicações e o de rotina em 27,5% do total de 29 fontes identificadas. Os demais canais – informal e não identificado – também não foram utilizados no último ano de análise.

Quadro 4 – Canais de informação utilizados nas matérias analisadas do jornal *Correio do Estado* na categoria temática "Dados"

CANAIS	2020	2021	TOTAL	%
INFORMAL	0	0	0	0%
CORPORATIVO	15	21	36	76,5%
ROTINA	3	8	11	23,4%
NÃO IDENTIFICADO	0	0	0	0%

Fonte: quadro desenvolvido para as finalidades da pesquisa a partir do jornal *Correio do Estado*

Diferentemente da categoria analisada anteriormente, nas matérias com foco principal nos dados sobre violência contra a mulher, a busca por declarações a partir de entrevistas *in loco* realizadas pelos repórteres e as coletadas a partir de pesquisas em bancos de dados tiveram equilíbrio no total de fontes de 2020 e 2021. As entrevistas interpessoais representam 52,7% dos casos e o restante, 47,2% das ocasiões, foram coletadas em banco de dados. Durante todo o ano de 2020, do total de seis matérias com dados, cinco utilizam apenas o canal corporativo para obter informações. Em 2021, do total de nove matérias publicadas, quatro utilizaram apenas o canal corporativo. Como exemplos, as matérias "A cada duas horas, uma mulher é agredida em Campo Grande" (26/04/2021) e "Campo Grande foi a segunda capital que mais registrou estupros em 2020" (15/07/2021) contam com cinco fontes cada, dentre elas três delegadas, uma defensora pública do Estado, dados de três bancos de informação, um documento, uma vítima, a mãe de outra vítima e o depoimento de um agressor, acompanhado pelo repórter *in loco*. Além dessas, em outras quatro ocasiões o canal corporativo foi utilizado junto a outros canais, como nas duas fontes primárias entrevistadas nas matérias "Em 2020, quase 6 mil mulheres foram vítimas de violência doméstica" (03/02/2021) e "Violência contra mulher não dá trégua neste feriado de Carnaval" (17/02/2021), nas quais, do total de sete fontes, cinco foram retiradas de canais corporativos.

As fontes mais citadas, alcançadas por meio do canal de rotina, foram as oficiais, com seis das 11 ocorrências. Tais declarações foram extraídas em maioria de discursos no âmbito do poder legislativo, de coletivas de imprensa e de notas oficiais. Os policiais civis e militares, delegados e advogados envolvidos em casos de violência contra a mulher foram citados quatro vezes na soma das matérias analisadas, com menções a partir de coletivas aos jornalistas. Nos dois anos analisados, apenas uma vítima de agressão foi mencionada por meio do canal de rotina.

Ao longo dos anos analisados, quatro fontes foram introduzidas de modo genérico. Nas matérias "Vítimas de violência, 77% das mulheres foram mortas dentro de casa, aponta estudo" (08/06/2020) e "De acordo com juíza, pedidos de proteção diminuem, mas violência doméstica não" (05/09/2020) foram mencionadas fontes genéricas como "vítimas". Na publicação "Dobra o número de mulheres assassinadas em Campo Grande; pandemia pode agravar casos de violência doméstica" (08/12/2020), duas fontes são qualificadas como "testemunhas" e "filha da vítima". Em síntese, 38% das fontes utilizadas pelo jornal não foram identificadas como pessoas físicas, descredibilizando as citações inseridas no texto, principalmente por se tratar de órgãos oficiais.

A partir das análises, pode-se perceber que embora seja sustentado em grande parte por fontes oficiais, o jornal *Correio do Estado* apresenta nessa categoria temática uma cobertura menos oficialesca. Com a busca dos repórteres por declarações não somente em coletivas de imprensa ou notas oficiais, abrange-se uma maior utilização dos canais corporativos. A categoria também apresenta uma maior utilização de fontes femininas também decorrentes da procura jornalística por fontes que fazem parte dos ocorridos e de especialistas mulheres que possuem algum vínculo com as investigações ou com os locais de atendimento às mulheres em Mato Grosso do Sul. No entanto, por se tratar de um tema voltado à violência contra a mulher, a utilização de fontes femininas ou que fazem parte do ocorrido ainda é invisibilizada pelo jornal, já que as fontes primárias foram utilizadas em poucos casos.

c. Casos

Na categoria temática "Casos", com principal foco nas ocorrências de violência contra a mulher ocorridas em Mato Grosso do Sul, o jornal *Correio do Estado* utilizou predominantemente as fontes secundárias em 2020, apresentando 79,5% das citações, enquanto as fontes primárias correspondem a 20,4% das 49 ocorrências mencionadas. Em 2021, as fontes secundárias também são majoritárias nas matérias analisadas e contam com 68%, enquanto as primárias somam aproximadamente 31%. Totalizando os dois anos analisados, verifica-se que, do total de 87 fontes mencionadas, 74,7% são secundárias e 25,2% são primárias.

Das 41 fontes identificadas como pessoas físicas em 2020, excluindo pesquisas documentais, oriundas do trabalho de pesquisa jornalística dos repórteres, e repetições no interior do mesmo texto ou em diferentes matérias, a maioria possui alguma relação com casos de violência contra a mulher, seja como vítima, agressor ou familiar. Nessa posição, as fontes representam 53% das citações. Os policiais e advogados contam com a segunda maior porcentagem, com 39% dos casos. Já as fontes oficiais, que possuem alguma ligação formal no campo político, tiveram pouca projeção nessa categoria, somando apenas 7,3%. Há também a citação de uma psicóloga em um dos textos analisados, o que representa 2,4%. Em 2021, as fontes identificadas como pessoas físicas também tiveram em sua maioria alguma relação com os casos de violência, com 52,6% sendo vítimas, agressores ou familiares. Na sequência, policiais, advogados e juízes novamente compõem o segundo grupo mais utilizado, com 31,5%. As fontes com cargos políticos eletivos ficam com apenas 15% das citações nos textos. Diferentemente das categorias acima, nas matérias sobre casos, os dados vão de encontro com as reflexões de Sigal[367] e Soley[368] sobre o direcionamento da cobertura jornalística ter caráter oficialesco.

No que se refere ao gênero das fontes, tal categoria temática apresentou um equilíbrio maior entre as fontes femininas e masculinas. Em 2020, das 53 fontes utilizadas, 50% são mulheres e 49% são homens. Essa proporção se repetiu em 2021, já que das 22 fontes, 54% são homens e 45% são mulheres. Considerando os dois anos analisados, os homens ainda ficam à frente das mulheres com 50% das citações, com apenas uma menção a mais do que as mulheres.

Quadro 5 – Fontes utilizadas nas matérias analisadas do jornal *Correio do Estado* na categoria temática "Casos"

FONTES	2020	2021	TOTAL	%
PRIMÁRIA	10	12	22	25,2%
SECUNDÁRIA	39	26	65	74,7%
HOMENS	26	12	38	50,6%
MULHERES	27	10	37	49,3%

Fonte: quadro desenvolvido para as finalidades da pesquisa a partir do jornal *Correio do Estado*

---

[367] SIGAL, 1974.
[368] SOLEY, 1992.

Nas matérias de 2020, "'Eu preciso dela de volta', diz irmã de Carla, sequestrada na porta de casa em Campo Grande" (02/07/2020), "Sequestrada há três dias, Carla é encontrada morta a 40 metros de casa" (03/07/2020) e "Emocionada, mãe de Carla canta no velório da filha 'Deus cuidará de ti'" (04/07/2020), das nove fontes citadas, todas são primárias, ou seja, fazem parte dos casos narrados de violência contra a mulher. Apenas na matéria do dia 3 de julho, são citadas fontes genéricas, como "amiga de Carla", "informações da família", "um vizinho", além do pai e da irmã da vítima. Nas demais matérias, as fontes são a mãe de Carla, um "tio distante" e, novamente, a irmã de Carla. Em 2021, apenas uma matéria utiliza apenas fontes primárias, sob título "'Era uma pessoa muito amada', diz vizinha de artista plástica vítima de assassinato" (05/05/2021). Na ocasião, identifica-se fontes que são classificadas como vizinhos da vítima em questão.

Uma situação peculiar é localizada na matéria "Homem que assassinou a mãe está preso na Delegacia da Mulher" (10/04/2020), na qual a única fonte mencionada é o próprio agressor do caso, com "explicações" sobre a motivação do crime. O homem, que tem sua versão enfatizada pela publicação, foi internado em uma clínica de reabilitação e depois encaminhado para a delegacia Especializada em Atendimento à Mulher.

Além disso, no texto "Negociação não avança e Bope invade casa para prender pastor que mantinha mulher refém" (12/03/2020) são utilizadas apenas fontes masculinas, como um policial, uma live no *Facebook* feita pelo próprio agressor durante o crime e um pastor qualificado como "conhecido do agressor". Já nas matérias "Pastor manteve esposa em cárcere" (13/03/2020) e "Vítimas de abuso relatam crimes nas redes sociais e levantam o debate sobre a violência contra a mulher" (04/06/2020) são utilizadas apenas mulheres como fontes, como o depoimento de uma vítima, de duas delegadas, de uma advogada e de uma psicóloga. Nos demais textos, as fontes primárias e secundárias, e as femininas e masculinas são alternadas.

No que tange aos canais de informação identificados nas matérias analisadas do jornal *Correio do Estado* na categoria temática sobre casos específicos em 2020, o canal corporativo foi mais uma vez o mais utilizado, com cerca de 56% do total de 72 ocorrências. O canal informal e o de rotina contam com a mesma quantidade de citações, com 16,6% cada. Já as ocasiões em que não foi possível identificar a origem das informações contam com apenas 9,7% das ocorrências. Em 2021, o canal corporativo também foi o mais utilizado, com 36,8% dos casos. No entanto, o canal de rotina teve apenas uma utilização a menos que o corporativo, e ficou com 34,2% das ocorrências. A diferença se distancia nos canais informal e não identificados, que representaram 7,8% e 21%, respectivamente.

Quadro 6 – Canais de informação utilizados nas matérias analisadas do jornal *Correio do Estado* na categoria temática "Casos"

CANAIS	2020	2021	TOTAL	%
INFORMAL	12	3	15	13,6%
CORPORATIVO	41	14	55	50%
ROTINA	12	13	25	22,7%
NÃO IDENTIFICADO	7	8	15	13,6%

Fonte: quadro desenvolvido para as finalidades da pesquisa a partir do jornal *Correio do Estado*

Os meios mais recorrentes utilizados para a obtenção de informações foram as entrevistas realizadas por repórteres e a busca em pesquisas documentais e bases de dados. Em 2020 e 2021, a origem das ocorrências foi em sua maioria motivada por entrevistas realizadas com fontes oficiais, policiais, envolvidos em casos de violência contra a mulher e conhecidos. Do total de 55 fontes citadas, 49 foram entrevistas e seis tiveram origem de pesquisas advindas da apuração jornalística em documentos e em banco de dados.

No primeiro ano de análise, as matérias "'Papel nenhum mantém agressor longe', diz irmão de professora morta pelo ex" (02/03/2020), "Pastor que manteve esposa em cárcere a conheceu em momento de fragilidade, diz vizinho" (12/03/2020), "Vítimas de abuso relatam crimes nas redes sociais e levantam o debate sobre a violência contra a mulher" (04/06/2020), "Sequestrada há três dias, Carla é encontrada morta a 40 metros de casa" (03/07/2020) e "Emocionada, mãe de Carla canta no velório da filha 'Deus cuidará de ti'" (04/07/2020) utilizaram apenas o canal corporativo como mecanismo de obtenção de informações. Em 2021, as matérias que utilizaram apenas o canal corporativo foram "'Era uma pessoa muito amada', diz vizinha de artista plástica vítima de assassinato" (05/05/2021), "Suspeito de matar artista plástica morre em troca de tiros com policiais" (14/05/2021) e "Vizinho acusado de matar a estudante Carla vai a júri no dia 13 de agosto" (31/07/2021). Ao analisar os textos, diferentemente das categorias anteriores, verifica-se que o acesso às fontes por meio do canal corporativo teve maior procura dos repórteres por personagens envolvidos em casos de violência.

No canal de rotina, o segundo mais utilizado, os meios mais recorrentes para obtenção de informações foram as coletivas de imprensa ou as divulgações de policiais, advogados e juízes. Em 2020 e 2021, identificam-se 15 citações de fontes obtidas pelo canal de rotina, dentre as quais 12 eram policiais, oito oficiais e cinco vítimas ou agressores envolvidos em casos de violência. No canal informal, as fontes relacionadas a casos de violência específicos foram as mais recorrentes, com publicações em suas redes sociais a respeito do ocorrido. Outros agentes também alcançados por meio do canal informal foram advogados e policiais que fizeram publicações de vídeos e notas mediante a mídia convencional. Em apenas uma publicação o *Correio do Estado* utilizou somente o canal informal, trata-se da matéria "Vítimas de assédio na Capital contam relatos e viram assunto nacional", que aborda uma movimentação feita na rede social *Twitter* de mulheres que expõem os casos de abuso que sofreram.

Em 15 ocorrências não foi possível identificar o canal empregado nas matérias analisadas. Desse total, nove das ocorrências são declarações de policiais e de advogados sobre as investigações dos casos e seis são personagens que fazem parte ou têm relação com casos específicos de violência. Nas matérias "Homem que assassinou a mãe está preso na Delegacia da Mulher" (10/04/2020), "Artista plástica foi morta após flagrar ladrão dentro de casa; caso segue em investigação" (04/05/2021), "Acusado de matar Carla vai ter júri com plateia, primeiro desde o início da pandemia" (11/08/2021) e "Por dívida de R$ 40 mil, agiotas sequestram mulher em frente à condomínio de luxo de Campo Grande" (18/08/2021), entre todas as fontes utilizadas não foi possível identificar o canal de origem, com menções genéricas aos agressores, a policiais, a membros do poder judiciário e a informações da Polícia Militar de Campo Grande. Também foram utilizadas diversas fontes não identificadas, com apresentação genérica, a exemplo de "informações do depoimento", "Polícia Civil", "dados do Derf" e "assessoria da Polícia Militar", prática que mais uma vez descredibiliza as informações, visto que não há como discernir a origem das declarações divulgadas e as práticas realizadas para obtê-las.

Por se tratar de uma categoria temática que tem como ponto central ocorrências de casos de violência contra a mulher, as fontes ligadas aos casos, como vítimas, agressores, familiares e conhecidos, foram muito mais utilizadas que nos grupos anteriores, com 13 citações a mais que no total das duas categorias anteriores. Na questão de gênero, houve um maior equilíbrio entre fontes femininas e masculinas, com diferença de apenas uma citação entre os dois casos, diferentemente dos anteriores que possuíam uma diferença latente entre os homens e mulheres, com as fontes femininas com margem superior aos homens em todos os casos. Mesmo assim, a situação de utilização de fontes secundárias e majoritariamente oficiais se repete, com a maioria das citações advindas de fontes oficiais e secundárias.

Considerações finais

O propósito deste estudo – vinculado a uma pesquisa mais ampla em nível de pós-graduação[369] – se mostra pertinente e necessário especialmente pela relevância social intrínseca ao tema da pesquisa que busca identificar a representação da mulher vítima de violência em uma unidade federativa constituída material e simbolicamente com base nos ideais de um homem selvagem e no transcorrer dos movimentos armados entre coronéis[370]. Nesse sentido, entende-se a contribuição do estudo a partir do conhecimento gerado dos processos de construção jornalística sobre os casos de violência contra as mulheres na sociedade brasileira e particularmente na realidade sul-mato-grossense com base em reflexões sobre os sentidos implícitos e explícitos contidos nas matérias analisadas.

Realizada a análise das fontes e dos canais informativos, aporta-se em conclusões acerca da cobertura temática do jornal *Correio do Estado* e permite-se o desvelamento de aspectos não explícitos nos textos midiáticos sobre os casos de violência de gênero em Mato Grosso do Sul. Nesse sentido, as práticas de seleção de fontes derivadas das escolhas editoriais do periódico estudado remetem, ainda que de forma implícita, aos posicionamentos imbricados na construção de textos supostamente calcados na objetividade jornalística[371], tal como verificado nas matérias que compõem o recorte empírico da pesquisa.

Quanto às fontes e aos canais de informação, a análise do jornal *Correio do Estado* revela uma carência de buscas por declarações que não tenham origem em coletivas de imprensa, isto é, que escapem às margens do oficialismo. Isso se deve, em grande medida, ao uso predominante de fontes secundárias e oficiais, a exemplo das autoridades policiais encarregadas de investigar casos de violência. Fontes primárias, como

---

[369] GIMENES, 2020.

[370] BITTAR, 2009.

[371] SCHUDSON, Michael. *Descobrindo a notícia*: uma história social dos jornais nos Estados Unidos. São Paulo: Vozes, 2010; TUCHMAN, 1978.

sobreviventes e familiares das vítimas, raramente são mencionadas, sendo identificadas apenas duas menções a vítimas em todo o conjunto de matérias analisadas.

Além disso, ao longo das matérias, é notável a repetição de declarações em diferentes datas, provenientes dos mesmos canais e das mesmas fontes já mencionadas anteriormente, o que endereça a um uso viciado dos canais oficiais e de rotina já teorizados por Sigal desde meados do último século. Essa recorrência de informações provenientes das mesmas fontes limita a diversidade de perspectivas e vozes presentes na cobertura jornalística[372], o que é crucial para uma análise mais abrangente e uma compreensão mais profunda dos problemas relacionados à violência contra a mulher. Essa falta de diversidade de fontes e a recorrência de declarações podem resultar em uma visão limitada e parcial dos casos de violência, deixando de fora as experiências e opiniões daquelas diretamente afetadas por esses eventos, como as vítimas e suas famílias.

Portanto, a abordagem jornalística nesse contexto carece de uma representação mais completa e equilibrada das histórias de violência contra a mulher. A análise no jornal *Correio do Estado* revela uma cobertura que, apesar de apresentar o uso de fontes não oficiais e a inclusão de fontes femininas, não é passível de oferecer uma abordagem mais crítica e completa em relação à violência contra a mulher. Embora não constituam características necessariamente particularizadas do recorte regional (uma vez que essa modalidade de violência consiste numa chaga global), tais escolhas editoriais ecoam aspectos patriarcais enraizados na cultura sul-mato-grossense. A dependência contínua de fontes oficiais e secundárias indica uma limitação na diversidade de vozes e perspectivas apresentadas nas matérias. Ainda que possa ser identificada uma tentativa de buscar declarações fora das coletivas de imprensa e das notas oficiais, essa mudança é modesta em relação à quantidade de informações provenientes das autoridades e das instituições oficiais.

Referências

BECKER, Beatriz. Desafios da profissão, do ensino e da pesquisa em jornalismo. *In:* KISCHINHEVSKY, Marcelo; IORIO, Fabio Mario; VIEIRA, João Pedro Dias (org.). *Horizontes do jornalismo*: formação superior, perspectivas teóricas e novas práticas profissionais. Rio de Janeiro: E-papers, 2011.

---

[372] SOLEY, 1992; MORAES, VEIGA, 2019.

BITTAR, Marisa. *Mato Grosso do Sul, a construção de um estado*. v. 1. Campo Grande: Editora UFMS, 2009.

BUITONI, Dulcília Schroeder. *Mulher de papel*: a representação da mulher pela imprensa feminina brasileira. São Paulo: Summus, 2009.

CORRÊA, Valmir B. *História e violência cotidiana de um "povo armado"*. Projeto História, São Paulo, n. 39, 2009, p. 57-73.

DAL MORO, Nataniel. *O pensar da elite sobre o povo comum:* Espaço público, viver urbano e reterritorialização do centro da cidade de Campo Grande (décadas de 1960-70). Tese (Doutorado em Arquitetura) – Pontifícia Universidade Católica de São Paulo, São Paulo, 2012.

FÓRUM BRASILEIRO DE SEGURANÇA PÚBLICA. *Anuário Brasileiro de Segurança Pública 2021*. São Paulo, 2021. Disponível em: https://forumseguranca.org.br/wp-content/uploads/2021/10/anuario-15-completo-v7-251021.pdf. Acesso em: 20 set. 2022.

FÓRUM BRASILEIRO DE SEGURANÇA PÚBLICA. *Anuário Brasileiro de Segurança Pública 2022*. São Paulo, 2021. Disponível em: https://forumseguranca.org.br/wp-content/uploads/2022/06/anuario-2022.pdf. Acesso em: 20 set. 2022.

GANS, Herbert J. *Deciding What's News:* A Study of CBS Evening News, NBC Nightly News, Newsweek, and Time. Illinois: Northwestern University Press, 2004.

GIMENES, Ana Karla Flores. *Violência contra a mulher em Mato Grosso do Sul*: Análise de enquadramento multimodal do jornal Correio do Estado. Dissertação (Mestrado em Comunicação) – Universidade Federal de Mato Grosso do Sul, Campo Grande, 2023.

GOIS, Alline Ribeiro de. *Correio do Estado*: porta-voz da ideologia udenista na Ditadura Militar. Dissertação (Mestrado em Comunicação) – Universidade Federal de Mato Grosso do Sul, Campo Grande, 2020.

JERONYMO, Raquel. *Enquadramento jornalístico do Impeachment de Dilma Rousseff em revistas semanais brasileiras:* Gênero como quadro de referência primário. Dissertação (Mestrado em Comunicação) – Universidade Federal de Mato Grosso do Sul, Campo Grande, 2019.

KISCHINHEVSKY, Marcelo; CHAGAS, Luan. Diversidade não é igual à pluralidade – Proposta de categorização das fontes no radiojornalismo. *Galaxia*, n. 36, 2017, p. 111-124.

KUYPERS, Jim A. (org.). *Rhetorical Criticism:* perspectives in action. New York: Lexington Books, 2009.

LAGE, Nilson. *A Reportagem:* Teoria e técnica de entrevista e pesquisa jornalística. Rio de Janeiro: Record, 2005.

MACIEL, Maria Angélica Lacerda *et al.* Violência doméstica (contra a mulher) no Brasil em tempos de pandemia (COVID-19). *Revista Brasileira de Análise do Comportamento,* [*S. l.*], v. 15, n. 2, 2019.

MORAES, Fabiana; VEIGA, Marcia. A objetividade jornalística tem raça e tem gênero: a subjetividade como estratégia descolonizadora. *In: Anais [...]* ENCONTRO ANUAL DA COMPÓS, 28., Porto Alegre, 2019. Brasília: Compós, 2019.

MELO, José Marques de; ASSIS, Francisco de. Gêneros e formatos jornalísticos: um modelo classificatório. *Intercom:* Revista Brasileira de Ciências da Comunicação, São Paulo, v. 39, n. 1, 2016.

ORGANIZAÇÃO MUNDIAL DA SAÚDE. *Relatório mundial sobre violência e saúde.* Genebra: Organização Mundial da Saúde, 2002.

PISCITELLI, Adriana. Gênero: a história de um conceito. *In:* BUARQUE DE ALMEIDA, Heloisa; SZWAKO, José (org.). *Diferenças, igualdade.* São Paulo: Berlendis & Vertecchia, 2009. p. 116-148.

PRADO, Débora; SANEMATSU, Marisa. *Feminicídio:* #InvisibilidadeMata. São Paulo: Fundação Rosa, 2017.

RAPOSO, Maurício Melo. *Enquadramento jornalístico dos conflitos entre indígenas e produtores rurais em Mato Grosso do Sul:* Discursos Identitários como Quadros de Referência Primários. Dissertação (Mestrado em Comunicação) – Universidade Federal de Mato Grosso do Sul, Campo Grande, 2018.

SAFFIOTI, Heleieth I. B. *Gênero, patriarcado e violência.* São Paulo: Editora Fundação Perseu Abramo, 2015.

SCHUDSON, Michael. *Descobrindo a notícia:* uma história social dos jornais nos Estados Unidos. São Paulo: Vozes, 2010.

SIGAL, Leon V. *Reporters and Officials:* The Organization and Politics of Newsmaking. 2. ed. Estados Unidos: D.C. Health and Company, 1974.

SILVA, Marcos Paulo da; GIMENES, Ana Karla Flores. Nuances de oficialismo e estreitamento no espectro de vozes: uma análise das fontes e dos canais de informação do caso Marielle Franco nos jornais Folha de S. Paulo e El País. *Revista Líbero*, v. 46, 2020, p. 92-110.

SOLEY, Lawrence C. *The News Shapers:* The Source Who Explain the News. New York, Westport, London: Praeger Publishers, 1992.

THE GLOBAL Media Monitoring Project 2020. *Who makes the news.* 2020. Disponível em: https://whomakesthenews.org/wp-content/uploads/2021/07/1-Relatorio-GMMP-Brasil-portugues-12-07-21-completo-1.pdf. Acesso em: 13 set. 2022.

TUCHMAN, Gaye. *Making news:* a study in the construction of reality. New York: The Free Press, 1978.

WEINGARTNER, Alisolete Antônia dos Santos. *Movimento divisionista no Mato Grosso do Sul.* Porto Alegre: Edições Est., 1995.

REVISITANDO A LITERATURA SOBRE A (TRANS) FORMAÇÃO DA RECEPÇÃO NO CENÁRIO DIGITAL: INTERATOR OU SEGUIDOR?

Pietro Giuliboni Nemr Coelho
Marcia Perencin Tondato

O sentido de ação é o que nos move. A motivação dos nossos fazeres, demandados ou voluntários, é a significação. Qualquer que seja a esfera de atividade – pessoal, profissional, comunitária –, o prazer em ver os resultados de nossas decisões e escolhas é a recompensa. O "sentido de agência"[373] é uma das características primordiais nas atividades no universo digital.

Na perspectiva de uma sociedade caracterizada por uma situação social em que a presença dos meios de comunicação tornou-se uma condição estrutural das práticas sociais e culturais, quer em esferas culturais particulares, quer em âmbito geral, vivemos, ainda que com algumas diferenças conceituais, a denominada sociedade midiatizada. Basicamente, o processo de midiatização estrutura a percepção de toda a realidade social, admitindo-se que os meios – hegemonicamente estruturados como indústrias culturais – funcionam, nos moldes de matrizes demonstradoras de fatos e práticas. Produto disso foi a expansão das oportunidades de interação nos espaços virtuais, em que a percepção do real é modificada, o que se configura como um dos aspectos a serem desenvolvidos neste capítulo.

Nos primórdios da Internet como um novo lócus de entretenimento, processos comunicacionais e relações institucionais, "interatividade" se confundia com "a mera habilidade de movimentar um *joystick* ou de clicar com um *mouse*"[374], mas com a Web 2.0, os usuários são inseridos em um processo de produção e uso de conteúdos digitalizados, que vai promover um crescimento exponencial de espaços digitais (*blogs, vlogs, wikis*, redes sociais) na medida em que esse avanço tecnológico torna possível não só receber e compartilhar fotos, vídeos, notícias, opiniões, e outras informações e dados, mas também criar tais conteúdos. Estabelece-se assim uma prá-

---

[373] MURRAY, Jane H. *Hamlet no holodeck* – o futuro da narrativa no ciberespaço. São Paulo: Unesp, 2003. p. 127.
[374] *Ibidem.*

tica que incentivou os usuários a pensarem em novas e criativas formas de produzir e compartilhar conteúdos, bem como otimizou a convergência de diferentes meios (TV, jornal, rádio, internet), como expressa Manuel Castells:

> Existe uma mistura entre a transmissão digital e a comunicação pela Internet. Em consequência disso, o campo de comunicação se amplia de maneira exponencial, e existe a possibilidade de que os processos criativos migrem dos domínios onde nascem para outros campos de aplicação. Por exemplo, a criatividade no *software* pode resultar em criatividade artística no desenho ou na música, ou o mero ato de imaginar certas formas virtuais nas organizações sociais pode criar uma inovação empresarial ou inclusive uma possível transformação do sistema educativo[375].

Em outras palavras, com a possibilidade de geração de conteúdo pelos usuários e o compartilhamento de informação em redes sociais de maneira mais rápida e imediata, novas experiências de comunicação puderam ser realizadas, incentivando a criatividade de expressão e difusão de ideias como nunca antes. Nesse cenário tecnológico, é possível aos usuários se utilizarem de conteúdos divulgados em um ambiente midiático qualquer para gerar um conteúdo diferenciado, dentro de outro espaço digital, de forma a promover um diálogo dinâmico com a mensagem original, e sem prejuízo dela. Scolari[376] argumenta que, com a multiplicidade de linguagens, é possível incorporar novos dispositivos para ampliar, reconverter, arquivar e reproduzir conteúdos sem perda da qualidade original, complementando que "a combinação com outras espécies midiáticas, as transformações em todo o ecossistema originado pela difusão capilar das tecnologias digitais e a aparição de novos formatos e lógicas de uso estão redesenhando o sistema televisivo de forma acelerada". Exemplificando, vemos isso a todo o momento em campanhas de lançamento e divulgação de produtos, para o que a plataforma *web* serve como um auxílio criativo para um anúncio impresso ou audiovisual.

Especificamente falando, o interesse aqui é discutir sobre os novos modos de relacionamento entre receptores-usuários[377] e os conteúdos originais disponibilizados em perfis de personagens ficcionais em redes

---

[375] CASTELLS, Manuel. Criatividade, inovação e cultura digital: um mapa de suas interações. *In:* MORAES, Denis de (org.). *Mutações do visível:* da comunicação de massa à comunicação em rede. Rio de Janeiro: Pão e Rosas, 2010. p. 185.

[376] SCOLARI, Carlos. Hacia la hipertelevisión. Los primeros síntomas de una nueva configuración del dispositivo televisivo. *Diálogos de la Comunicación*, v. 77, jul./dez., 2008.

[377] Ao longo do artigo, adotamos os termos receptor, indivíduo-receptor, fã, usuário, usuário-receptor, seguidor, e interator conforme o contexto tecnológico/histórico do argumento em desenvolvimento. Não defendemos nem adotamos necessariamente uma denominação específica em concordância com o objetivo geral do capítulo que é trazer um panorama da trajetória de transformação dos modos de perceber e atribuir sentido à interação pessoa-mundo digital.

sociais, trabalhados segundo os princípios de *storytelling* e conceitos de *transmedia*, como continuação, complementação ou expansão de uma produção de entretenimento, tendo em conta as possibilidades de interação a partir de difusão entre o real e o virtual/ficcional. O que frequentemente observamos em redes sociais como o *Facebook, Twitter, Instagram* e *YouTube*, que apresentam conteúdos customizados, com mensagens que remetem a acontecimentos do cotidiano, divulgação de marcas, ou outros aspectos que de alguma forma tenham potencial de promover a agência dos usuários.

Concorrem para isso as perspectivas de consumo abertas pelas convergências midiáticas, que resultam, no âmbito televisivo, em audiências mais instáveis, "fragmentadas e diversificadas", em especial no consumo de ficção seriada[378].

> Na rua, a presença da TV é assegurada pela miniaturização e mobilidade das telas móveis; em casa, o aumento das telas fixas, aliada à alta definição, garante ainda o seu predomínio sobre outros displays. [...] de um lado (temos) um público mais heterogêneo, que consome os conteúdos televisivos em situações e com interesses cada vez mais diversificados, que afetam a natureza dos programas difundidos. Por outro lado, é inevitável a tendência a maior personalização dos conteúdos e a maior liberdade do espectador em relação às restrições ditadas pela programação dos canis. Nesse cenário, as mudanças nos modos pelos quais o espectador se relaciona com a TV são, hoje, das mais diversas ordens[379].

Esse processo, em que conteúdos de TV, cinema, revistas e outros meios são recombinados, manipulados e compartilhados dentro do ambiente digital, representa uma distribuição transmidiática, dando um efeito de hipermedialidade[380]. A circulação de conteúdos do meio televisivo e/ou cinematográfico para o ambiente das redes sociais insere as mensagens em uma dinâmica de narrativas convergentes, valendo lembrar que o fluxo de conteúdos entre diferentes plataformas está sujeito "à cooperação entre múltiplos mercados midiáticos e ao comportamento migratório dos públicos dos meios de comunicação, que vão a qualquer parte em busca das experiências de entretenimento que desejam"[381].

---

[378] FECHINE, Ivana; FIQUEIRÔA, Alexandre. Transmidiação: explorações conceituais a partir da telenovela brasileira. *In:* LOPES, Maria Immacolata Vassalo de (org.). *Ficção televisiva no Brasil:* plataformas, convergência, comunidades virtuais. Porto Alegre: Sulina, 2011. p. 17.

[379] FECHINE, Ivana (coord.). Como pensar os conteúdos transmídias na teledramaturgia brasileira? Uma proposta de abordagem a partir das telenovelas da Globo. *In:* LOPES, Maria Immacolata Vassalo de (org.). *Estratégias de transmidiação na ficção televisiva brasileira.* Porto Alegre: Sulina, 2013. p. 19.

[380] SCOLARI, 2008.

[381] JENKINS, Henry. *Cultura da convergência.* São Paulo: Aleph, 2009. p. 29.

Da história das teorias da comunicação a uma condição explícita de agência

As relações produção-recepção são objeto de reflexões e estudos empíricos desde o advento dos meios de comunicação de massa, origem das teorias da comunicação e da mídia conforme a orientação teórico-conceitual, político-ideológica dos precursores do campo da comunicação. Do entendimento mais básico do receptor como "receptáculo", chegamos à segunda década dos anos 2000 discutindo possibilidades sequer antes imaginadas de interação, navegação, produção, compartilhamento, ressignificação. Como protagonista do cenário midiático/midiatizado em discussão, cada vez mais dinâmico, se nos apresenta um indivíduo/receptor transformado, denominado usuário, interator, *prosumer*, a depender do ponto de vista teórico/tecnológico adotado.

Ao final da primeira década do século XXI as problematizações estão além das perspectivas dicotômicas antes balizadoras dessas relações. As questões já não se referem a "como" e "qual", ou muito menos "se", mas a "processos", "significações", "expansões", "construções" etc. Os estudos midiáticos avançaram na perspectiva de uma sociedade midiatizada, em que novas sensibilidades são desenvolvidas, estimuladas por transformações, no sentido mais *lato*, decorrentes de mudanças nos processos cognitivos, para o que concorre uma revolução nos processos formativos do pensamento, formal e ordinário.

Mais que uma técnica, a tecnologia é vista como acontecimento. Nesse sentido, midiatização é o resultado da presença dos meios de comunicação, coletivos (institucionais) ou individuais (redes), na vida cotidiana promovendo práticas diferenciadas, percepções transformadas, inovadas. Nesse contexto, defendemos que embora não tenhamos o fenômeno da midiatização mais bem definido nas suas caraterísticas e consequências, é inegável que os processos de significação e cognição se modificaram[382].

> A incorporação das TIC na vida cotidiana requer a transformação das práticas sociais dos agentes e da geração de novas representações coletivas tanto reais como simbólicas, com novos significados sociais construídos a partir da interação com os outros, de modo que o dispositivo tecnológico passa

---

[382] HJARVARD, Sting. Midiatização: teorizando a mídia como agente de mudança social e cultural. *Revista MATRIZes*, São Paulo, v. 2, p. 53-91, jan./jun. 2012.

MÍDIA, VIOLÊNCIA E ALTERIDADE: PERSPECTIVAS E DEBATES

a ser, além de meio de comunicação, uma ferramenta de trabalho, um instrumento de controle ou independência – segundo convenha -, um elemento de segurança ou um símbolo de status[383].

Já no final dos anos 1990, Turkle[384] registrava a transformação dos usos do computador em nosso cotidiano. A princípio como ferramenta de trabalho, que nos ajudava a escrever, cuidar de nossos compromissos e comunicarmo-nos com outras pessoas, mas já sinalizando seu potencial de nos oferecer novos modos de pensar e um novo meio em que projetamos nossas ideias e fantasias, e, muito rapidamente, transformando-se em mais do que "instrumento e espelho", "estamos aprendendo a viver nos mundos virtuais". "Nós podemos nos sentir sozinhos quando navegamos pelos oceanos virtuais, desvendando mistérios virtuais, e construindo arranha-céus virtuais, mas cada vez mais, quando atravessamos o espelho, outras pessoas também estão lá"[385].

Receptor – (fã) – usuário – interator: o desejo maior é a agência

Na obra seminal sobre as possibilidades da narrativa interativa, Murray[386] enfatiza que "o prazer característico dos ambientes eletrônicos é o sentido de agência [...] a capacidade gratificante de realizar ações significativas e ver os resultados de nossas decisões e escolhas", e de lá para cá (o original em inglês foi publicado em 1997), tudo que temos presenciado em termos de utilização, apropriação, relacionamentos no mundo digital somente confirma essa declaração. Indo além, se vivemos hoje em um mundo *online* 24h, para o bem e para o mal, é justamente devido à potencialidade de agência que a tecnologia da Web 2.0 possibilitou.

Ainda segundo a mesma autora, que categoriza os prazeres da navegação em duas possibilidades – o labirinto solucionável e o rizoma emaranhado –, a base desses prazeres, o sentido de agência, é

a habilidade de se locomover por paisagens virtuais pode ser prazerosa em si mesma, independentemente do conteúdo dos espaços [...] os exploradores da www sentem-se arrebatados

---

[383] ALCOCEBA HERNANDO, José Antonio. Juventud, tecnologías de la información y cambio social. Perspectivas y escenarios para la socialización y la participación. *In:* SIERRA CABALLERO, Francisco (coord.). *Ciudadanía, Tecnología y Cultura* – nodos conceptuales para pensar la nueva mediación digital. Barcelona: Gedisa, 2013. p. 184.

[384] TURKLE, Sherry. *Life on the screen* – identity in the age of the internet. New York: Touchstone, 1997.

[385] *Ibidem*, p. 3.

[386] MURRAY, 2003, p. 127.

pela possibilidade de saltar ao redor do mundo, seguindo links de uma página ou de um site da rede para os seguintes quase sempre pelo prazer das repetidas chegadas[387].

Nossa presença e participação no mundo digital já é parte constituinte do "ser social/humano", ainda que algumas pessoas, e até estudiosos, possam ainda argumentar sobre as implicações dessa constituição, à sombra do fantasma da manipulação das massas pela mídia, em uma visão limitada sobre as relações emissor-receptor no contexto da mídia eletrônica tradicional. Relações que hoje podemos até mesmo dizer que foram invertidas na medida em que as emissoras e os produtores (e distribuidores) institucionais de conteúdos (plataformas de *streaming*, por exemplo, *Netflix, NOW, Amazon,* entre dezenas de outros serviços, pagos ou não, cada um com suas especificidades de oferta) necessitam de perspicácia e rapidez no acompanhamento da movimentação de seus usuários entre telas e maneiras de consumo. Nesse processo, surge na terminologia do universo digital o "seguidor". Mas quais as motivações desse "personagem", o seguidor?

Ainda voltando um pouco no tempo, fora do cenário digital, o universo midiático sempre motivou os indivíduos-receptores a aglutinarem suas preferências e admiração em torno de formas culturais como música popular, romances, novelas, quadrinhos, estrelas cinematográficas e televisivas, astros do esporte[388]. Obviamente uma manifestação pelas produtoras otimizada como parte das estratégias de divulgação e fidelização de audiências, resultando no desenvolvimento do *know-how* mercadológico, facilitado pelo avanço tecnológico, tal admiração foi redirecionada dos atores para os produtos, caso mais explícito dos fãs das ficções seriadas. Registrando que, em estudo sobre as reconfigurações da ficção televisiva, Baccega comenta que

> [...] interpelar e engajar o espectador como interagente ou *interator* é cada vez mais importante não somente em termos propriamente comerciais como também para conferir uma roupagem contemporânea a formatos e gêneros midiáticos mais tradicionais, preservando seu interesse e relevância em tempos de convergência e transmidialidade[389].

---

[387] *Ibidem,* p. 129.

[388] FISKE, John. The cultural economy of fandom. *In:* LEWIS, Lisa A. (ed.). *The adoring audience* – fan culture and popular media. New York: Routledge, 2001.

[389] BACCEGA, Maria Aparecida. (coord.). Reconfigurações da ficção televisiva: perspectivas e estratégias de transmidiação em Cheias de Charme. *In:* LOPES, Maria Immacolata Vassalo de (org.). *Estratégias de transmidiação na ficção televisiva brasileira.* Porto Alegre: Sulina, 2013. p. 72.

Ao diferenciar as audiências de um modo geral das comunidades de fãs, Fiske aponta características relevantes para pensarmos as dinâmicas em curso nas relações entre usuários-seguidores e as produções ficcionais que circulam sob diferentes formatos, em diferentes plataformas. Fiske[390] atribui aos fãs uma autonomia de criação de cultura com seus próprios sistemas de produção e distribuição paralela às indústrias culturais, o que ele chama de "economia cultural de sombra", mas sem que isso cause desconexão entre as duas, salientando isso como algo positivo, que falta à cultura popular.

Não tão específico como Fiske, Booth[391] define fã como um indivíduo-receptor que investe tempo e energia na interação com determinado objeto de mídia que lhe causa encantamento, o que se aproxima de Jenkins[392], que discorre sobre um indivíduo mais interessado no compartilhamento do que é disponibilizado do que na produção de conteúdos, no entanto, cada vez mais envolvido em um consumo ativo, na medida em que lhe é dada a liberdade para decidir quando, onde e como irá consumir aquilo que lhe é ofertado; podendo colaborar com os produtores dos conteúdos enviando mensagens, compartilhando fotos nas redes sociais, realizando críticas sobre materiais e conteúdos que não o agradem de alguma forma e, até mesmo, podendo criar novos conteúdos a partir do que lhe foi oferecido.

Definições e explicações que especificam possibilidades que têm no ambiente digital maior potencial de ocorrência, ampliando as perspectivas de atuação do fã na criação de conteúdo e interação a partir de uma história original, reposicionando-o na relação entre consumo e produção. Nesse sentido, citamos Sandvoss, que, a partir de uma análise sobre a atuação dos usuários frente aos conteúdos disponibilizados no ambiente digital, os categoriza como "fãs", "entusiastas" e "adoradores":

> [...] o primeiro grupo, "fãs", acompanha intensamente um texto ou ícone cultural determinado quase exclusivamente por meio da mídia de massa. Eles fazem parte de um público pulverizado e não apresentam nenhum vínculo em um patamar organizacional. Já os "adoradores" fazem um uso das mídias mais especializado, assim como de seu objeto de *fandom*. Estes tendem a desenvolver laços, mesmo que amplamente desorganizados, com outros que partilham de um mesmo *fandom*. No caso dos "entusiastas", o que constitui o cerne do *fandom* é sua própria atividade e produtividade textual,

---

[390]. FISKE, *op. cit.*, p. 30.

[391] BOOTH, Paul. *Digital fandom. New Media Studies*. New York: Peter Lang, 2010.

[392] JENKINS, Henry. *Textual poachers*: television fans and participatory culture. New York: Routledge, 1992.

não sendo tão importante o objeto de *fandom* do ponto de vista midiático (por exemplo, seja um determinado pop star, um programa televisivo ou time de futebol). Os "entusiastas" consomem textos altamente especializados, produzidos por outros entusiastas, como os *fanzines*, que circulam e são compartilhados por meio de estruturas organizacionais como as convenções de fãs, fã-clubes ou comunidades online[393].

O que Sandvoss define vai ao encontro do que Turkle desenvolve do ponto de vista da competência dos indivíduos de conviver e existir nos dois mundos – real e virtual. Turkle guia sua explanação dos aspectos instrumentais às possibilidades de produção colaborativa oferecidas pelos primeiros *softwares* de jogos de computador multiusuários, conhecidos então como *Multi-Users Domains*, ou *Multi-users*, os *MUDs*, disponíveis no mercado norte-americano já no final dos anos 1970. Sem preocupação explícita com uma conceituação ou diferenciação entre fãs, usuários ou seguidores, a autora centra sua exposição no modo como as atividades com a tecnologia digital evoluíram da aquisição de competências de programação essencialmente técnicas para ações centradas em "simulação", "navegação" e "interação". Na época, a autora já problematizava as nossas relações com o universo do digital,

> [...] os computadores não apenas fazem coisas por nós, eles fazem coisas para nós, inclusive para nossa maneira de pensar sobre nós mesmos e outras pessoas. [...] As pessoas explicitamente voltam-se aos computadores para experiências que elas esperam mudarão seus modos de pensar ou afetarão suas lidas sociais e emocionais[394].

"De volta para o futuro" vislumbrado por Turkle, hoje temos o consumo explícito de produtos ficcionais a partir da apropriação e interação por parte dos usuários/audiências com as trajetórias dos personagens, com conteúdos gerados, seja em forma de texto ou foto, otimizados pela atribuição intencional de sentidos pelos seguidores/fãs.

De modo mais explícito, tal apropriação se dá na esfera da divulgação de campanhas publicitárias no ambiente digital, um processo natural se pensarmos na abrangência e amplitude de atuação das mensagens aí disseminadas, direcionadas aos mais diversos intentos organizacionais:

---

[393] SANDVOSS, Cornel. Quando a estrutura e a agência se encontram: os fãs e o poder. *Ciberlegenda*, n. 28, 2013, p. 26.

[394] TURKLE, 1997, p. 26.

MÍDIA, VIOLÊNCIA E ALTERIDADE: PERSPECTIVAS E DEBATES

potencializar vendas, divulgar lançamentos, fortalecer a imagem, disseminar conceitos, conquistar novos consumidores etc. Em outro contexto, as produções ficcionais já são criadas para esse espraiamento midiático, do que são paradigmáticas produções tais como *Star Treak, Lost, Marble Hornet, A Bruxa de Blair, Os Sopranos, Breaking Bad,* amplamente analisadas de diferentes e diversos pontos de vista tecnológicos e teóricos.

A passagem para as redes sociais – o real e o virtual

Os perfis de personagens de produtos ficcionais nas redes sociais representam uma narrativa transmídia, servindo como um apoio à mensagem original, séries de TV ou filmes, sendo transmídia aqui entendida como "significando uma prática de produção e interpretação baseada em narrativas expressadas por meio de uma combinação coordenada de linguagens e meios e plataformas"[395]. Utilizando imagens e textos, os perfis desses personagens têm como objetivo "contar uma história", proporcionando aos usuários uma imersão nos universos ficcionais ali representados, potencializada para novas experiências de relações entre o mundo ficcional e a realidade por meio das redes sociais, dando origem ao que Gauthier denomina *"interactor"*[396]. O autor dá preferência a esse termo, entendido como uma palavra composta formada por "interação + ator" em lugar de "espectador", "televidente" e outros, perspectiva que adotamos nesta discussão. Desse ponto de vista, o mesmo autor considera as "redes sociais como uma interface entre a realidade do interator e o mundo ficcional que este consumo"[397].

> No caso de uma história transmidiática que utiliza as redes sociais, o interator não apenas está imerso em um mundo ficcional, mas que elementos ficcionais também entram em sua realidade cotidiana através das redes sociais. [...] As redes sociais devem, portanto, ser consideradas neste caso como uma interface que reconfigura não apenas as relações entre ficção e realidade, mas também o espaço no qual estas relações ocorrem[398].

---

[395] BECHMANN PETERSEN, 2006, p. 95 *apud* SCOLARI, Carlos. Transmedia storytelling: implicit consumers, narrative worlds, and branding in contemporary media production. *International Journal of Communication*, v. 3, 2009, p. 588.

[396] GAUTHIER, Philippe. Inmersión, redes sociales y narrativa transmedia: la modalidad de recepción inclusiva. *Comunicación y Medios*, n. 37, 2018, p. 11-23.

[397] *Ibidem*, p. 13.

[398] *Ibidem*, p. 18.

As mesmas possiblidades e dinâmicas exploradas por Baccega[399] ao comentar "a transformação do receptor em usuário de mídia":

> [...] trata-se de um *interator* conectado que manipula simultaneamente diferentes plataformas comunicacionais mesclando os tênues limites entre o público e o privado, o trabalho ou as tarefas escolares e o lazer, dando origem a uma mescla pessoal e idiossincrática cujos principais componentes são comunicação, entretenimento e consumo, elementos que estão na base da experiência contemporânea de mundo.

Isso é adequado ao entendimento da criação de histórias para multiplataformas como sendo a "comunicação que ocorre através de múltiplos meios de distribuição, canais de mídia ou meios de transmissão"[400], que dissolve as barreiras entre os meios e proporciona uma maneira diferente e criativa de se narrar uma história, a *transmedia storytelling*. *Storytelling* em referência à que faz produções que se desenrolam por meio de diferentes meios e plataformas[401], com foco nos conteúdos gerados pelos usuários, para o que também recorremos a Scolari quando explica que

> [...] se falamos de *transmedia storytelling*, evidenciamos a dimensão narrativa dessas produções. [...] As narrativas transmidiáticas podem ser representadas como um processo centrífugo: a partir de um texto inicial se produz uma espécie de *big bang* narrativo de onde vão se gerando novos textos até chegar aos conteúdos produzidos pelos usuários. Dessa perspectiva, o *transmedia storytelling* acaba por gerar uma galáxia textual[402].

Entretanto, Wolton[403] há tempos alertou sobre a necessidade de mantermos uma vigilância epistemológica no sentido de "não confundir técnica, cultura e sociedade", pois mesmo que as técnicas evoluam mais rápido que "os modelos culturais e a organização social da comunicação não é o suficiente" para dizermos que o "progresso" da comunicação vai·da "evolução técnica em direção à mudança das práticas culturais e projetos da sociedade". Martín-Barbero[404] vai mais longe dizendo que a mediação

---

[399] BACCEGA, 2013, p. 72.

[400] DENA, Christy. *Transmedia practice*: theorising the practice of expressing a fictional world across distinct media and environments. Australia: University of Sydney, 2009. p. 56.

[401] JENKINS, 1992.

[402] SCOLARI, Carlos. A construção de mundos possíveis se tornou um processo coletivo. Entrevista com Carlos Scolari, por Maria Cristina Palma Mungioli. *Revista Matrizes*, v. 4, n. 2, jan./jun. 2011, p. 128-130.

[403] WOLTON, Dominique. *Internet, e depois?* Porto Alegre: Sulina, 2003. p. 14.

[404] MARTÍN-BARBERO, Jesús. *Ofício de cartógrafo*: travessias latino-americanas da comunicação na cultura. São Paulo: Loyola, 2004. p. 229.

tecnológica da comunicação como se apresenta hoje está mudando o lugar da cultura na sociedade ao se tornar estrutural na medida em que "remete a novos modos de percepção e de linguagem, a novas sensibilidades e escritas, à mutação cultural que implica a associação do novo modo de produzir com um novo modelo de comunicar que converte o conhecimento em uma forma produtiva direta".

Nesse contexto referimo-nos à expressão "cultura participativa", definida por Jenkins, Ito e Boyd como "cultura", pois

> [...] abrange os valores da diversidade e democracia através de cada aspecto das nossas interações com o outro [...] uma cultura que entende que somos capazes de fazer escolhas coletiva e individualmente e que podemos nos expressar de várias formas diferentes[405].

Ou seja, uma cultura que não exclui o consumidor como produtor de conteúdo, situação que nos deixa cada vez mais distantes de uma eventual condição de passividade do receptor, potencializando a narrativa como elemento constitutivo e constituinte do nosso ser e viver. Gostamos de ouvir e contar histórias, especialmente aquelas que já conhecemos, ou sobre as quais já temos alguma informação, transformando-se o conhecimento prévio em motivação pela possibilidade de participação.

No espírito de uma condição social de midiatização, Gauthier[406] trata o assunto de um ponto de vista mais afirmativo, sinalizando o desenvolvimento de uma modalidade de recepção inclusiva, entendido isso como uma "atividade experiencial que se mistura com experiências de nossa vida cotidiana".

Um pouco de empiria

O advento das mídias digitais tem promovido mudanças significativas na forma como interagimos com o conteúdo ficcional, especialmente no que diz respeito à recepção de personagens fictícios em redes sociais. Nesse aspecto, concordamos com Gauthier quando diz que "a criação de contas oficiais para personagens ficcionais está gerando um número considerável de importantes mudanças na maneira como interagimos com os mundos ficcionais"[407]. Por meio da criação de contas oficiais para personagens de

---

[405] JENKINS, Henry; ITO, Mizuko; BOYD, Danah. *Participatory culture in a networked era:* a conversation on youth, learning, commerce and politics. London: Polity Press, 2016. p. 18.

[406] GAUTHIER, 2018, p. 19.

[407] *Ibidem.*

filmes e séries de TV, a interação com o público tem se transformado, gerando um debate sobre a mudança da figura do receptor para um papel mais ativo, o interator, ou se ainda estamos presos ao papel de seguidores passivos.

Sem a intenção de uma análise compreensiva das diferentes modalidades das possibilidades e práticas interacionais promovidas a partir do digital, neste capítulo trazemos alguns exemplos de como os personagens fictícios têm sido representados e interagem nas mídias sociais. Embora não tão recentes, esses perfis são aqui apresentados na perspectiva de uma reflexão sobre a constituição de um receptor/interator que dialoga com narrativas ficcionais, mesclando elementos do mundo *online* e *offline*. Para isso, selecionamos perfis de personagens fictícios de filmes e séries de TV em plataformas como o Twitter e o Instagram, a partir do número de seguidores e das características dos conteúdos por eles produzidos, com foco na estratégia de fortalecimento de marcas de filmes e séries de TV e na aproximação dos fãs com o universo ficcional.

Analisamos os perfis de personagens de "A Culpa é das Estrelas", "Uma Família da Pesada" e "Os Simpsons", explorando como eles se aproximam de seus seguidores. Selecionamos os perfis de *Instagram* @gusmayhem e @hazelwearschucks, respectivamente dos personagens Augustus Waters e Hazel Grace Lancaster, protagonistas do filme "A Culpa é das Estrelas"[408]; @peterpumpkineater69, do personagem animado Peter Griffin, da série de comédia "Uma Família da Pesada"[409]; e o perfil do *Twitter* @HomerJSimpson, do personagem Homer Simpson, da série "Os Simpsons"[410]. Destacamos que em cada perfil selecionado é visível a intenção de enfraquecer as barreiras entre o real e o ficcional, colocando os personagens em situações cotidianas reais, aproximando-os de seus fãs, fortalecendo suas identidades como figuras de entretenimento, com a vantagem da possibilidade de criação de conteúdos mais direcionados.

---

[408] Filme de comédia dramática e romance, baseado no livro homônimo de John Green. Conta a história de dois adolescentes, Hazel e Augustus, que se conhecem e se apaixonam em um Grupo de Apoio para Jovens com Câncer. Juntos, os dois buscam enfrentar os principais conflitos da adolescência e do primeiro amor, enquanto tentam se manter otimistas e fortes um para o outro. Disponível em: http://www.adorocinema.com/filmes/filme-218926/. Acesso em: 1 jun. 2023.

[409] *Sitcom* de animação norte-americana que gira em torno dos Griffins, uma família constituída por Peter e Lois, os pais; os filhos Meg, Chris e Stewie; e o cachorro Brian. A série se passa na cidade fictícia de Quahog, Rhode Island. Disponível em: http://pt.wikipedia.org/wiki/Family_Guy. Acesso em: 1 jun. 2023.

[410] Série de animação norte-americana que satiriza estilo de vida da classe média dos Estados Unidos, simbolizada pela família Simpson, formada pelos pais Homer e Marge; e os filhos Maggie, Lisa e Bart. A série se passa na cidade de Springfield. Disponível em: http://pt.wikipedia.org/wiki/The_Simpsons. Acesso em: 1 jun. 2023.

Nos perfis dos personagens de "A Culpa é das Estrelas", as imagens possibilitam que seus seguidores adentrem o universo da ficção e acompanhem em tempo real as situações retratadas no filme, como se lá estivessem (Figura 1). Os perfis funcionam como um apoio ao filme em si, por meio deles, os seguidores podem imergir no universo do casal. Uma estratégia de divulgação do longa-metragem na medida em que tais perfis foram atualizados somente até junho de 2014, mês de estreia do filme, o que evidencia a utilização restrita à divulgação, centralizando as cenas em *spoilers* da trama e informações sobre o elenco e a produção. É um caso de *storytelling* com um prazo de validade. Também destacamos a fidelidade ao enredo do filme, não tendo acontecido a criação de uma história paralela, que motivasse uma interação *online* para aqueles que se constituíssem como fãs.

Figura 1 – Perfis dos protagonistas de "A Culpa é das Estrelas"

Fonte: disponível em: http://instagram.com/hazelwearschucks e http://instag ram.com/gusmayhem. Acesso em: 1 jun. 2023

Nos perfis digitais de Peter Griffin[411] e Homer Simpson[412], é possível verificar a preocupação com um trabalho contínuo de fortalecimento de marca por meio da trajetória de um personagem, que se mantém ao longo do tempo e não tem, aparentemente, um prazo de validade. Ambas as produções estão no ar há alguns anos, não sendo necessário nenhum tipo de ação de divulgação de lançamento. O que ocorre nesse caso é um engajamento com os fãs e uma corporificação dos personagens, que interagem e mostram suas situações cotidianas, como mostra a Figura 2. Eles compartilham conteúdos que extrapolam o universo ficcional das séries, discutindo temas da agenda pública, como jogos esportivos e disputas políticas. Os personagens interagem com outros da série, criando situações divertidas que motivam os fãs a acompanhar as relações entre eles fora do ambiente dos episódios semanais.

Figura 2 – Perfis digitais de Homer Simpson e Peter Griffin

Fonte: disponível em: https://twitter.com/HomerJSimpson e https://www.instagram.com/peterpumpkineater69/. Acesso em: 1 jun. 2023

[411] Peter Löwenbräu Griffin é o personagem principal da série televisiva *Family Guy*, criada em janeiro de 1999, tendo estreado a 16.ª *temporada em 2017* (ainda em exibição no Brasil sob o título "Uma família da pesada").
[412] "Os Simpsons" – série de desenho animado, comédia de situação, criada em 1989 e em exibição até hoje (2020). Ela se atualiza a partir da vida *offline* e os perfis digitais possibilitam isso, a imediatez, o diálogo direto com o público.

Ao interagir com outros personagens da série por meio do *Twitter*, Homer Simpson cria situações divertidas, motivando os fãs a acompanhar as relações entre os personagens fora do ambiente dos episódios transmitidos semanalmente pela TV. Há também uma relação com o que pode ser considerado "o mundo real", extrapolando os universos ficcionais em que as séries se ambientam; nessa relação, o personagem divulga conteúdos relacionados com acontecimentos reais, como jogos esportivos, disputas políticas, entre outros temas. Com isso potencializa-se a aproximação com os fãs, uma vez que o personagem discute temas da agenda pública, possibilitando, por vezes, que seus seguidores tomem conhecimento de fatos de outra forma desconhecidos, ou talvez, o mais usual, que, informados sobre eles, compartilhem suas opiniões e interajam com o personagem. Um exemplo disso pode ser observado na Figura 3, com um *tweet* sobre a votação para a independência da Escócia, com um toque de humor típico do personagem.

Figura 3 – *Tweet* do perfil @HomerJSimpson que se relaciona a acontecimentos reais

Fonte: disponível em: https://twitter.com/HomerJSimpson/status/512292009336659969. Acesso em: 1 jun. 2023

O perfil de Peter Griffin no *Instagram* não traz referências diretas a fatos específicos, por vezes midiáticos, ocorridos no cotidiano. A estratégia nesse caso é o estabelecimento de uma reflexão crítica sobre as práticas sociais, por exemplo, o uso feito das redes sociais digitais, por meio de um movimento de autorreferencialidade, satirizando práticas digitais como a postagem de *selfies* (na academia, com a família, nos momentos de lazer, no trabalho), *emojis*, entre outras. Além de ser um espaço de interação transmidiática entre a série e os fãs, o perfil reproduz hábitos de uso *Instagram*, satirizando as escolhas feitas pelos usuários para suas postagens, de situações e momentos corriqueiros do nosso cotidiano, com a utilização de *hashtags*, legendas criativas, como ilustrado na Figura 4.

Figura 4 – Perfil @peterpumpkineater69, com fotos em praia, de comida e *selfies*

Fonte: disponível em: https://www.instagram.com/peterpumpkineater69/. Acesso em: 1 jun. 2023

    Um caso de referência cruzada entre vida real e o ficcional se deu em janeiro de 2020, quando do trágico acidente de helicóptero em que morreram o atleta Kobe Bryant e mais oito pessoas. Por seu status de celebridade, Kobe Bryant fez parte dos perfis dos Simpsons e da família Griffin diversas vezes, uma delas, aqui analisada, por ocasião das alegações de que o atleta teria agredido sexualmente uma jovem[413]. Na época, foi publicado um vídeo[414] da família Griffin no *YouTube* representando o interrogatório de Kobe pela polícia, trazendo situações de interação entre o atleta e a própria família, polemizando, na mesma linha satiriza comentada, o desenvolvimento do caso. Vídeo esse que foi reativado em 26 de janeiro de 2020, após a trágica morte do jogador, causando indignação por grande parte dos seguidores, expressadas nos comentários, alguns dos quais discutimos a seguir e estão ilustrados na Figura 5.

---

[413] Kobe Bryant and the sexual assault case that was dropped but not forgotten. Disponível em: https://www.nytimes.com/2020/01/27/sports/basketball/kobe-bryant-rape-case.html. Acesso em: 1 jun. 2023.

[414] Kobe Bryant – Family Guy style, disponível em: https://www.youtube.com/watch?v=UhMsRHYitYM. Acesso em: 1 jun. 2023.

Figura 5 – Comentários sobre a reativação do vídeo Kobe Bryant – Family Guy Style

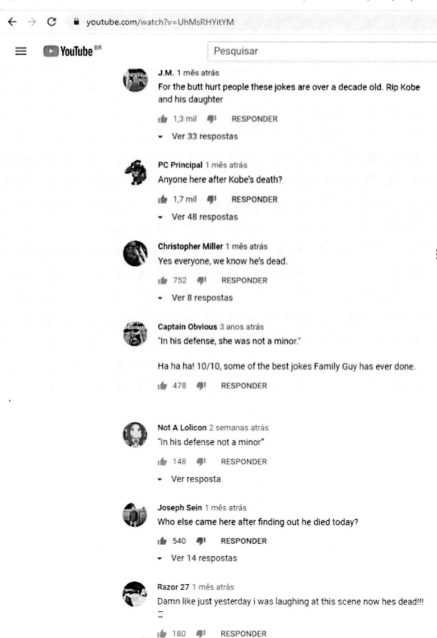

Fonte: disponível em: https://www.youtube.com/watch?v=UhMsRHYitYM. Acesso em: 1 jun. 2023

Obviamente, a maioria dos seguidores lamenta o ocorrido, alguns criticando a reativação do vídeo: "For the butt hurt people these jokes are over a decade old. Rip Kobe and his daughter." "Yes, everyone, we know he's dead." "Damn like just yesterday I was laughing at this scene now he's dead!!!" Outros centram o comentário no fato de 2003, defendendo o atleta: "In his defense, she was not a minor." "Well this is much more uncomfortable to watch now that he's gone." O que nos é de interesse é a expressão de agência dos seguidores, a naturalidade de seus posicionamentos, seja em relação ao acidente, ou à retomada da sátira, numa clara demonstração de embaralhamento real-ficcional-virtual.

No *Twitter* dos Simpsons, a manifestação veio como uma homenagem póstuma, mas ainda dentro de um contexto narrativo, recuperando *tweets* do passado, com uma referência a uma suposta predição que ocorreu em 2015 a respeito da morte de Kobe em uma queda de helicóptero (Figura 6).

Figura 6 – O acidente fatal de Kobe Bryant – 26 jan. 2020

Fonte: disponível em: https://twitter.com/hashtag/kobebryant%20sympson. Acesso em: 1 jun. 2023

Obviamente o objetivo dos criadores vai além da possibilidade da interação com os fãs, ou da oferta de uma história que transcende o espaço tradicional, dos episódios fechados, semanais. Há um elemento estratégico mercadológico nos perfis nas referências a eventos relacionados com a série, como o lançamento de uma coleção de DVDs e bonecos, a estreia de uma nova temporada, ou até mesmo a divulgação de um episódio especial, como aconteceu nas postagens especiais dentro de ambos os perfis (Figura 7). O primeiro episódio da décima terceira temporada de "Uma Família da Pesada", intitulado "The Simpsons Guy", colocou os dois programas em contato, mobilizando fãs do mundo todo e sendo pauta em grandes portais de notícias e entretenimento.

Figura 7 – Divulgação de episódio especial nos perfis de Homer Simpson e Peter Griffin

Fonte: disponível em: https://www.instagram.com/p/tgB4QggXgS/ e https://twitter.com/HomerJSimpson/status/516276201997213696. Acesso em: 1 jun. 2023

Em todos os casos mencionados, os personagens se comportam como usuários reais da sociedade em rede, participando de interações digitais e produzindo conteúdo original e customizado. O que antes era realizado por usuários comuns, que compartilhavam conteúdos sobre seus filmes, livros, séries e outras formas de entretenimento com outros fãs, agora é realizado pelos próprios protagonistas dos programas em questão; os personagens tornam-se "pessoas reais", embaralhando a fronteira real x ficcional, ao simular um papel de emissores de conteúdo, promovendo maior (ou pelo menos é o que se espera) uma identificação com os usuários e fidelização das audiências.

Ao compartilharem fotos e textos variados, que complementam o ambiente das séries transmitidas na TV, os perfis de Peter Griffin e Homer Simpson ultrapassam a barreira do ficcional, fazendo com que os personagens se aproximem de celebridades reais, com as quais os seguidores/usuários podem dialogar e interagir. Quando conteúdos customizados são divulgados por personagens fictícios dentro de um ambiente digital que propicia a interação com fãs e outros usuários, há uma ampliação da atribuição de sentido ao que é postado, uma vez que as fotos e textos podem ser compartilhados e discutidos entre aqueles que acompanham as produções e possíveis novos fãs, o que representa uma estratégia criativa de aproximação e fidelização do público.

Ao adotarem expressões, técnicas de exposição e situações do cotidiano dos usuários, os personagens se colocam como "pessoas reais", promovendo uma mudança de paradigma do que seja produção-recepção ou, indo além, real-ficcional. O tratamento dado aos personagens, a interação com os fatos do cotidiano real, potencializa a identificação dos seguidores com a história ficcional, reforçada com a capacidade de interação entre seguidores.

Trazendo a discussão para produtos mais próximos da realidade brasileira, adentramos o universo das telenovelas, de relevância histórica na constituição da nossa produção seriada televisiva. Nesse sentido, centramos a discussão na possibilidade de constituição de um "novo sensório" a partir dos conteúdos disponibilizados nas *homepages* das telenovelas, dependente de uma atuação, a princípio, mais complexa e até difícil em relação ao meio impresso, antes a forma mais comum de ampliação do contato das audiências com seus programas favoritos. Nesse sentido teríamos, sim, um contexto de interatividade, que parte do receptor para o conteúdo, mas não necessariamente alimentando o produto existente, criando um "novo", mas "apenas" incorporando esse conteúdo ao seu cotidiano.

Toda a realidade que nos chega é uma realidade construída, e toda construção pressupõe um processo, uma dinâmica. De uma perspectiva sociocêntrica, Orozco Goméz explica que

> [...] as mediações cognoscitivas, como a própria capacidade de percepção, são alteradas devido às possibilidades tecnológicas de transmissão e consumo de informação e principalmente de imagens. Com a tecnologia audiovisual e a convergência tecnológica entre o digital e o televisivo, a percepção adquire dimensões insólitas, que inclusive transtornam o próprio sistema nervoso e as habilidades visomotoras[415].

---

[415] OROZCO GOMÉZ, Guillermo. Comunicação social e mudança tecnológica: um cenário de múltiplos desordenamentos. *In:* MORAES, Denis de (org.). *Sociedade midiatizada*. Rio de Janeiro: Mauad X, 2006. p. 89.

Considerações finais

A complexidade do contexto contemporâneo compreende uma inter-relação entre os sentidos, em parte pelo desenvolvimento tecnológico e o maior acesso aos meios de comunicação, promovendo mudanças rápidas das realidades sociais e culturais. Entretanto, é no cotidiano, base da vida social, que essas mudanças são perceptíveis, caracterizadas pelo simbólico e pelo cultural, reforçadas pela ampliação das redes de comunicação, dos espaços de circulação da informação. A expansão das redes das relações sociais disso decorrente se faz por meio de nós, interligando interesses sociais, econômicos, políticos e profissionais.

No que diz respeito às narrativas ficcionais,

> [...] parte do trabalho inicial em qualquer meio é a exploração dos limites entre o mundo de representação e o mundo real. No século XX, é comum encarar simulações elaboradas da realidade (eletrônicas e outras) como algo novo e perigoso, um distanciamento dos seres humanos em relação à experiência direta. Mas parte do nosso assombro diante de eventos tele-visionados, museus de cera e parques temáticos imersivos, daquilo que Umberto Eco identificou como a qualidade "hiper-real" de muito da vida americana, deriva simplesmente do fato de que precisamos de um tempo para nos acostumar a qualquer incremento do poder de representação[416].

Em contraste com a alegação marcadamente mercadológica de que o atual consumidor de mídia estaria deixando de ser "mero" receptor para assumir o papel de coprodutor de conteúdo, vale reforçar que a com-plexidade do processo de recepção já foi amplamente evidenciada pelos estudiosos muito antes da entrada em cena das tecnologias digitais. Con-sumir também é um processo de atribuição de sentidos e inserção social, que começa com a percepção da possibilidade de posse e se concretiza no uso social da aquisição. O consumo tecnológico só se concretiza como tal na medida em que possibilita a produção de sentidos, sendo o consumo "lugar de uma luta que não se restringe à posse dos objetos, pois passa ainda mais decisivamente pelos usos que lhes dão forma social e nos quais se inscrevem demandas e dispositivos de ação provenientes de diversas competências culturais"[417].

---

[416] MURRAY, 2003, p. 106.

[417] MARTÍN-BARBERO, Jesús. *Dos meios às mediações*: comunicação, cultura, hegemonia. Rio de Janeiro: Editora UFRJ, 1997. p. 290.

Concordamos com Orozco Goméz, cuja reflexão nos parece altamente adequada para nossas observações finais:

> [...] o que estamos presenciando ao vivo no âmbito da comunicação não é tanto a dissolução dos papéis sociais dos usuários diante da tecnologia de informação, que, não obstante as possibilidades oferecidas, continuam refletindo inércias e padrões tradicionais; nem a dissolução, pelo menos não ainda, das condições objetivas frente ao conhecimento, que também continuam refletindo autoritarismos e imposições. O que vemos é a dissolução de alguns dos critérios, tanto de produção quanto de circulação e consumo, que enquadram o conhecimento. Sobretudo dos critérios cognoscitivos e de legitimidade e autoridade que se encontram perturbados[418].

Entretanto, a eventual autonomia do telespectador para se manifestar livremente na internet, não só refletindo as publicações, mas principalmente criando conteúdos, deve ser problematizada no âmbito da emancipação e inclusão (como sinalizado por Gauthier). Somente estaremos avançando para um novo sensório, quando além de novos modos de percepção e de linguagem, novas sensibilidades e escritas, as dinâmicas da sociedade tecnologizada resultarem em maior criticidade e autonomia de pertencimento dos cidadãos.

A representação dos personagens fictícios nas redes sociais demonstra uma estratégia de aproximação com o público e um movimento em direção ao interator, em que os seguidores têm a oportunidade de dialogar e interagir com os personagens de forma mais direta. A mistura do real com o ficcional cria um "novo sensório", em que as fronteiras entre a ficção e a realidade se embaralham, possibilitando uma identificação mais profunda dos fãs com os personagens e as narrativas.

Os perfis digitais de personagens fictícios não se limitam à divulgação dos programas, mas também funcionam como espaços de interação e fidelização do público. Essa abordagem cria uma relação mais próxima entre os fãs e os personagens, permitindo que a narrativa se estenda para além da tela da TV, em um espaço de imersão e interação mais amplo. A representação dos personagens nas redes sociais é uma estratégia criativa e bem-sucedida de fortalecimento de marcas e de aproximação com o público, transformando o receptor em interator e proporcionando uma experiência mais envolvente e participativa com o universo ficcional.

---

[418] OROZCO GOMÉZ, 2006, p. 82.

Referências

ALCOCEBA HERNANDO, José Antonio. Juventud, tecnologías de la información y cambio social. Perspectivas y escenarios para la socialización y la participación. *In:* SIERRA CABALLERO, Francisco (coord.). *Ciudadanía, Tecnología y Cultura* – nodos conceptuales para pensar la nueva mediación digital. Barcelona: Gedisa, 2013.

BACCEGA, Maria Aparecida (coord.). Reconfigurações da ficção televisiva: perspectivas e estratégias de transmidiação em Cheias de Charme. *In:* LOPES, Maria Immacolata Vassalo de (org.). *Estratégias de transmidiação na ficção televisiva brasileira.* Porto Alegre: Sulina, 2013.

BOOTH, Paul. *Digital fandom.* New Media Studies. New York: Peter Lang, 2010.

CASTELLS, Manuel. Criatividade, inovação e cultura digital: um mapa de suas interações. *In:* MORAES, Denis de (org.). *Mutações do visível:* da comunicação de massa à comunicação em rede. Rio de Janeiro: Pão e Rosas, 2010.

DENA, Christy. *Transmedia practice:* theorising the practice of expressing a fictional world across distinct media and environments. Australia: University of Sydney, 2009.

FECHINE, Ivana. Como pensar os conteúdos transmídias na teledramaturgia brasileira? Uma proposta de abordagem a partir das telenovelas da Globo. *In:* LOPES, Maria Immacolata Vassalo de (org.). *Estratégias de transmidiação na ficção televisiva brasileira.* Porto Alegre: Sulina, 2013.

FECHINE, Ivana; FIQUEIRÔA, Alexandre. Transmidiação: explorações conceituais a partir da telenovela brasileira. *In:* LOPES, Maria Immacolata Vassalo de (org.). *Ficção televisiva no Brasil:* plataformas, convergência, comunidades virtuais. Porto Alegre: Sulina, 2011.

FISKE, John. The cultural economy of fandom. *In:* LEWIS, Lisa A. (ed.). *The adoring audience* – fan culture and popular media. New York: Routledge, 2001.

GAUTHIER, Philippe. Inmersión, redes sociales y narrativa transmedia: la modalidad de recepción inclusiva. *Comunicación y Medios*, n. 37, 2018, p. 11-23. Disponível em: https://comunicacionymedios.uchile.cl/index.php/RCM/article/download/46952/52959/. Acesso em: fev.2020.

HJARVARD, Sting. Midiatização: teorizando a mídia como agente de mudança social e cultural. *Revista MATRIZes*, São Paulo, v. 2, p. 53-91, jan./jun. 2012. Disponível em: https://www.revistas.usp.br/matrizes/article/download/38327/41182/. Acesso em: 1º jun. 2023.

JENKINS, Henry. *Cultura da convergência*. São Paulo: Aleph, 2009.

JENKINS, Henry. *Textual poachers*: television fans and participatory culture. New York: Routledge, 1992.

JENKINS, Henry; ITO, Mizuko; BOYD, Danah. *Participatory culture in a networked era*: a conversation on youth, learning, commerce and politics. London: Polity Press, 2016.

MARTÍN-BARBERO, Jesús. *Dos meios às mediações*: comunicação, cultura, hegemonia. Rio de Janeiro: Editora UFRJ, 1997.

MARTÍN-BARBERO, Jesús. *Ofício de cartógrafo*: travessias latino-americanas da comunicação na cultura. São Paulo: Loyola, 2004.

MURRAY, Jane H. *Hamlet no holodeck* – o futuro da narrativa no ciberespaço. São Paulo: Unesp, 2003.

OROZCO GOMÉZ, Guillermo. Comunicação social e mudança tecnológica: um cenário de múltiplos desordenamentos. *In:* MORAES, Denis de (org.). *Sociedade midiatizada*. Rio de Janeiro: Mauad X, 2006.

SANDVOSS, Cornel. Quando a estrutura e a agência se encontram: os fãs e o poder. *Ciberlegenda*, Rio de Janeiro, n. 28, p. 8-41, 2013. Disponível em: https://periodicos.uff.br/ciberlegenda/article/view/36927/21502. Acesso em: 1º jun. 2023.

SCOLARI, Carlos. A construção de mundos possíveis se tornou um processo coletivo. Entrevista com Carlos Scolari, por Maria Cristina Palma Mungioli. *Revista Matrizes*, v. 4, n. 2, jan./jun. 2011.

SCOLARI, Carlos. Transmedia storytelling: implicit consumers, narrative worlds, and branding in contemporary media production. *International Journal of Communication*, v. 3, 2009. Disponível em: http://dspace.uvic.cat/xmlui/bitstream/handle/10854/2867/artconlli_a2009_scolari_carlos_transmedia_storytelling.pdf?sequence=1&isAllowed=y. Acesso em: 1 jun. 2023.

SCOLARI, Carlos. Hacia la hipertelevisión. Los primeros síntomas de una nueva configuración del dispositivo televisivo. *Diálogos de la Comunicación*, v. 77, jul./dez. 2008. Disponível em: https://dialnet.unirioja.es/servlet/articulo?codigo=2694422. Acesso em: 1 jun. 2023.

TURKLE, Sherry. *Life on the screen* – identity in the age of the internet. New York: Touchstone, 1997.

WOLTON, Dominique. *Internet, e depois?* Porto Alegre: Sulina, 2003.

SOBRE OS AUTORES

Amanda Moura

Doutoranda pelo Programa de Pós-Graduação em Comunicação da Universidade Federal Fluminense (PPGCOM-UFF); mestre pelo Programa de Pós-Graduação em Relações Étnico-Raciais (PPRER) pelo Centro Federal de Educação Tecnológica Celso Suckow da Fonseca (Cefet/RJ); e graduada em Comunicação Social, com habilitação em Jornalismo, pela Universidade do Estado do Rio de Janeiro (Uerj). Membro do Laboratório de Identidades Digitais e Diversidade (Lidd), grupo de pesquisa da Escola de Comunicação da Universidade Federal do Rio de Janeiro (UFRJ). Principais áreas de pesquisa: mulheres negras, mídia, redes sociais, Estudos da Performance e Análise do Discurso.
Orcid: 0000-0002-4319-586X

Ana Karla Flores Gimenes

Jornalista graduada e mestre em Comunicação pela Universidade Federal de Mato Grosso do Sul (UFMS). Atua como repórter e editora na imprensa sul-mato-grossense.
Orcid: 0000-0001-9715-7896

Andrielle Cristina Moura Mendes Guilherme

Vencedora do Prêmio Compós Eduardo Peñuela de melhor tese de doutorado em Comunicação do Brasil, em 2023. Doutora e mestra em Estudos da Mídia pelo Programa de Pós-Graduação em Estudos na Mídia (PPgEM) da Universidade Federal do Rio Grande do Norte e graduanda em Pedagogia na UFRN. Durante a pesquisa de doutoramento, desenvolveu uma abordagem metodológica chamada de Catografia.
Orcid: 0000-0002-8977-4357

Dennis de Oliveira

Professor livre-docente com doutorado em Ciências da Comunicação pela Universidade de São Paulo (1998). Atualmente é professor nos cursos de graduação em Jornalismo, do Programa de Pós-Graduação em Mudança Social e Participação Política da EACH/USP e do Programa de Pós-Graduação em Integração da América Latina da USP. É coordenador do

Celacc (Centro de Estudos Latino-Americanos de Cultura e Comunicação) e pesquisador do IEA (Instituto de Estudos Avançados) da USP. Autor dos livros *Jornalismo e Emancipação: uma prática jornalística baseada em Paulo Freire* (Appris, 2017), *Racismo estrutural: uma perspectiva histórico-crítica* (Dandara, 2021) e *Iniciação aos Estudos de Jornalismo* (Abya Yala, 2021). Foi coordenador do GT "Epistemologias decoloniais, territorialidades e cultura" do Clacso (Conselho Latino-Americano de Ciências Sociais) em 2019-2022.

Orcid: 0000-0002-4681-4662

Fernanda Carrera

Professora da Escola de Comunicação da Universidade Federal do Rio de Janeiro (UFRJ). Professora Permanente do Programa de Pós-Graduação em Comunicação e Cultura da Universidade Federal do Rio de Janeiro (UFRJ) e do Programa de Pós-Graduação em Comunicação da Universidade Federal Fluminense (UFF). Coordenadora do GT Comunicação, Raça e Interseccionalidades da Compós – Associação Nacional dos Programas de Pós-Graduação em Comunicação. Líder do grupo de pesquisa LIDD – Laboratório de Identidades Digitais e Diversidade (UFRJ). Doutora em Comunicação pela Universidade Federal Fluminense (UFF) e mestre em Comunicação e Cultura Contemporâneas pela Universidade Federal da Bahia (UFBA).

Orcid: 0000-0001-5024-0860

Gabriela Borges

Mestre (1997) e Doutora em Comunicação e Semiótica (2004) pela PUC-SP. Realizou estágios de investigação na Universidade Autónoma de Barcelona (1996) e na University of Dublin Trinity College (2000-02). Realizou Pós-Doutoramento no CIAC da Universidade do Algarve (UAlg) em 2005-08 e em 2019-20. É professora da UAlg, onde atua nas áreas de comunicação, cultura digital e artes. Docente colaboradora do PPGCOM--UFJF e do Doutorado Interuniversitário em Comunicação da Universidade de Huelva. Coordena o Observatório da Qualidade no Audiovisual. Publicou diversos livros (16) e capítulos de livros (48) e possui mais de 60 artigos publicados em revistas bem-qualificadas.

Orcid: https://orcid.org/0000-0002-0612-9732

João Paulo Malerba

Professor adjunto da Faculdade de Comunicação e docente permanente do Programa de Pós-Graduação em Comunicação da Universidade Federal de Juiz de Fora. Doutor em Comunicação e Cultura pela Escola de Comunicação da UFRJ. É coordenador do GT de Comunicação e Cidadania da Compós e pesquisador do grupo de pesquisa Comunicação, Identidade e Cidadania (UFJF) e do Laboratório de Estudos em Comunicação Comunitária (UFRJ). É membro da Associação Mundial das Rádios Comunitárias (Amarc Brasil) e colaborador no Criar Brasil. Suas áreas de interesse são: produção para as mídias sonoras, mídia e direitos humanos, comunicação comunitária e teorias da Comunicação.

Orcid: 0000-0003-4003-9850

Juciano de Sousa Lacerda

Docente do PPG em Estudos da Mídia (PPgEM) da UFRN. Doutor pelo PPgCCOM/Unisinos e pós-doutor pela Universidade Autônoma de Barcelona (UAB). Coordena o Grupo Pragma/CNPq e o Lapeccos/UFRN. É pesquisador do Laboratório de Inovação Tecnológica em Saúde (Lais/UFRN) e desenvolve cooperações com IES ibero-americanas e com o Campus Virtual de Saúde Pública da Opas/OMS.

Orcid: 0000-0002-0876-377X

Marcia Perencin Tondato

Docente titular do PPGCom – ESPM-SP. Coordenadora Nacional do Programa de Iniciação Científica da ESPM. Integra o Comitê de Ética em Pesquisa (CEP) da ESPM. Editora da *Revista Comunicação, Mídia e Consumo* (2021-2023). Estágio de pós-doutoramento na Universidade de Brasília (2015). Doutora em Comunicação pela ECA-USP (2004), mestre em Comunicação pela Umesp (1998). Linha de Pesquisa em que atua: processos de recepção e contextos socioculturais articulados ao consumo. Líder do Grupo de Pesquisa CNPq Comunicação, Consumo e Identidades Socioculturais (CiCO). Principais interesses de estudo: comunicação e consumo, processos de construção de identidade, processos de recepção e atribuição de sentidos, ficção seriada.

Orcid: 0000-0002-1277-7517

Marcos Paulo da Silva

Professor associado da Universidade Federal de Mato Grosso do Sul (UFMS). Pesquisador de Produtividade Científica (PQ2) do Conselho Nacional de Desenvolvimento Científico e Tecnológico (CNPq). Doutor em Comunicação Social pela Universidade Metodista de São Paulo (Umesp), com estágio de doutorado sanduíche na Syracuse University (Nova Iorque, Estados Unidos). Desenvolveu estágio de pós-doutorado como pesquisador visitante na Michigan State University (Michigan, Estados Unidos) com bolsa do CNPq.

Orcid: 0000-0003-2868-4865

Pedro Barreto Pereira

Professor colaborador do PPGMC/UFF. Doutor em Comunicação Social pelo PPGCom/UFRJ. Autor do livro *Notícias da pacificação: outro olhar possível sobre uma realidade em conflito* (Editora UFRJ, 2020). Coordenador do Curso de Extensão Mídia, Violência e Direitos Humanos, promovido pelo Nepp-DH/UFRJ. Jornalista do quadro técnico-administrativo da UFRJ. Principal tema de pesquisa: análise da cobertura jornalística sobre a Segurança Pública. Realizou, entre 2019 e 2021, pós-doutorado PPGMC/UFF, na linha de pesquisa "Políticas, discurso e sociedade".

Orcid: 0000-0002-9834-3081

Pietro Giuliboni Nemr Coelho

Doutorando em Comunicação e Práticas de Consumo pela Escola Superior de Propaganda e Marketing (2021 – em andamento). Mestre em Comunicação e Práticas de Consumo (2016) e graduado em Comunicação Social – Publicidade e Propaganda pela ESPM (2012). Linha de Pesquisa: Processos de recepção e contextos socioculturais articulados ao consumo. Principais interesses de estudo: comunicação-consumo, processos de recepção e atribuição de sentidos, identidade, ambiente digital. Membro do grupo de pesquisa CNPq – Comunicação, Consumo e Identidades Socioculturais (Cico).

Orcid: 0000-0002-2900-3294

Rodrigo Browne Sartori

Doutor em Estudos Culturais, Comunicação e Literatura. Atua como docente e pesquisador do Instituto de Comunicação Social da Universidade Austral do Chile (UACh) e como Diretor do Doutorado em Comunicação oferecido pela UACh e pela Universidade de La Frontera. Publicou "Puras mentiras puras. Comunicaciones en crisis" (2023, Buenos Aires, U. Nacional de La Plata), "No, una revisión desautorizada a la crisis del autor" (2008, Madrid, Plaza y Valdés), "Semiosis Antropófaga. Semiótica, Comunicación e Posestructuralismo" (2018, Temuco, UFRO), "No al canibalismo. Anatomía del poder euroccidental" (2013, Temuco, UFRO) e "De la comunicación disciplinaria a los controles de la comunicación. La antropofagia como transgresión cultural" (2009, Sevilha, Alfar).

Orcid: 0000-0001-8945-1059

Viviane Nascimento de Oliveira

Mestre em Desenvolvimento Territorial e Políticas Públicas pela Universidade Federal Rural do Rio de Janeiro. Jornalista e radialista formada pela Universidade Federal do Rio de Janeiro, especialista em Jornalismo Cultural pela Universidade do Estado do Rio de Janeiro. Atualmente é jornalista no Criar Brasil e repórter da editoria Rio de Janeiro da Rede TVT – TV dos Trabalhadores –, com experiência na área de produção de conteúdo textual e audiovisual multimídia. Suas áreas de interesse são: direitos humanos, políticas públicas, gênero e comunicação popular.

Orcid: 0009-0007-5531-5535